왜 아버지는 자살하셨을까?

Why People Die by Suicide

Copyright ⓒ 2005 by Thomas Joiner
Published by arrangement with Harvard University Press
All right reserved.

Translation Copyrightt ⓒ by Taurus Books
This Translation is Published by arrangement With Harvard University Press
through Imprima Korea Agency.

이 책의 한국어판 저작권은 Imprima Korea Agency를
통해 Harvard University Press와의 독점 계약으로 황소자리에 있습니다.
저작권법에 의해 한국 내에서 보호를 받는 저작물이므로
무단전재와 무단복제를 금합니다.

왜 아버지는 자살하셨을까?

토머스 조이너
김재성 옮김

황소자리

| 일러두기 |

- 이 책은 2012년에 나온 《왜 사람들은 자살하는가?》의 개정판이다.
- 원어 표기: 주요한 인명이나 작품명, 개념 등은 외래어 표기용례에 따라 맨 처음, 주요하게 언급될 때 원어를 병기했다. 단, 널리 알려진 이름이나 표기가 굳어진 명칭은 그대로 사용했다.
- 도서 제목: 본문에 나오는 도서나 영화 등의 제목은 원제목을 번역 표기하는 것을 원칙으로 하되, 국내에 번역 출간 및 소개된 작품은 그 제목을 따랐다.
- 독서 흐름을 위해 이 책에서 자주 쓰이는 일부 복합명사들은 한글맞춤법 띄어쓰기 규정을 따르는 대신 붙여서 표기했다.(예: 자살행동, 자살사고)
- 옮긴이 주: 옮긴이 주는 괄호 안에 줄표를 두어 표기했다.(예: —옮긴이)
- 개정판 용어: 서술시점은 이 책의 원본이 나온 시기에 맞추었다. 다만 번역서 초판 출간 이후 달라진 용어는 바꾸어 표기하고, 새로 밝혀진 사실이 있을 경우 괄호 안에 편집자 주로 설명을 달았다.

자살로 인해 누군가를 잃은 사람들,
그리고 나처럼 남겨진 이들을 보살펴준 사람들,
이를테면 내 고등학교 동창들처럼 옳은 일을 한 이들에게
이 책을 바친다.

| 한국어판 추천사 |

개인적 슬픔에서 출발한
치유와 회복의 메시지

백종우 _ 경희대학교 의과대학 정신건강의학교실 교수

한국은 OECD 국가 중 가장 높은 자살률을 기록하고 있는 나라입니다. 통계청 자료에 따르면, 자살은 한국인의 주요 사망 원인 중 5위이며 자살률로는 노인이 1위, 자살사망자 수는 중장년이 1위, 청소년과 청년은 자살이 사망 원인의 1위로 모든 연령대가 1위를 하나씩 가지고 있습니다.

자살은 개인적 선택의 문제가 아니라 심리적·사회적·환경적 요인이 복합적으로 얽힌 결과이며, 이를 이해하고 예방하는 것은 우리 사회가 반드시 해결해야 할 중요한 과제입니다. 자살사망자에 대한 우리나라 심리부검 연구는 자살사망시 평균 3.9개의 스트레스 요인이 중첩되는 것으로 보고하고 있습니다. 한 사람의 자살에는 매우 다양한 요인이 영향을 줍니다. 그러다 보니 자살에 대한 접근에서 장님이 커다란 코끼리를 만지기와 같은 일이 흔히 일어나곤 합니다.

이러한 상황에서 토마스 조이너 박사의 《왜 아버지는 자살하셨을까? Why People Die by Suicide》는 세계적으로 인정받고 있는 자살 연구 및 예방을 위한 필독서입니다. 조이너 박사는 '자살에 대한 능력acquired capability for suicide'이라는 개념을 도입함으로써 왜 자살수단에 대한 접근성이 중요하고 일부 사람들은 죽음을 두려워하지 않고 자살을 선택하는지를 설명합니다. 그는 자살 위험을 증가시키는 핵심 요소로 사회적 단절Thwarted Belongingness과 자신이 타인에게 짐이 된다는 느낌Perceived Burdensomeness을 제시하며, 자살을 예방하기 위해서는 이 두 가지 요인을 완화하는 것이 필수적임을 강조합니다. 한국 사회에서 자살 예방을 논의할 때 반드시 고려해야 할 중요한 관점입니다.

한국 사회는 OECD 국가 중 자살이 1위이지만 힘들 때 도움을 청할 사람의 숫자인 사회적 지지망 지수는 최하위입니다. 세계에서 가장 빠른 속도로 산업화와 핵가족화가 진행되며 개인과 가족 간의 유대감이 약화하고, 경쟁과 성과 중심의 문화가 확산하면서 사람들 사이의 지지체계는 약해지고 그만큼 개개인은 외로움을 느끼며 살아갑니다. 반면 정신건강에 대한 편견과 절망 그리고 죄책감으로 도움을 요청하지 못합니다. 전 세계은행 김용 총재는 재임 시기 세계 많은 나라 국가수반들이 한국의 성장에 감탄하면서 동시에 "왜 그렇게 자살률이 높은가?"라는 질문을 해왔다고 전합니다.

이제 자살을 예방하기 위해 우리 사회에서 자살을 유발하는 다양한 요인을 정확히 이해하고, 이를 바탕으로 실질적인 개입과 지원책을 마련할 시점입니다. 조이너 박사의 연구는 우리가 자살 위험에 처한 사람들을 어떻게 도울 수 있는지를 과학적 근거에 기반해 설명하고 있으며, 특히 정신건강 전문가뿐만 아니라 정책 입안자, 교육자, 그리고 관심을 가진 누구나 자살 예방에 적극적으로 참여할 수 있는 기회를 제공할 것입니다.

조이너 박사의 《왜 아버지는 자살하셨을까?》는 그가 밝혔듯 아버지를 자살로 잃은 커다란 고통으로 출발하였습니다. 고통에서 시작한 그의 진심은 우리 사회를 치유하고 공동체를 회복하고자 하는 한국 독자들에게 사회적 연대감을 줄 수 있다고 생각합니다. 자살을 바라보는 것은 고통스럽지만 자살 예방은 아픈 마음이 다시 희망에 연결되는 과정입니다. 자살은 예방할 수 있으며 우리 모두의 일이 되어야 합니다. 보다 살 만한 사회를 만드는 여정에 이 책과 함께하시길 기대하고 추천합니다.

2025년 봄, 백종우

차례

한국어판 추천사 • 7

프롤로그 • 13

1장 자살에 관해 우리가 아는 것과 모르는 것 • 33

2장 치명적인 자해를 가할 수 있는 능력의 습득 • 71

3장 죽음에의 욕망 • 129

4장 자살의 의미와 인구별 분포 • 181

5장 유전자와 정신질환이 자살행동에서 수행하는 역할 • 221

6장 위험 평가, 위기중재, 치료 그리고 예방 • 259

7장 자살예방과 연구의 미래 • 283

에필로그 • 293

감사의 말 • 295

주석 • 299

참고문헌 • 314

찾아보기 • 339

| 프롤로그 |

1990년 한 해, 전 세계에서 100만 명 가까운 사람들이 자살로 삶을 마감했다. 내 아버지는 그들 중 하나였다.

아버지의 죽음은 당연히 자살에 대한 나의 감정과 이해에 깊은 영향을 미쳤다. 자살에 대한 나의 감정은 부분적으로 아버지의 죽음 이후 사람들이 보인 반응에 기인해 형성됐다. 친구와 친척 중에는 지금도 소중한 기억으로 남을 만큼, 그리고 우리가 인간이라는 사실이 새삼 자랑스러워지는 방식으로 나를 대해준 이들이 있었다. 그런가 하면 거기에 한참 못 미치는 반응을 보인 사람들도 적잖았다.

자살에 대한 나의 지적 이해는 감정과는 다른 궤도를 밟으며 진화했다. 과학적 지식 습득과 임상경험을 통해 나는 미세한 분자 차원에서부터 문화 전반에 이르기까지 자살에 대해 보통 사람들보다 많은 것을 알게 되었다. 하지만 여기서도 아버지의 죽음은 나를 떠나지 않았다. 자살에 관한 이론과 연구들을 전문적이고 과학적인 표준에 따라 평가하는 데 그치지 않고, 과연 그 표준이라는 것이 아버지의 자살에 대해 내가 알고 있는 사실과 부합하는지 늘 관심을 가지고 분석했기 때문이다.

뒤에서 상술하겠지만 아버지에 대한 떨쳐낼 수 없는 사실 하나로 인해 기존 자살이론들에 좀체 만족할 수 없었던 나는, 아버지의 죽음과 자살 전반에 관한 새로운 사고의 틀을 직접 구축하려 노력해왔다. 이 모든 것은 책의 전개와 함께 명확히 제시될 것이다. 이해를 돕기 위해 먼저 내 아버지의 자살과 관련한 세부 사실을 살펴본다.

1990년 8월 1일, 애틀랜타의 이른 아침. 아버지는 내가 10대 시절 쓰던 침대에 누워 주무시거나 혹은 주무시려 애쓰셨다. 어머니와 한 침대를 쓰지 않으셨던 건 당신의 코골이가 너무 심해졌기 때문인 듯하다. 당시 나는 텍사스주 오스틴에서 대학원 과정을 밟고 있었다.

여름이었다. 아버지는 그 침대 위에서 한기와 열기를 번갈아 느끼셨을 것이다. 미리 설정된 기준 온도에 맞춰 냉방이 작동되면 추우셨겠고(통풍구의 위치가 침대 바로 옆이었다) 작동이 멈추면 더우셨을 것이다(단열이 잘된 방이 아니었다). 아버지는 침대에서 몸을 일으키셨다. 혹시 내 옛 침실과 어머니 혼자 주무시던 당신의 옛 침실 사이 벽에 손을 대는 등 소리 없는 몸짓을 하셨을까? 일어난 아버지는 어머니와 함께 쓰시던 방과 여동생들이 잠들어 있던 방을 지나쳐 걸으셨다. 이 방들을 지나치시는 순간 혹시 멈칫하셨을까? 어머니나 여동생들이 잠에서 깨어 어디 가느냐고 물어올 때를 대비해 둘러댈 이야기를 준비해 두고 계셨을까?

아래층으로 내려오신 아버지는 어쩌면 문밖으로 나가기 전 부엌의 서랍 한두 개를 열어 칼을 집으셨거나 아니면 차고에 있는 낚시 장비함에서 칼을 꺼내셨을 것이다. 내가 아버지의 죽음에 관해 이처럼 중대한 세부내용을 잊거나 애당초 알지 못했다는 사실은 지금도 소스라칠 만큼 나를 아프게 한다.

아버지는 밖으로 나와 자동차에 올라타셨고 반 마일쯤을 운전하여 어느 공장단지의 공터에 닿으셨다. 유서는 남기지 않으셨다. 동이 트기 전의 어느 시점, 아버지는 자동차의 뒷좌석으로 옮겨가 손목을 그었고, 차츰 자해의 수위를 높이셨다. 검시보고서의 공식 사인死因은 '심장의 자상刺傷'이었다. 이 같은 세부 사실들은 여전히 가슴 아픈 일이되, 단계를 밟아 올라가 결국 치명적인 자해를 가하는 일반적인 경향을 고려할 때 무척 중요한 것이다. 오랜 시간에 걸쳐 경험을 축적함으로써 자해에 대한 두려움을 차츰 경감시키는 사례도 있고, 한 자리에서 일종의 전주곡처럼 경미한 자해를 먼저 시도한 뒤 곧바로 치명적인 자해를 가하는 사례도 있다.

아버지의 시신은 60시간쯤이나 지나서 발견되었다. 따라서 장례는 관을 닫은 상태로 치를 수밖에 없었다. 그러므로 1990년 6월, 우리 가족이 함께 떠난 해변여행이 내가 아버지를 마지막으로 뵌 시점이 되고 말았다. 우리는 NBA 챔피언 결정전이나 아버지가 최근 성사시키고 흡족해하신 대규모 주식 거래 같은 것들에 관해 이야기를 나눴고, 집으로 돌아오는 자동차(훗날 아버지의 자살 현장이 되고 만 바로 그 자동차) 안에서는 보드게임을 했다.

그로부터 불과 6주 후 아버지가 홀연히 집을 나서 우리를 영영 떠나버리셨다는 사실에 나는 지금도 경악하곤 한다. 어머니에게도, 여동생에게도, 나에게도 작별인사 한마디 없이.

아버지는 돌아가시기 수개월 전, 당신의 직업적 정체성은 물론이고 사실상 성인으로서의 정체성까지 형성시켜주었다 해도 과언이 아닌 회사와 결별하셨다. 중요한 위치에서 일하다 회사를 떠난 아버지는 예전의 자신감을 회복하는 데 어려움을 겪으셨다. 특히 아직 회사에 남아 있으며 아버지가 친구로 믿어온 사람들의 몰인정하고 이기적인 처신을 용납하기 힘들어하셨다.

아버지의 시신이 발견된 직후 내가 가족들 가운데 가장 처음으로 본 사람은 아버지의 형님인 짐 삼촌이었다. 삼촌은 애틀랜타 공항 탑승구에서 나를 기다리고 계셨다. 성공 가도를 달리던 동생의 돌연한 자살로 당신 또한 말할 수 없이 가슴 아프고 혼란스러우셨을 것이다. 그럼에도 삼촌은 자신의 충격과 상심은 잠시 제쳐둔 채 이후 며칠간 나와 내 어머니와 여동생들을 보살피셨고 우리의 안위를 염려하며 챙겨주셨다. 짐 삼촌은 아마 스스로 인정하듯 자살에 대해 깊이 이해하고 계시지는 않았을 것이다. 하지만 세상에는 이해가 선행되지 않더라도 바르게 행동하는 사람들이 있다. 그들은 자연스럽게 연민에 온몸을 열 줄 안다. 짐 삼촌이 바로 그런 분이셨다.

자살에 대한 이해와 '바른 행동' 사이의 상관관계는 흥미로운 연구 분야다. 아버지의 죽음 이후 사람들이 보인 반응을 돌이켜보면, 그 누구도 자살을 제대로 이해하지는 못했던 듯하다. 다만 짐 삼촌과 같은 사람들에게는 이해 따위가 중요치 않았다. 이해 여부가 진정으로 너

그러운 정신을 갖는 데 어떤 장애도 되지 않았다. 그런가 하면 이해의 결핍이 도저히 뛰어넘을 수 없는 장애로 작용해 연민을 향한 본능마저 억눌러 버리는 사람들이 있다. 그들은 이 충격적인 죽음을 도대체 어떻게 이해해야 하는지, 또 우리 가족에게는 무슨 말을 해줘야 옳은지 알지 못해 당혹스러워했다. 이 책의 취지 중 하나는 자살에 대한 사람들의 이해를 돕자는 것이다. 다시 말해 보살핌과 너그러움을 베풀고 싶어하는 사람들이 비로소 자살을 이해할 수 있게 되기를 희망한다.

신기한 건 상황을 제대로 이해할 것이라고 여겨지던 사람들일수록 오히려 도움이 되지 못했다는 사실이다. 그들은 짐 삼촌과는 대조적으로 지적 이해의 결핍이라는 장벽에 가로막혀 있었다. 사실 필요한 것이라곤 시선 피하지 않기, "아버님 일, 정말 가슴 아프게 생각해."와 같은 위로의 말, 그리고 나를 지금껏 알아온 그 사람으로 대하려는 노력 정도가 전부다. 고등학교 동창 친구들은 아버지의 죽음 직후는 물론 이후 몇 달 동안 본능적으로 그렇게 행동했다. 한 예로, 아버지의 장례식을 마치고 어머니 집에 조문객이 모인 자리에서 한 동창 녀석은 최근 여자친구에게서 보기 좋게 차인 사실을 털어놓으며 침울했던 분위기를 한순간에 반전시켰다. 글로 써놓고 보면 그다지 우스울 것 없는 표현이지만 녀석의 말투와 표정이 참을 수 없이 우스워서 나는 실로 며칠 만에 처음으로 웃었다. 예를 하나 더 들자. 아버지가 돌아가시고 몇 주가 지나서 나는 고등학생 시절에 흠모했으나 이후 연락이 끊겼던 여자를 만나 저녁을 먹었다. 그날 나는 차분하게 공감해주는 그녀의 눈길과 이해에 힘입어 아버지의 죽음에 대한 자세한 사실들을 타인 앞에서 최초로 털어놓았다. 그 만남을 통해 나는 다른 사람들에게도 마음을 열고 이야기할 용기를 얻었다.

이와 대조적으로 심리학부(다른 학부도 아니고 바로 심리학부!) 동료와 교수들은 도무지 어떤 반응이 적절할지 알지 못했다. 내가 어떻게 지내는지 염려하기보다 내 유전자의 이상 유무에 촉각을 곤두세우는 친구가 있는가 하면("자살은 유전 아냐?"), 대다수 동료와 교수들은 내 아버지의 죽음을 아예 무시했다. 그중에서도 정신분석학 계통 학자이던 임상 지도교수는 특히 정도가 심해 내 아버지의 자살에 관해서는 아무런 말도 할 수 없는 듯했다. 그는 자신의 무능을 정신분석학의 중립적이고 과학적인 태도로 위장하려 했으나 속이 들여다뵈는 헛수고일 뿐이어서 오히려 애처롭기까지 했다. 이들은 무엇보다 자살에 대한 지적 이해를 원했지만, 그것이 불가능하자(그게 가능한 사람은 사실 몇 안 된다) 본연의 선한 심성마저 제대로 표출하지 못했다는 게 나의 생각이다. 어쩌면 내 아버지의 자살이라는 화제를 감당하기에는 그들이 너무 겁이 많았던 탓인지도 모른다. 나는 이 책이 지적 이해가 요구되는 사람들에게 선한 심성의 고삐를 풀어주어 상중인 유가족을 위로할 수 있는 용기를 북돋워 주기를 아울러 희망한다.

심리학부 동료와 교수 중에서도 짐 삼촌처럼 바르게 행동한 사람들이 물론 있었다. 정신분석학 계통의 또 다른 지도교수는 아버지를 여의고 힘든 나날을 보내던 나를 가장 잘 이해하고 도움을 준 사람 중 하나다. 그런가 하면 제리 메탤스키Jerry Metalsky 교수는 아버지가 돌아가시고 두어 주 후 나와 함께 원고를 검토하던 중 쉬는 시간에 내 눈을 들여다보며 진실한 감정이 담긴 목소리로 "자네 아버님께 일어난

일을 정말 가슴 아프게 생각하네."라고 말했다. 이 짧은 위로의 말에 내 눈에는 금세 눈물이 고였고, 지금도 그 순간을 떠올리면 눈물이 글썽인다.

애틀랜타의 부모님 집 전화번호를 어렵사리 찾아내 아버지의 장례가 치러지던 날 내게 전화를 걸어온 동료 리 골드핀치Lee Goldfinch는 나와 우리 가족이 어떻게 견뎌내고 있는지를 들으며 수화기 저편에서 조용히 흐느꼈다. 그 몇 분간의 대화야말로 내 평생 가장 완전히 이해받고 내 말이 온전히 전달된다는 확신을 경험한 사례 중 하나다.

가족 내적인 경험으로, 아버지를 잃은 고통이 악화하는 일도 있었다. 가족 중 일부는 심리학부 동료와 교수 대다수가 이해라는 측면에 정신을 뺏겨 적절히 대응하지 못한 것과 같은 덫에 걸려버린 듯했다. 가령 친척 하나가 다른 친척에게 충고하기를, 다른 이들에게는 아버지가 심장마비로 돌아가신 걸로 둘러대라고 말했다. 자살을 두고 거짓말을 하는 건 드문 현상이 아니다. 연구에 따르면, 자살자 유가족의 44%가 사인과 관련해 어느 정도 거짓말을 한다. 반면 사고사나 자연사의 경우 거짓 사인을 꾸며낸 유가족이 전무했다.

자살 당사자가 유서를 통해 자신의 사인에 대해 거짓말을 하라고 권하는 일도 더러 있다. 다음은 에드윈 슈나이드먼Edwin Shneidman이 전하는 어느 자살자의 유서 일부다. "내가 더없이 사랑하는 어린 조를 잘 보살펴줘. 아이에게 사실을 말해선 안 돼. 그냥 내가 멀리 여행을 떠났고 머지않아 돌아올 거라고만 해줘. 언제 올지는 모른다고 하고." 사람들이 자살에 대해 거짓말을 하는 일이 드물지 않음을, 그리고 그것이 어째서 이해할 만한 일인지 잘 보여주는 사례다.

자살에 대한 오해는 거짓말뿐 아니라 다른 여러 형태로 나타난다. 거짓말보다 더 유독한 것은 책망이다. 다행히 아버지의 죽음과 관련해 어머니나 여동생들이나 나를 탓한 사람은 내가 아는 한 전혀 없었다. 하지만 안타깝게도 이 지옥 같은 고통에 시달리는 사람들이 수없이 많다. 슈나이드먼의 사례를 하나 더 들어보자. 아리엘의 아버지는 본인이 쏜 총에 맞아 사망했다. 사고사 가능성을 완전히 배제할 수 없으나 여러 정황상 자살로 추정되었다. 아리엘은 "고모가 그러는데 아버지는 내가 죽인 거라고, 나 때문에 아버지가 자살하신 거란다."라고 썼다. 아버지가 죽은 지 만 3년 될 무렵, 아리엘은 분신자살을 기도했다가 간신히 살아났다.

자살행동에 대한 오해를 넘어 자살과 관련한 금기禁忌도 부지기수다. 칼 메닝거Karl Menninger는 "자살 금기는 너무도 강력해서 어떤 사람들은 자살이라는 말조차 입에 담기를 꺼린다."라고 말했다. 중요한 연구를 홍보하는 대학 잡지사가 자살 연구에 관한 기사를 싣기로 했다. 애초에 머리기사로 삼을 생각까지 했던 그들은 결국 뒤로 물러섰다. 기사를 게재했지만, '자살'이라는 말이 잡지 전체의 표제가 된다는 걸 상상하기는 차마 어려웠던 것이다.

자살행동을 하는 사람의 가족들에게서도 이와 똑같은 태도를 흔하게 볼 수 있다. 지금으로부터 수십 년 전, 메닝거는 우울증을 앓거나 자살 확률이 높은 환자의 입원에 대해 친척들이 보이는 반응을 다음과 같이 묘사했다. "일시적 우울증에 빠져 자살을 경고했다가 우리 병원에 입원한 환자가 호전 증세를 보이기 시작하면 친척들은 여전히 자살 위험이 있다는 우리의 경고를 무시한 채 너무 일찍, 서둘러 퇴원을 준비한다. 그들은 자신의 친척이 그런 행위를 저지를 수도 있다는 견해에 콧방귀를 뀐다." 메닝거는 바로 그런 환자들이 결국 자살로 사망했음을 보도하는 기사 자료를 대량 수집했다.

나는 사람들이 자살에 관해 이야기하기를 조심스러워하고 심지어 노골적으로 거짓말까지 하는 이유를 잘 안다. 맏아들 말라키(미국 땅을 최초로 밟은 우리 집안 선조의 이름을 딴 것이다)가 할아버지는 어디 계시느냐고 물었을 때만큼 그것이 선명히 이해된 적이 없다. 아이가 세 살 나던 해였다. 나는 언젠가 이 질문을 받게 될 것을 예견했지만 아직 답변을 준비할 2~3년의 여유는 있으리라고 믿었었다. 깊은숨을 내쉬고 나는 말했다. "네가 기침을 하거나 배탈이 날 때처럼 사람들은 아플 수가 있단다. 몸만 아픈 게 아니라 마음도, 때에 따라서는 아주 많이 아플 수 있어. 할아버지는 그렇게 마음이 아주 많이 아프셨지. 너무 슬프고 외로워서 더는 살기가 싫어지셨던 거야. 오랫동안 그런 기분에 시달리다 보면 차라리 다치거나 죽어버리고 싶은 생각도 들 수 있는데, 할아버지가 바로 그러셨단다."

말라키의 반응은 나에게서 자연현상에 대한 경이로운 사실을 들었을 때와 비슷했다. 아이는 부정적인 정서에 거의 물들지 않은 바로 그 순수한 경탄으로 "할아버지가 스스로를 죽이셨단 말이야?" 하고 물었다. 마치 "살갗으로 맛을 느낄 수 있는 물고기들이 있단 말이야?" 하고 묻는 것처럼(실제 그런 물고기들이 있다는 사실을 함께 막 읽은 때였다). 나는 "응, 그러셨어. 사람 마음이 몹시 아프면 때때로 일어날 수 있는 일이지."라고 대답했다.

나는 뒤탈에도 대비하고 있었다. 이를테면 말라키의 유치원 교사나 다른 아이의 학부모가 나에게 "말라키가 다른 아이들한테 자살에 관해 이야기하고 다녀서요."라고 말을 걸어올 수도 있었다. 말라키가 걱정과 혼란에 빠지거나 (혹시 제 아버지인 내가 자살을 한다면?) 또는 악몽에 시달릴 것에도 대비했다. 이런 일들은 일어나지 않았지만, 걱정이 되었던 건 사실이다. 그래서 얻는 것보다 잃는 것이 훨씬 많은데도 사람들이 자살에 대해 거짓말을 하는 이유를 이해한다.

말라키는 이따금 할아버지의 죽음과 관련해 불쑥 한 마디씩 내뱉거나 질문을 던지는데, 나를 가장 감동케 했던 것은 첫 대화가 있은 지 일주일쯤 지난 후의 일이었다. 함께 놀기 위해 나가려는 순간 아이가 나를 향해 몸을 돌리며 "아빠가 어린 꼬마였을 때, 내가 아빠의 아빠였어."라고 말하는 것이었다. 시기도 시기였지만, 아이의 얼굴빛과 어조에서 내가 아버지를 떠나보낸 후 얼마나 아파하는지를 이해한다는 것, 그리고 어떻게든 내 고통을 달래주고 싶어한다는 사실을 확실히 읽어낼 수 있었다. 그것이 내게 큰 위로가 되었음은 말할 나위도 없다.

말라키는 다섯 살이 되자 할아버지가 어떻게 자살했는지를 물었고 나는 칼을 사용하셨다고 대답했다. 여섯 살이 되었을 때 좀 더 상세한 정황을 들려주자 아이는, 내가 자신에게 숨기고 싶어하는 무언가를 갖고 있다고 믿을 때 사용하는 다소 장난스러운 말투로 "전에는 그냥 칼을 사용하셨다고만 했지 자세히 알려주지 않으셨어요."라고 지적하기도 했다. 내가 처음부터 모든 걸 숨긴 채 거짓말로 일관했다 해도 말라키는 결국 내 거짓말을 알아차렸을 것이다.

오해가 없기 바란다. 내 아버지의 죽음에 관한 대화는 우리 부자가 나누는 전체 대화의 100만분의 1쯤에 불과하다. 우리는 학교, 친구들, 각종 스포츠, 깜찍한 동생 지키의 기행奇行, 과학, 자연, 엄마의 마술 묘기, 피부로 맛을 느끼는 물고기 같은 것들에 관한 대화를 훨씬 더 많이 나눈다. 다만 나는 아버지의 죽음을 아이에게 감추려 하지 않았다. 그것은 둘째 아이에게도 마찬가지일 것이며, 이 결정에 대해 조금도 후회하지 않는다. 그리고 이제 다른 사람들과 그 주제에 관해 이야기하기가 아주 쉬워졌다. 세상에서 가장 사랑하는 세 살배기 아이에게 할 수 있는 이야기라면 누구에겐들 못 하겠는가.

자살이란 나약함의 표상이자 수치스러운 행동이라는 관념은 아버지의 죽음 이후 끊임없이 나를 괴롭혔다. 아버지는 어떤 의미로도 나약한 분이 아니셨고, 오히려 육체적 고통에 익숙한 듯 금욕적 강인함을 발휘하시곤 했다. 사례로 들 만한 일화는 수없이 많다. 확신하건대 내가 몰랐거나 잊어버린 일화들 또한 부지기수일 것이다. 아버지는 세 살 무렵에 거꾸로 세워진 우유병 위에 올라가 균형을 잡으려다가 병이 박살 나는 바람에 아킬레스건을 크게 다쳤고(보모가 상처에 굴뚝의 재를 바르고 붕대를 감아주었다 한다), 성장해서는 해병대 중사로 복무했다. 내가 일곱 살 되던 해 우리 가족이 스키 여행을 떠난 일이 있는데, 확실치는 않지만 이전에 스키를 타본 일이 없는 듯한 아버지는 결국 다리가 부러지는 부상을 입었다. 그로부터 몇 년 뒤에는 우리 집 개 주피터와 조깅을 하시다가 주피터가 느닷없이 앞질러 내닫는 바람에 넘어지면서 또다시 아킬레스건이 파열되는 부상을 당했고, 또 얼마 후에는 보트 사고로 인해 심하게 다치셨다.

자살에 일종의 용기와 힘이 필요하다는 인식은 자살의 원인(이 책의

프롤로그 23

주요 초점이다)뿐만 아니라 자살사망자들에 대한 일반적인 시각과 관련해서도 함의하는 바가 크다. 자살이 나약함의 표출이기보다 특정 유형의 고통에 대한 대담한 감내라는 진실은 얼핏 불온하게 느껴진다. 그럼에도 이 사실은 기분장애나 조울증 등 자살과 관련된 여러 정신질환의 수수께끼를 풀어주고 자살에 관한 낙인을 떨쳐내는 데 적잖은 도움이 된다.

내 아버지가 기분장애를 그것도 비교적 오랫동안 앓으셨다는 데는 의심의 여지가 없다. 어린 시절의 어느 날, 아버지가 몸이 편찮으신 것도 아닌데 침대 위에서 하루 대부분을 보내시는 것을 보고 의아했던 기억이 있다. 세월이 흐른 뒤에 아마도 전날 과음을 하셨던 건 아닐까 생각했지만, 그건 아닌 듯했다. 내가 아는 한 아버지는 절대로 과음하는 법이 없었기 때문이다. 이제야 나는 아버지가 우울증의 한복판에 서 계셨던 것임을 깨닫는다.

생의 마지막 몇 년 동안, 아버지의 우울증은 한층 심각해진 듯했고 그것은 크리스마스 무렵에 특히 선명하게 목격되었다. 대학생이던 내가 명절을 맞아 고향에 돌아오면 아버지가 공항에 마중 나오셨는데, 보는 순간 우울증이 손에 잡힐 듯 느껴지곤 했다. 집으로 돌아오는 차 안에서 뭔가 아버지의 기분을 나아지게 만들 이야기를 찾아 애를 썼지만 아버지는 단음절의 짧은 대꾸만 하실 뿐이었다. 그렇게 갖은 노력을 해보다가 20분만에 집에 도착하면 비로소 안도감이 몰려왔다. 그리고 옛 고향 친구들을 만나며 느끼는 편안함 덕에 긴장의 매듭 하나하나가 풀리는 기분이었다.

어린 시절 나는 아버지와 함께 스포츠 경기를 관전하곤 했다. 둘이서 소파에 나란히 누워 풋볼이나 농구 경기를 지켜보던 기억들이야말로 내가 아버지에 대해 기억하는 가장 오래되고 즐거운 추억이다. 아버지는 벽에 붙여둔 소파를 끌어내어 우리가 함께 편안한 각도로 텔레비전을 볼 수 있도록 하셨고, 우리는 'GEORGIA'라는 큼지막한 글자와 조지아 대학교의 마스코트 불독이 새겨진 진홍색 모직 담요를 덮고 누워 경기를 즐겼다. 여러 해가 지나 명절 때 귀향하면 나는 다양한 스포츠 경기를 관전할 기회를 스스로 만들거나 친구 또는 친척들로부터 공짜 표를 얻기도 했다. 그럴 때마다 아버지를 우울증의 수렁에서 끌어낼 요량으로 함께 가자고 부탁했지만 매번 허사였다. 공항에서 아버지를 만나 함께 집까지 돌아오는 20분간의 여행은 그렇게 세 시간짜리 풋볼 경기 관전을 대체해 버렸다.

아버지는 또 본격적인 조병躁病 단계보다는 다소 경미한, 이른바 경조병輕躁病 증상을 자주 경험하셨다. 조병 단계란 불연속적으로 찾아왔다가 사라지기까지의 과정 또는 기간을 의미하며 과장되고 망상적인 생각, 과도한 계획, 고양된 기분, 무한한 에너지(며칠씩 잠을 자지 않을 정도로)와 같은 증상을 특징으로 한다. 조울병躁鬱病 환자들의 수면 증상은 특히 주목할 만한데, 조병 증상을 겪는 사람들은 너무 바쁘게 활동하는 나머지 잠을 잘 수가 없다. 조병 증상의 또 다른 특징으로 성마름이 있다. 극심한 조병 단계와 극심한 울병 단계의 결합을 정신의학 용어로 조울병 1형이라 부른다.

앞서 말했듯 아버지는 심각한 조병보다는 경미한 경조병 증상을 보이셨다. 경조병 환자는 매일 잠을 자고(대신 정상인보다 수면 시간이 짧다), 매우 긍정적인 자아관을 표출하고(과대망상이 노골적으로 드러나지는 않는다), 눈에 띄게 명랑한 기분을 보일 수 있다(극도로 들뜬 상태는 아니다). 경조병과 극심한 울병 단계의 결합을 정신의학 용어로 조울병 2형이라 부른다. 이제 와 생각하면 그것이 바로 아버지가 겪고 계시던 질환이었다. 조울병 2형은 심각한 질환이다. 조울병 1형 환자와 조울병 2형 환자의 자살률은 대체로 비슷해서 각각 10%에 가깝다고 추정한 통계자료가 있다.

아버지의 경조병 증상은 주로 봄에 찾아온 것으로 추정되는데, 조병이나 경조병 단계는 특히 이 계절에 흔하게 발생한다. 가장 선명한 사례를 들어보자. 아버지는 자살하시기 약 15개월 전인 1989년 봄, 텍사스주 오스틴에 있던 나를 불쑥 찾아오셨다. 나는 각종 지자체 관리들을 만나 부동산과 세제稅制 같은 것들에 관해 상담하시는 아버지를 온종일 따라다녔다. 이 바쁜 사람들이 갑작스러운 아버지의 방문에 응했다는 사실은 아버지의 재능과 수완에 대한 반증이었다. 하지만 그들은 아버지가 도대체 무슨 소리를 하는 것인지 몰라(하이탑 농구화를 신은 더벅머리 아들은 또 왜 따라왔는지는 물론이고) 당혹스러워했다. 바로 아버지가 경조병을 앓고 계셨음을 잘 보여주는 사례다.

아버지는 내가 친구와 함께 기숙하던 오두막을 목격하셨다. 집 상태는 형편없지만 월세가 믿을 수 없이 쌌기 때문에 나는 전혀 개의치 않았고, 아버지도 그러시리라 믿었다. 아버지는 별다른 반응 없이 "엄마한테는 얘기하지 말거라." 하셨다. 나중에 돌아보니 아버지는 크게 실망하셨던 것 같다. 최우수 대학원생들도 그런 집에서 살 수 있다는 사실을 이해하지 못하셨거나 프린스턴에서 수학한 당신의 아들이 어쩌다 그 꼴로 사는지 의아하셨던 것인지도 모른다. 내가 사는 형편을 당신의 실패로 받아들이셨을 걸 상상하면 괴로워진다. 또 지금 내가 어떻게, 어떤 사람들과 살고 있는지 볼 수 없으시다는 것을 생각하면 가슴이 미어진다.

아버지는 여러 해 동안 이 증상들에 시달렸지만 돌아가시기 일 년 쯤 전부터야 치료를 받기 시작했다. 거기에는 매우 유능하고 성공한 분이셨다는 사실도 중요한 이유로 작용했다. 아버지는 조지아 대학교 법학부를 차석으로 졸업했다. 근소한 차이로 수석을 차지한 졸업자는 훗날 연락이 끊겨버린, 아버지의 가까운 친구였다. 아버지는 '소프트웨어'라는 용어를 들어본 사람조차 드물던 1970년대 초 기업 소프트웨어 분야를 주름잡은 사업가였다. 증상이 찾아와도 별 무리 없이 생활할 만큼 탁월한 재능을 갖춘 분이셨고, 바로 이 점이 죽음이 가까워진 시점에야 치료가 시작된 이유라 할 수 있다. 또 하나의 이유는 아버지 당신보다는 기분장애 의학의 당시 실태와 관련이 깊다. 다시 말해서 1950~1980년대의 기분장애 질환 치료방법과 추세, 그리고 이에 대한 사회 전반의 시각은 환자들이 적극적으로 나서서 치료받기를 권장하는 쪽과는 거리가 멀었다. 아버지는 1989년 마침내 병원을 찾아 적절한 치료를 받으셨다(SSRI라 불리는 선택적 세로토닌 재흡수 억제제selective serotonin reuptake inhibitor(항우울제의 일종. —옮긴이)와 기분안정제 등의 투약). 문제는 치료 유형보다는 시기에 있었다. 아버지의 기분장애는 이미 40년 동안 방치되어왔기에 이와 같은 치료가 효과를 발휘하기엔 이미 때가 늦었던 것이다.

앞서 말했듯이 아버지는 육체적 부상을 여러 차례 당하셨는데, 그

가운데 몇 가지는 보트 사고로 인한 것이었다. 부상 자체는 경미했지만 잠재적으로 아버지 당신은 물론이고 그 보트에 탄 다른 이들(나와 주피터)의 목숨이 위험에 처한 사고도 포함돼 있었다. 낚시광이었던 아버지는 낚시 여행에 나를 데려가기를 좋아했다. 따라가고 싶은 적도 있었지만, 동이 채 트기도 전 조그만 보트에 올라 거친 물살을 헤치고 1~2마일을 나가 온종일 땡볕 아래서 보낸 뒤 해질 무렵에야, 때로는 빈손으로 돌아오는 여정이 어린 소년에게 쉽지만은 않았다. 그날도 평소처럼 낚시를 하고 있는데 느닷없이 커다란 파도가 넘실대기 시작했다. 길이 25피트(7.62미터) 정도였던 우리 보트가 단번에 뚫고 지나갈 수 없을 만큼 거대한 파도였다. 아버지는 보트가 파도에 90도 각도를 이루도록 하려고 필사적으로 핸들을 조절하셨다. 만일 보트가 비스듬히 밀려나 버리면 정말로 위험한 지경이 될 것이기 때문이었다. 보트가 파도를 타고 출렁이자 주피터가 낚싯대 등 장비들과 함께 보트의 뒤쪽으로 힘없이 미끄러져 내려갔다가 다시 미끄러져 돌아오기를 반복했다. 보트 각도를 적절히 유지하는 데 총력을 기울이던 아버지는 핸들이 박살나버리자 다친 손으로 핸들이 빠져나간 받침대를 돌려대며 보트의 균형을 잡으려 안간힘을 쓰셨다. 마치 그것의 목을 조르기라도 하는 듯했다. 그렇게 몇 분이 지나자 물살이 차츰 잦아들었다. 내가 아버지께 한쪽 손을 많이 다치셨다고 알려드릴 때까지 아버지는 그 사실을 의식하지도 못하셨던 것 같다.

이것은 아버지가 지녔던 심신 양면의 금욕적 강인함을 보여주는 이야기다. 뒤에서 설명하겠지만, 육체적 부상 경험은 훗날 자살 위험에 중요한 요소가 될 수 있다. 아버지는 고통 앞에서 침착하셨으며, 그 위험한 상황 속에서 거의 흔들림 없이 핸들이 튕겨져 나간 받침대를 피 흘리는 손으로 돌려가며 보트를 조종하셨다.

이 이야기는 또한 무모함의 기미를 엿보게도 해준다. 아버지는 낚시 여행을 떠나기 전 기상예보를 점검하시는 법이 없었다. 사실 나라면 말라키와 지키를 데리고 광활한 바다 위의 조그만 보트 안에서 하루 15시간이나 보내는 일은 엄두도 내지 못한다. 아버지는 일반적으로 무모하다고 할 만한 분이 아니셨다. 다시 말해 충동적이지도, 약물을 남용하지도, 불같이 화를 내지도 않으셨다. 그럼에도 아버지에겐 딱 꼬집어 말하기 힘든 모종의 무모함이 있었다. 흔히 성격상의 무모함은 부상과 위험에 노출될 확률을 높이며, 자살 가능성 또한 증대시킨다. 반복적으로 부상과 위험에 노출되어온 사람들은 심각한 자해를 비롯한 여타 것들에 두려움을 느끼지 못하게 된다.

여러 차례의 부상 편력, 그리고 명백한 금욕적 강인함과 대담성에도 불구하고, 아버지는 자살을 시도하실 때 서서히 단계를 밟아 올라가셨던 듯하다. 심장을 찔러 돌아가셨지만 그 전에 몸의 다른 부분들을 먼저 찌르셨다. 이 사실은(긴 세월이 흘렀지만 지금도 써내기가 고통스럽다) 대단히 중요하다. 자살로 목숨을 끊는 모든 이들은 단계를 밟아 자해의 수위를 높인 끝에 최종 목적지에 닿는다. 이는 오랜 시간에 걸쳐 이루어지기도 하고 (차차 고통에 익숙해지면서), 단기간 안에 치명적이지 않은 자살 방법을 먼저 시도해보는 일도 있다.

장례식이 끝난 뒤 짐 삼촌과 나는 아버지의 유품과 서류들을 찾으러 애틀랜타 시신안치소에 들렀다. 그런데 못된 안내원이 우리가 대체 무엇을 원하는지 모르겠다는 듯 짜증스러운 기색을 확연히 드러냈다. 삼촌은 온화한 성품이지만 그날 그 안내원에 대한 반응은 박력과 분노로 똘똘 뭉친 모습이었다. 안내원은 이내 태도를 바꿨다. 아마 삼촌이 시켰다면 그 자리에서 공중제비라도 돌았을 것이다.

그날 찾아온 아버지의 유품 중에는 어머니가 선물하셨던 1970년대 롤렉스 방수 시계가 있었다. 아버지는 늘 시계 앞면이 왼손의 손목 안쪽에 놓이도록 차셨다. 누가 궁금해 물어보면 "시간을 보려다가 커피를 쏟을 염려가 없으니까."라고 대꾸하시곤 했다. 그 시계는 이제 내가 보관하고 있다. 여기저기 긁힌 자국이 많은 걸 볼 때 어딜 가시든 항상 차셨던 게 분명하다. 내가 차볼까도 했지만, 너무 작았다.

아내는 최근 결혼반지를 다시 세공하기를 원했다. 나는 처음에 했던 것과 똑같이, 대신 이번에는 말라키와 지키를 증인으로 세워서, 아내에게 반지를 바치는 특별 의식을 준비했다. 다시 세공한 아내의 반지를 찾아올 때 문득 이참에 아버지의 시계 표면을 수리하고 시곗줄도 늘려 내가 차면 어떨까 하는 생각이 떠올랐다. 이처럼 아버지가 돌아가신 후 내 삶의 경험과 추억들은 여러 면에서 아버지에 관한 기억으로 물들곤 한다. 때로는 견디기 힘들 만큼 고통스럽고(아버지가 내 아내와 아들들을 결코 만날 수 없다는 생각을 포함해), 때로는 보석상에서의 경험처럼 아버지의 삶과 죽음까지 나와 내 가족의 삶 안에 접목하고 싶은 애달픈 염원으로 찾아오기도 한다.

내 심연에는 여전히 깊은 슬픔의 우물이 있다. 하지만 그 슬픔은 이제 보다 일반적인 성격을 띤다. 다시 말해서 내 아버지에 한정된 것이라기보다는, 바로 내일이면 또다시 전 세계 2,500개 가정에서 사랑하는 가족을 자살로 잃는, 여러 해 전 우리가 겪었던 그 아픔이 재현될 것을 생각하면서 가슴 저린 슬픔을 느낀다. 과학과 임상의학의 발전은 사람들을 자살로부터 구하고 자살자 유가족의 수를 줄여줄 수 있다.

나는 자살로 사랑하는 사람을 잃은 고통을 유가족들과 공유하고, 자살행동 치유라는 목표를 임상의들과 공유하며, 자살이라는 미스터리를 해결한다는 어마어마한 과제를 과학자들과 공유한다. 나는 이렇게 공유된 모든 것을 자살에 관한 중대한 문제들을 파헤치는 데 적용하며, 나아가 사람들이 왜 자살하는지를 설명하기 위한 맥락으로 활용할 수 있기를 간절히 바란다.

1장

자살에 관해 우리가 아는 것과 모르는 것

자살에 관한 설득력 있는 이론은 약 15년 전을 마지막으로 더는 발표된 것이 없다. 그 전 수십 년 또는 심지어 수 세기 동안 논리적으로 납득할 만한 탁월한 이론이 발표된 사례는 한 손으로 꼽을 정도다. 매해 수십만 명의 생명을 앗아가는 현상에 비하면 참으로 이해하기 어려운 현실이다.

자살과 관련된 다양한 현상들을 설명하기 위해서는 기존 모델을 바탕으로 하되, 자살행동에 대해 좀 더 깊은 탐구를 제시하는 새로운 이론이 필요하다. 자살 관련 사실들이 워낙 광범하고 다양하다 보니, 이것은 간단히 해결할 수 있는 문제가 아니다. 가령 자살은 여성보다 남성에게서 훨씬 흔하게 발생한다. 다만 중국은 예외다. 미국에서는 근래 특히 젊은 흑인 남성을 포함해 흑인들의 자살이 증가하는 추세다. 그럼에도 여전히 백인 노년층 남성의 자살 위험도가 가장 높고, 여성들 중에는 식욕부진증 환자, 매춘부, 운동선수, 의사 등의 자살률이 유난히 높다. 이처럼 다양한 사실들을 아울러 반영할 수 있는 이론이야말로 설득력을 인정받게 될 것이다.

그러한 이론은 과학적 지식을 진전시킬 뿐 아니라, 위험을 평가하고 위기를 중재하며 치료방법과 예방규범을 고안해야 할 임상의들의 자살 관련 이해를 심화시켜 준다. 나아가 사랑하는 사람을 자살로 잃은 것으로도 모자라 수많은 오해까지 견뎌내야 하는 이들에게도 도움이 될 것이다.

이 장에서는 내가 직접 참여하거나 감독한 자살 환자들과의 임상경험 일부가 소개될 예정이다. 임상 현장에서 자살은 종종 화급하고 당혹스럽고 절박한, 임상의들이 가장 우선시하는 사안 중 하나로 묘사된다. 자살은 실로 긴급한 사안이지만(사람들이 죽어가므로), 공황恐慌에 빠질 이유는 없다. 다만 단호한 임상적 결정을 내리는 데 도움이 될 방식으로 이해하는 게 마땅하다. 이를 위해서는 완전한 설명모델이 필요하다. 나 자신을 포함해 임상의들이 마주하는 자살 환자들과의 다양한 경험은 자살에 관한 포괄적인 정보가 어떻게 혼란과 공황을 줄이고 임상 진전을 도울 수 있는지 잘 보여준다.

이 장에서는 또한 자살에 관한 나의 과학적 연구도 언급할 것이다. 나는 자살에 관한 중요한 사실들을 발견한 여러 연구팀 중 하나를 지휘하고 있다. 나아가 이러한 자살 관련 연구에서 반드시 포함해야 과학적 사실들이 논의될 예정이다. 또 자살이론의 기존 모델들, 다시 말해서 자살 관련 사실들을 설명할 목적으로 개발된 이론모델들이 요약된다. 이론모델을 평가하는 최적의 방법은 그 이론으로 몇 개의 사실이 설명될 수 있는지를 점검하는 것이다. 이 과정에서 좀 더 나은 성적을 보여주는 모델은 어떤 것인지가 확인된다.

바라건대 이 책에서 소개하는 자살에 관한 설명이 우리 가족이 감수해야 했던 오해를 다른 사람들이 겪지 않도록 돕고, 나아가 자살 연구의 과학적 과제들을 설정해주었으면 한다. 이 과정에서 매우 흥미로운 질문들이 이어지고 답변이 나올 것이다. 가령 이런 것들이다. 사랑하는 가족이 자살했을 때 유가족은 다른 사람들에게 사인을 사실대로 밝혀야 할까? 자살이라는 것의 적절한 정의는 무엇일까? 9·11 테러 당시 세계무역센터 고층에서 뛰어내린 사람들의 죽음, 그 범죄를 저지른 테러리스트들의 죽음, 그리고 컬트cult 교단의 집단자살 같은 것들은 각각 어떻게 이해해야 할까? 일반적으로 여성이 남성보다 자살에 덜 희생되는 이유는 무엇이며, 매춘부나 의사처럼 전적으로 상이한 특정 부류의 여성들이 비슷하게 높은 자살률을 보이는 이유는 또 무엇일까? 백인 노년층 남성들이 미국에서 자살에 가장 취약한 인구집단인 요인은 무엇일까? 국가적 위기 동안 전국적으로 자살률이 낮아지고, 특정 도시의 프로스포츠 팀이 챔피언 결정전에 진출하면 그 도시의 자살률이 낮아지는 현상은 어떻게 설명될 수 있을까? 죽음을 향한 진정한 욕망은 어떤 요소로 이루어져 있을까?

　이것들을 포함한 다양한 질문이 이 책에서 지속적으로 제기되고 또 답변될 것이다.

임상현장의 기록

박사학위를 취득한 후 나는 갤버스턴 소재 텍사스 대학교 의과대학의 심리학부 조교수를 첫 직업으로 얻어 일하기 시작했다. 여러 면에서 축복받은 직업이었다. 나는 거기서 많은 심리치료 환자들을 만났고, 나에게 정신질환의 생물학적 기초에 대해 많은 걸 가르쳐준 유능한 정신건강의학과(이하 '정신과'로 표기. —편집자) 의사들을 만나 함께 일했다. 자살로 생을 마치는 사람들에게 있어 생물학은 모종의 역할을 담당하는 듯한데, 이에 대해서는 뒤에서 상세히 설명하겠다.

나는 그들로부터 환자의 자살 위험에 대해 대수롭지 않게 여기는 둔감형의 입장도, 지나치게 소란을 떠는 민감형의 입장도 아닌 균형 잡힌 자세를 배웠다. 민감형의 입장은 아마도 가장 이해하기 쉬운 것으로서 누군가가 자살이란 말을 입에 담기만 해도 그 자체로 생명이 위태로운 상황으로 간주하고 경보를 울려야 한다고 믿는 태도를 가리킨다. 이런 태도는 심각한 기분장애 환자가 비교적 드문 환경에서 주로 발견된다. 반면 심각한 기분장애 환자가 많은 환경에서는 자살 충동이 그 장애의 한 요소로 받아들여질 뿐이다. 기분장애를 경험하는 환자의 대다수는 자살에 대한 생각을 하게 마련이지만 그중 절대다수는 결코 자살을 시도조차 않는다. 만일 이 모든 경우에 긴급구호 신고 전화를 건다면 거짓 경보 상습범으로 낙인찍힐지도 모른다. 민감형들은 조건부 확률상의 오류를 범하고 있다. 다시 말해 자살사고나 자살행동이 존재한다는 이유만으로 자살기도에 의한 죽음이나 중상이 발생할 확률을 실제보다 높게 상정하는 것이다.

민감형들이 왜 이런 오류에 빠지는지 이해하기는 어렵지 않다. 자살 관련 사고를 경험한 사람의 자살 위험이 그렇지 않은 사람에 비해 높은 것은 부정할 수 없는 사실이다. 더구나 자살은 되돌릴 수 없으므로 예방을 위해 가능한 모든 걸 하는 쪽이 백번 옳다. 민감형이 보이는 과잉반응은 최소한 안전한 방향의 과잉이다. "나중에 후회하기보다 조심하는 편이 좋다."라는 말이 있듯이.

민감형적 태도의 문제는 특히 훈련 클리닉에서 쉽게 발견된다. 내 호출기에 찍히는 호출의 대부분은 자살증상을 보이는 환자에게 뭔가 더 해주어야 하지 않을까 노심초사하는 클리닉 임상의들에게서 오는 것이다. 나는 전화를 걸어 그 임상의가 진료 기준을 맞추고 있는지 확인한 후, 이렇게 묻는다. "글쎄요. 해야 할 일들은 다 한 것 같은데, 무엇을 더 해야 한다는 생각이 들죠?" 들려오는 대답은 보통 이렇다. "잘 모르겠어요. 그냥 뭔가 더 해야 할 일이 남은 듯한 느낌일 뿐이에요." 그러면 나는 "음, 그렇지 않아요. 하지만 그 느낌은 잃지 말아요. 바로 그것이 환자를 위해 언제나 최선을 다하도록 인도해줄 테니까요. 단, 지나쳐서는 안 돼요. 지쳐서 오래 못 가요. 그리고 결국 최종적으로 선택은 우리가 하는 게 아니라 환자 본인들이 하는 거예요."라고 일러준다. 분명히 강조컨대 진료 기준은 때로 생사를 좌우할 만큼 중요하다. 그러므로 임상의들은 필요하다면 환자의 비자발적 입원 조치를 포함해 진료 기준을 엄격히 준수해야 한다. 이를 잘 아는 임상의들은 더 즐겁게 일하고, 환자를 진료할 때 다른 환자 생각 때문에 집중력을 잃지 않으며, 사적인 시간 역시 홀가분하게 즐길 줄 안다.

민감형의 태도는 이해할 만하되 도가 지나칠 경우 과실인 데 반해서, 둔감형들은 이와는 정반대 방향의 오류를 범한다. 그들은 자살행동을 대수롭지 않은 것, 말하자면 자살경향성을 가진 사람이 관심을 얻기 위해 취하는 제스처 또는 교묘한 조종술쯤으로 여긴다. 이런 태도는 걷잡을 수 없는 감정, 불안정한 대인관계, 공허감, 자해충동을 비롯한 충동적 행동이 주된 증상이며 곧잘 다른 질환으로 오진되곤 하는 경계성 인격장애 환자일 경우에는 특히 심각한 문제가 된다. 이런 환자들에 대해 자살을 '시늉'낼 따름이라며 둔감형적 태도를 보이는 임상의들이 있다. 다시 말해 스스로 몸에 자상을 가하는 등 자살행동을 보일지라도 그들에게는 정말로 자살할 의도가 없고 오직 다른 사람들을 괴롭히거나 조종하려는 의도의 표출일 뿐이라고 본다. 정말 그렇다면 좋겠지만, 사실이 아니다. 경계성 인격장애 환자의 약 10%가 단순한 자살 제스처에 그치지 않고 실제 자살로 사망한다(기분장애 환자의 자살률과 비슷한 수준이다).

> 경계성 인격장애 환자는 절대로 진정한 증상 호전을 보이지 않기 때문에 임상의에게는 악몽이다. 그러므로 그들이 질병의 수렁에 빠져들지 않고 어떻게든 살아나가도록 도와주는 것 정도가 최선이다. 이 환자들은 만성 우울증에 시달리고 중독 성향이 매우 강하고 상습적으로 이혼을 하며 항시 감정의 파국 상태에서 살아간다. 거처가 불안정하고 툭하면 위胃 세척을 받고 고속도로의 달리는 차 앞으로 뛰어들고 낡은 축구공처럼 꿰맨 자국 천지인 팔과 결코 아물지 않는 영혼의 상처를 담은 슬픈 눈으로 공원 벤치에 앉아 소일하는 사람들…. 그들은 영혼을 짓누르는 공허감을 치유할 마법의 탄환을 찾아 이 병원 저 병원을 옮겨다닌다.[1]

이것은 완전히 잘못된 묘사다. 경계성 인격장애 환자들 또한 증세가 호전될 수 있다. 어느 신뢰도 높은 연구에 따르면 경계성 인격장애 환자 표본의 34.5%가 치료 시작 2년 후 증상 완화기준을 충족시켰다. 4년 후에는 49.4%, 6년 후에는 68.6%가 각각 증상이 완화한 것으로 나타났으며, 전체의 73.5%가 후속 진찰 시 여전히 같은 상태를 유지했다. 한편 증상 완화 후 재발 증세를 보인 환자는 6%에 그쳤다.[2]

둔감형의 자세가 위험한 이유는 또 있다. 이 책의 주요 논지는 자살 사망자들은 단계를 밟아 올라가 최후의 자해행위에 다다른다는 것이다. 이는 과거의 실패한 자살기도를 포함해 다양한 방식으로 진행되지만, 주변 사람들이 위험신호를 감지하지 못하도록 단절시킨다는 공통점이 있다. 그들은 자해와 관련된 고통과 공포에 익숙해지고, 그렇게 점차 자연스럽게 자해 억제 능력을 잃어버린다. 임상의들의 둔감형적인 자세는 자해에 대해 무심한 태도를 부추길 가능성이 있다. 임상의가 환자의 자살행동에 무사태평으로 임한다면 환자도 덩달아 그렇게 길들여질 수 있다.

텍사스 대학교 의과대학의 정신과 의사들은 민감형과 둔감형의 중간 지점에서 균형을 잘 잡는 사람들이었다. 그들 대부분은 자신이 담당했던 환자가 자살로 사망한 경험을 했기에 잠재한 위험과 공포를 뚜렷이 이해했다. 자살 위험 평가기준, 자살행동의 치료법을 숙지하고 충실히 따랐다. 하지만 그들은 또한 자신들의 중재에는 한계가 있음을, 정말 꼭 그래야 한다면 스스로 목숨을 끊을 수 있는 궁극적인 재량을 각자가 갖고 있음을 이해했다. 내가 받은 인상으로 이 의사들은 낮에는 병원에서 업무를 잘 수행하고 밤에는 집에서 편안한 잠을 자는 사람들이었다.

게일(가명)의 예를 들어보자. 지금 돌이켜보면 게일이 처한 상황이 명확히 이해되지만, 당시에는 어쩐지 늘 불안하기만 했다. 자기 파괴적 성향이 잠재된 환자였던 그녀는 자신의 손을 마체테machete(벌채용)

칼로 잘라내어 출혈 과다로 죽는 것 같은, 매우 구체적이고 사실적인 자살행위를 상상하곤 했다(실제로 이런 방식으로 자살한 사람들이 있다). 아니나 다를까. 그녀가 정말로 마체테 칼을 지니고 있었다는 사실은 어느 임상의라도 우려하기에 충분했고, 나 역시 마찬가지였다. 심각한 우울증이 치료 효과를 보이기 시작하는 동안 그녀가 안전한 환경에 머물기를 원했던 나는 입원을 권유했다.

하지만 그녀는 입원은 물론 항우울제 투약마저 거부하며 오로지 심리치료에만 응했다. 나는 그녀의 뜻을 거스르고라도 입원을 강행시켜야 할지 우선 고민했다. 최선의 길은 아닐 듯했지만, 그럼에도 그녀가 입원치료를 받지 않아도 되는 이유를 떠올려봤다. 하지만 한 가지도 찾을 수가 없었다.

동료들과 상담한 결과, 마음을 조금 진정시켜주는 사실들에 새삼 눈길이 가닿았다. 먼저, 게일은 마흔다섯 살쯤 되었으나 지금껏 자살을 시도한 일이 없었다. 최소한 한 번쯤 시도했을 법한 세월을 살아왔는데 말이다. 물론 그것이 미래에 대한 보증이 될 수는 없었다. 마흔다섯 아니라 예순다섯 나이에 첫 번째 자살기도를 하는 사람들도 얼마든지 있다. 하지만 그녀가 전에 자살행동을 한 일이 없다는 사실에 다소 안심이 되었던 건 부인할 수 없다. 그녀의 성별도 내 마음을 누그러뜨린 요인이었다. 여성은 일반적으로 남성에 비해 자살로 사망할 확률이 낮기 때문이었다. 다른 하나는 그녀가 자신의 삶과 이루고 있는 관계였다. 게일은 자기 직업에 긍지를 느낄 뿐 아니라 특히 어린 아들과 깊은 유대를 갖고 있었다. 그녀의 자살 가능성에 관해 상담하는 과정에서, 그녀는 자진해서 이런 이야기들을 내게 들려주었다.

게일은 또한 주요 우울증 증상의 기준을 충족시키지만 실제로 우울한 기분은 느끼지 않는다는 점에서도 예외적인 환자였다. 나와 동료들이 젊은 성인들을 대상으로 진행한 연구에 따르면 이 같은 경향은 우울증을 겪는 사람 중 5%에서만 확인되었다. 최근 연구들을 보면 우울한 기분 부재는 우울증 환자들에 있어 긍정적인 예후라는 데 의견이 모이고 있다. 다시 말해 이런 환자들은 회복이 더 빠르고 치료 효과도 높은 편이다.[3]

나는 이 책에서 치명적인 자해를 가할 수 있는 습득된 능력이 자살 행동에 있어 대단히 중요한 요소임을 지속적으로 주장할 예정이다. 사람은 날 때부터 스스로에게 심각한 부상을 가할 능력을 갖는 게 아니다(단, 훗날 그러한 능력을 취득할 가능성이 높은 유전자를 비롯해 특정 요소를 이미 지닌 사람들이 있는 건 사실이다). 오히려 사람들은 그 반대 능력, 다시 말해서 고통, 부상, 죽음을 피하는 무조건 반사적인 본능을 갖고 태어난다. 진화의 역사가 보여주듯 우리는 강력한 자기보존 성향을 갖추고 있다. 하지만 뒤에서 제시할 각종 수단을 통해 어떤 사람들은 이처럼 절박한 자기보존 욕망을 억누르는 능력을 취득한다. 그뿐 아니라 관계 단절이 심화해 스스로를 타인의 짐으로 간주할 만큼 쓸모없는 인간이라고 느끼는 지점에 다다를 때 비로소 그들의 자살 위험도가 높아진다는 것이 이 책의 주장이다. 치명적인 자해를 가할 수 있는 습득된 능력을 포함한 이 요소들에 대해서는 앞으로 자세히 다룰 것이다.

내가 왜 게일에 대해 그토록 불안했는지, 그리고 그녀가 왜 사실 자살 위험이 매우 높은 환자는 아니었는지, 이제는 이해한다. 사실 그녀는 치명적인 자해 능력을 습득한 환자였다. 사람들은 주로 이전의 자살행동을 통해 이 능력을 습득한다. 하지만 이미 말했듯이 게일은 그런 행동을 한 전력이 없었다. 지금 생각해보면 그녀는 오랜 세월에 걸친 심각한 약물남용과 그로 인한 고통스럽고 도발적인 경험(점진적으로 생존 본능을 억누르는 또 하나의 방법)을 통해 자해 능력을 습득했을 것이라는 심증이 온다. 우리가 만났을 때 그녀는 약물남용이 치유되고 이후 8년간 약물에 손대지 않은 상태였다. 하지만 이전 경험들로 인해 이미 많은 흔적이 새겨진 것이다.

게일의 자해 능력은 그녀가 아주 명료하고도 치밀한 자살계획을 세웠다는 사실, 그리고 계획과 관련해 보여준 침착함과 대담성을 통해 확인되었다. 바로 그런 점들 때문에 나는 게일을 입원시키고 싶었던 것이다. 그럼에도 그녀는 자살 위험이 그리 높지는 않았는데, 심각한 자살행동의 두 가지 요소라 할 좌절된 소속감과 스스로를 짐으로 느끼는 경향을 보이지 않았기 때문이다. 게일에게는 안정적인 친구 관계가 있었고 특히 아들과는 매우 긴밀한 유대를 맺고 있었다. 그녀가 타인들과 근본적인 단절감을 느낀다는 증거는 없는 반면, 건전한 소속감을 유지하고 있다는 증거는 많았다. 게다가 매우 유능한 여성이었던 게일은 우울증과 싸우면서도 직장에서 높은 실적을 올렸다. 무엇보다 자신이 주변인들의 짐이라고 느낄 만큼 무능감에 시달린다는 증거를 찾을 수 없었다.

소속감과 효능감效能感이 완충장치 역할을 했지만 상황이 언제라도 급변할 수 있음을 잊지 말아야 한다. 치명적인 자해를 가하는 능력은 쉽사리 얻어지지 않고 시간과 반복을 요구하는 것에 반해, 자신이 어디에도 소속되지 못한 쓸모없는 존재라는 시각은 재빨리 자리 잡을 수 있다. 그러므로 게일에게도 자살 위험이 급격히 치솟을 수 있으며, 따라서 지속적인 위험도 평가가 필요하다(나아가 기본적으로 안전한 선택이기도 하다).

섀런(가명)의 사례는 이와 대조적인 측면에서 흥미롭다. 자살 위험에 대한 질문에 섀런은 그런 계획은 전혀 없다고 확언했다. 좀 더 캐묻자, "정말로 자살을 시도한다는 건 상상할 수 없어요. 그저 죽는 게 낫겠다는 느낌이 있을 뿐이죠."라고 대답했다. 자살기도 경험이 없는 것은 둘 다 마찬가지였지만, 섀런은 게일과는 달리 치명적인 자해 능력을 습득할 만한 고통스럽고 도발적인 과거 경험들을 갖고 있지 않았다. 심각한 자살행동을 유발할 환경적 요인은 없었지만, 대신 그녀에게는 이 책의 이론모델이 중시하는 다른 요소들이 존재했다. 즉, 그녀 스스로 타인들에게 짐스러운 존재라고 여겼으며 그들로부터 단절된 느낌에 시달렸다. 이 느낌들은 "죽는 게 낫겠다"는 말과 함께 그녀가 기분장애를 앓고 있음을 명백히 보여주었지만, 자살 위험은 낮았고 입원치료를 받아야 한다는 생각도 들지 않았다. 기분장애 환자였지만 정도가 심하지 않았던 그녀는 심리치료를 받은 지 두 달도 되지 않아 증상이 완화했다. 그로부터 2년 후 내가 그녀를 마지막으로 만났을 시점에도 그 상태가 유지되고 있었다.

게일과 섀런의 사례는 특히 이 책이 제시하는 자살이론 모델의 렌즈를 통해 볼 때 자살 위험도 평가와 관련해 많은 정보를 전해준다. 일반적으로 게일과 같은 사람은 심각한 자해 능력을 갖추었다는 점에서 일정 부분 만성적 위험 고조 상태에 있다고 할 수 있다. 그녀가 유지하고 있는 유대감과 효능감이 급격히 소멸할 경우, 원하기만 한다면 게일은 심각한 자살행동에 돌입할 수 있다는 의미다. 따라서 게일 같은 사람에게는 정기적인 위험 상태 평가가 반드시 필요하다. 반대로 새런의 경우, 생존 본능이 짓눌리지 않았기 때문에 심각한 자해를 시도할 가능성이 낮다. 아무리 다른 사람들로부터 단절되고 무능한 존재라는 느낌에 시달린다고 해도 그녀에게는 죽음에의 욕망을 실행에 옮길 능력이 결핍되어 있다. 이 점들은 임상 결과에 관한 장에서 확대해 다룰 예정이다.

과학적 연구의 기록

자살에 관한 과학은 아직도 제대로 개발·정립되지 않은 상태이며, 특히 일반 대중에게는 전혀 파고들지 못했다. 며칠 전 내 아이들의 축구 경기장에서 나는 이 사실을 다시 한번 깨달았다. 150명 남짓 사람들이 약 다섯 개의 축구경기를 펼치던 중 갑자기 멀리서 번개가 번쩍였다. 그러자 경기장 관리자들은 모든 경기를 취소하기로 결정했다. 이 결정을 못마땅하게 여기고 투덜대는 이들이 있었지만, 다들 이해하는 눈치였다. 번개는 치명적일 수 있으니까.

그런데 과연 번개는 얼마나 치명적인 것일까? 다시 말해서 벼락에 맞아 죽는 사람들은 몇이나 될까? 1980~1995년 사이에 미국에서 낙뢰落雷 사고로 사망한 사람의 수가 한 해 평균 80명쯤이었던 반면, 같은 기간 자살로 사망한 사람의 수는 하루에만도 80명이 넘었다.

사람들은 왜 벼락 맞아 죽는 사고를 막으려고 그렇듯 허둥대면서 자살예방 조치에는 미온적일까? 자살로 인한 죽음은 낙뢰 사고로 인한 죽음보다 365배가량 많다. 정신건강 문제에 대한 편견 또는 낙인을 이유로 들 수도 있겠지만, 나는 그보다 평범한 답을 알고 있다. 사람들이 왜, 어떻게 벼락에 맞아 죽는지는 이해하기가 쉽고 그 예방법도 간단하다. 천둥 번개 치는 날 밖에 나가지 않으면 된다. 이와 대조적으로 사람들이 왜, 어떻게 자살로 목숨을 잃는지는 이해하기가 쉽지 않고 예방법도 명백하지 않다. 자살예방을 낙뢰 사고사 예방처럼 만들기 위해서는 사람들이 왜, 어떻게 자살을 하는지에 대한 좀 더 명료한 이해가 선행되어야 한다. 바로 그 이해를 제공하는 것이 이 책의 취지라 할 수 있다.

번개의 예는 자살에 대한 편견을 보여준다기보다 자살과는 달리 번개는 확실히 규정된 현상이므로 예방법 또한 단순하다는 사실을 반증한다. 물론 자살에 관한 편견과 낙인을 뚜렷이 확인케 해주는 사례들도 있다. 태드 프렌드Tad Friend는 2003년 〈뉴요커New Yorker〉에 발표한 금문교Golden Gate Bridge 투신자살에 관한 기사에서 (인명 피해를 줄여줄 것이 틀림없을) 자살예방용 방벽 축조에 대한 지역공동체의 반대에는 미관상의 고려가 주요 사유로 작용한다고 썼다.

하지만 지난 25년간 금문교에는 관광객들이 걸어 다니는 널따란 구역 바로 위에 8피트(약 2.44미터) 높이의 사이클론 철책이 둘러쳐져 있었다. 철책의 용도는 사람들이 이를테면 볼링공(실제 명기된 사례) 같은 물건을 다른 관광객들 위로 떨어뜨리는 사고를 막기 위한 것이었다. 금문교의 전 수석 엔지니어는 기사에서 '이것은 공중의 안전 문제'

이므로 철책이 필요하다고 말했다. 공중의 안전 문제, 맞다. 다만 볼링공뿐만 아니라 다른 어떤 사유로도 지금껏 사망 사건이 발생하지 않은 문제다.

이에 반해 해마다 30명 안팎의 사람들이 이 다리에서 몸을 던져 자살한다. 물건이 떨어지지 않게 하는 철책은 괜찮고 자살예방용 방벽은 안 된다는 태도는 아무리 생각해도 부당하고 그릇되어 보인다.

좀 빗나가는 이야기지만, 자살에 관한 낙인과 금기는 그에 관해서만 책 한 권을 따로 써도 좋을 만한 주제다. 단테Dante의 '지옥편Inferno'(《신곡》의 일부.—옮긴이) 제7층 부분을 보면 자살에 대한 낙인이 도처에서 집요하게 확인된다. 앨프레드 앨버레즈Alfred Alvarez[4]는 이를 다음과 같이 요약하고 있다. "뜨거운 관 속 이교도들과 자신들의 피로 끓어오르는 강물 속 살인자들이 신음하는 곳 아래 제7층에는 자살한 영혼들이 비틀린 독가시나무 형태로 영원토록 고통 속에서 살아갈, 길이라곤 없는 어두운 숲이 있다. (…) 육신들과 영혼들이 결합될 심판의 날, 자살자의 육신은 독가시나무 가지에 매달리리니, 그것은 스스로 육신을 고의로 내던져버린 자들에게는 하나님이 부활의 은총을 내리시지 않기 때문이다." 단테에 따르면 내 아버지는 지금 이 순간 살인자들의 아래 계시고 영원히 가시나무에 매달려 신음하실 거라는 얘기다. 그야말로 낙인이 아닐 수 없다.

금문교 이야기로 돌아가 보자. 미관상의 고려 때문에 자살예방용 방벽을 설치하지 않는다는 말은 이미 설득력을 잃었다. 그렇다면 비용은 어떨까? 프렌드는 자전거와 차량을 분리하기 위해 인도와 차도 사이에 설치한 방벽을 지적한다. 이 공사에 500만 달러가 들었지만,

그 이전 다리 위에서 차에 치여 숨진 자전거 이용자는 단 한 명도 없었다. 반면 금문교 위에서 자살한 사망자는 3,000명! 이쯤 되면 낙인과 편견의 결과라는 분석을 피하기가 어려워진다.

자살 및 그 예방법에 관한 지식에 대해 말하자면, 더 배우고 실행해야 할 것들이 무척 많다. 확립된 사실들은 많되, 그 사실들을 논리정연하게 종합적인 이론과 결합하는 작업은 지금까지도 난항을 겪고 있다. 이 책은 바로 그 같은 이론의 개요를 제공한다. 자살에 관한 설득력 있는 설명이라면 1) 발생률, 2) 나이·성별·인종·신경생물학적 지표, 정신질환, 약물남용 등과의 관계, 3) 충동성향, 4) 아동비만, 5) 치료와 예방 노력, 6) 자살의 동시다발 현상과 '전염' 등을 비롯한 여러 확립된 사실들을 해명할 수 있어야 한다. 이 각각의 주제들에 대해서는 우선 아래와 같이 정의한 뒤, 이 책이 제시하는 이론모델의 관점에서 좀 더 자세히 다룰 예정이다.

정의

자살을 정의하기는 비교적 쉽다고 생각할 수 있다. 사전상의 정의를 보면 더할 나위 없이 간명하게도 '고의로 스스로를 죽이는 행위'이다. 이 정의는 내 아버지를 비롯해 이 책에서 언급할 많은 사람들, 이를테면 시인 하트 크레인Hart Crane과 웰던 키스Weldone Kees, 음악인 커트 코베인Kurt Cobain과 같은 사람들에게 적용되는 듯하다. 하지만 2001년 9월 11일 세계무역센터 고층에서 몸을 던진 사람들은 어떤가? 최소 50명, 아마도 200명 가까운 인명이 그렇게 희생됐다. 그들은 자살한 것일까? 사전상의 정의를 따르면 자살이 맞지만, 뉴욕시 검시관의 공식

소견 그리고 우리의 직관에 따르면 그렇지 않다. 테러 희생자들의 죽음은 모두 살인으로 분류되었다. 그렇다면 수많은 끔찍한 죽음은 물론 스스로의 죽음까지 초래한 테러범들은? 그들은 자살한 것일까? 역시 사전상의 정의에 따르면 자살한 것이지만, 테러 당사자들은 스스로의 죽음을 자살보다는 순교자로서의 죽음, 또는 성전聖戰의 희생으로 규정하고 싶을 것이다.

자살을 정의하는 어려움은 다른 상황에서도 찾을 수 있다. 마릴린 먼로Marilyn Monroe는 자살한 것일까, 아니면 피살된 것일까? 사실상 모든 증거가 자살을 암시하지만, 대부분 믿기 어려운 이유들로 피살 가능성이 거듭 제기되곤 한다.

다른 자동차가 연루되지 않은 교통사고로 사망했으며 사망 당시 취한 상태였던 것으로 드러나는 경우는 또 어떤가? 그들의 죽음이 고의였는지 단순한 사고였는지 우리로서는 확실히 알 방도가 없기 때문에, 차가 나무를 들이받은 각도나 바퀴가 미끄러진 자국과 같은 사실적 정황을 근거로 판단을 내린다. 운전자가 마지막 순간 브레이크를 밟거나 차 방향을 틀었다면 졸음운전으로 인한 단순 사고로 보기도 한다. 충분히 가능한 판단이지만, 그가 자살을 시도했다가 너무 늦게 생각을 바꾸었을 가능성도 있다. 높은 곳에서 투신했다가 목숨을 건진 후 공중에서 자신의 결정을 후회했다고 증언하는 사람들에게서 볼 수 있듯, 이런 일은 비교적 자주 일어난다.

자살행동의 정의 역시 모호한 데가 있다. 내가 치료를 맡은 한 사춘기 소녀는 손목 옆쪽에 바느질용 바늘을 1~2밀리미터쯤 쑤셔 넣고는 즉시 어머니에게 자신이 자살을 시도했다고 말했다. 이런 시나리오는 임상적으로 우려할 만한 것이지만(어머니에게는 말할 것도 없고), 과연 진정한 자살기도라 할 수 있을까? '게일'이 의도했던 것(손목을 잘라내어 피 흘리다 죽기)처럼 좀 더 심각한 시도와 같은 차원일까?

이 모든 정의상의 문제를 적절히 다룬 이론은 아직 없는 것으로 안다. 따라서 이 책은 각각의 문제를 간단하게나마 살펴보고자 한다.

발생률

다소 차이는 있지만 해마다 미국에서 대략 3만 명, 세계에서 50만 명 이상이 자살로 사망한다. 흔히 인구 10만 명당 사망자 수를 사망률 주요 지표로 사용하는데, 지난 수십 년 동안 자살사망률은 10만 명당 10~15명 사이를 보였다. 2001년 자살은 미국에서 열한 번째 주요 사망원인으로 집계됐다.

미국을 예로 들 때 매년 3만 명이, 그러니까 18분마다 한 명이 자살한다는 것은 높은 수치이지만, 자살은 비교적 드문 사망원인에 해당한다. 누군가가 죽었다고 할 때 그가 심장질환이나 암으로 사망했을 확률은 52%인데 반해 자살로 사망했을 확률은 1%를 약간 넘는다.

설득력 있는 이론이라면 자살이 이처럼 드문 사망원인에 속한다는 사실을 반영해야만 한다. 많은 자살이론은 발생률에 걸려 좌초하곤 한다. 다시 말해서 대단히 흔한 원인을 제시하고는 그렇다면 왜 상대적으로 적은 수가 자살하는지를 제대로 설명하지 못하는 것이다. 이 책을 통해 제시할 이론은 자살사망의 상대적인 희소성에 관하여 설명해줄 것이다.

성별

남성은 여성에 비해 자살로 사망할 확률이 약 4배 높다. 그런가 하면 여성은 남성에 비해 자살을 기도할 확률이 약 3배 높다. 남성 자살 시도자들의 치사율이 이처럼 높은 것은 폭력 성향이 여성보다는 남성에게 더 흔히 나타난다는 점과 관련이 있다. 즉, 여성의 자살기도는 더 빈번하지만 폭력 정도는 더 낮다. 미국의 남성 자살사망자의 3분의 2가 총기를 사용하는 반면 여성의 경우 총기 사용은 3분의 1에 불과하다. 여성이 가장 많이 사용하는 자살 방법은 약물 과다복용이나 독극물 중독이다. 단 하나의 예외를 빼고 세계 모든 나라에서 남성이 여성보다 자살로 사망할 확률이 높다.

그 예외는 바로 중국이다. 이 나라에서는 남성과 여성의 자살사망률이 엇비슷하다. 자살사망에 관한 설득력 있는 이론이라면 남성 치사율의 전반적인 패턴과 중국이라는 흥미로운 예외를 해명할 수 있어야 한다.

자살 '전염'과 컬트 교단의 집단자살

이따금 자살이 특정 시간과 공간에 집중되어 발생하는 사례가 있다. 한 예로 학생 수가 1,500명쯤 되는 어느 고등학교에서 나흘 사이에 2명의 학생이 자살로 사망했으며, 총 18일 동안 자살사망자 2명 외에 7명의 학생이 자살을 기도했다. 널리 알려진 자살 사건 직후에 자살사망이 홍수를 이루는 상황도 곧잘 발생한다. 특히 언론이 그 사건을 미화한다면 가능성이 한층 커진다. 이와 같은 자살의 동시다발 현상에는 어떤 메커니즘이 숨어 있을까?

나는 1999년 분별적 관계 형성, 다시 말해서 사람들은 무작위적 관계를 맺는 것이 아니라 공통의 관심사나 특성, 심지어 약물남용과 같은 공통의 관심사들을 바탕으로 관계를 맺는다는 가설을 적용한 설명을 제안한 바 있다. 동시다발적인 자살 현상도 어떤 면에서 사전에 예정된 것이라는 생각이 든다. 말하자면 취약한 사람들끼리 분별적으로 관계를 맺은 상황에서 이들에게 과중한 스트레스가 동시에 덮쳐 올 때 관계 구성원 전원의 자살 잠재성이 활성화된다는 뜻이다.[5]

이 견해를 임상 결과로 뒷받침하기 위해 나는 대학생들을 스스로 룸메이트를 선택한 분별적 관계 형성 집단과 대학 주거지원국 측으로부터 룸메이트를 배정받은 무작위 관계 형성 집단으로 분류해 실험했다. 내 설명이 입증되기 위해서는 서로를 룸메이트로 선택한 학생들은 무작위로 룸메이트를 배정받은 학생들에 비해 서로 비슷한 자살 잠재성을 갖고 있어야 옳았는데, 실험 결과는 예측한 그대로였다.[6]

인터넷은 분별적 관계가 보다 유독한 방식으로 형성되곤 하는 장이다. 실제로 '자살옹호' 사이트 ASH alt.suicide.holiday에서는 자살이 긍정적으로 받아들여지고, 방문자들에게는 최선의 자살 방법에 대한 조언이 주어진다. 이 사이트는 현재까지 최고 24건의 자살사망 사건에 연루된 것으로 알려져 있다. 자기 파괴적 행동을 부추기는 인터넷 포럼 사이트들은 이 외에 더 있다. 2003년 1월 12일, 스물한 살 청년이 자신의 침실에서 처방 약과 대마초와 술을 다량 흡입하고 숨을 거둔 사건이 발생했다. 그로부터 얼마 후 많은 이들이 웹캠을 통해 이 청년의 사망 장면을 관망했을 뿐 아니라 그중 어떤 이들은 이미 매우 위험한 양의 약을 삼키고 있는 청년에게 "더 먹어!" 같은 문자까지 보냈다는 사실이 밝혀졌다. 이 청년과 구경꾼들은 약물남용을 주제로 대화를 나누어온 채팅방의 동료 멤버였다. 그러니까 이들은 약물남용이라는 공통 관심사로 모여 집단을 이루었으며(분별적 관계 형성), 이 집단 내에서는 자기 파괴적 행동이 노골적으로 조장된 것이다.

집단 규범과 자기 공격성 사이의 관계를 평가한 실험 연구사례들이 있다. 이 연구들은 자기 공격성 패러다임을 활용했는데(반응시간 게임으로 위장된 과업 수행 중 스스로에게 가하는 충격을 평가하며, 선택된 충격의 강도에 따라 자기 공격성이 규정된다), 실험 결과 자기 공격성을 독려하는 방향으로 집단 규범이 조작되면 구성원 개개인이 스스로에게 가하는 충격의 강도가 높아진다는 사실이 드러났다.

태드 프렌드는 2003년 〈뉴요커〉 기사에서 다니던 고등학교에서 택시를 타고 금문교로 가 투신 자살한 열네 살 소녀의 죽음을 소개했다. 소녀의 어머니는 자살 성공법에 관해 조언하고 노골적인 부검장면 사진들을 게재하는 사이트에 딸이 드나들었다는 사실을 뒤늦게 발견했다. 이 사이트는 성공률이 15%가 안 된다는 이유로 독극물 중독이나 약물 과다복용, 손목 긋기 따위는 권하지 않는다. 대신 높은 곳에서의 투신을 권고하는데 이유는 '수면으로부터 250피트 이상 떨어진 상공에서의 투신은 거의 언제나 치명적'이기 때문이다.

자살이 특정 시간과 공간에 집중되어 동시다발적으로 발생하는 현상은 분별적 관계 형성이나 집단 규범 등의 개념을 통해 부분적으로나마 이해할 수가 있다. 이 개념들은 특히 컬트 교단들에서 일어나는, 끔찍한 동시다발적 자살에서 가장 강력하게 예증된다. 총 914명의 사망자를 낸 존스타운Jonestown(가이아나에 설립된 인민사원PeoplesTemple의 비공식 명칭.—옮긴이) 자살 사건에서 희생자 대다수는 교주 짐 존스Jim Jones의 지령에 따라 청산가리와 진정제를 탄 포도맛 음료를 마시고 죽었다. 또 39명이 사망한(사건 발생일로부터 몇 달 후 두 명의 멤버가 추가로 자살했다) 천국의 문Heaven's Gate 자살 사건에서도 추종자들은 교주 마셜 애플화이트Marshall Applewhite의 지령을 받고 보드카와 혼합한 다량의 페노바르비탈(항경련제의 일종.—옮긴이)을 먹고 숨졌다.

컬트 교단의 집단자살은 난해한 정의상의 문제를 제기한다. 이것은 과연 자살인가, 아니면 존스나 애플화이트 같은 망상적 정신질환자들이 도발한 대량 살인인가? 설득력 있는 온전한 자살이론이라면 이를 포함한 어려운 질문들에 답할 수 있어야 한다. 또한 위에서 일부 언급했던 자살 관련 여러 사실에 대해서도 보다 명확히 설명할 수 있어야 한다. 아울러 나이, 정신질환, 또는 그 외 요소들이 자살에 미치는 영향을 포함해야만 한다. 나는 뒤에서 그와 같은 이론을 제안할 예정이다. 이 책이 제시하는 자살이론 모델이 자살과 관련해 확립된 여러 사실과 부합하고 예증할 수만 있다면, 그것으로 충분히 성취를 이룬 셈이다. 우선 기존 이론들을 간단히 살펴보기로 하자.

기존 자살이론들

이 책이 제시하는 이론모델을 통해 나는 나 자신을 다른 많은 이론가들과 경쟁 구도에 놓을 셈이다. 어떤 면에서 그것은 과학과 학문의 본질이다. 하지만 또 다른 측면에서 나는 다른 이론가들의 경쟁자라기보다는 협력자 쪽에 훨씬 가깝다. 이 또한 과학과 학문의 본질이다. 우리는 과거 이론가들의 공적을 인정하는 동시에, 사람들이 왜 자살로 삶을 마치는지에 관한 보다 총체적이고 정밀한 설명을 하기 위해 그들의 이론을 어떻게 확장·수정할 수 있을지 방법을 제시해야만 한다. 나는 사람들이 왜 자살로 삶을 마치는지에 관한 가장 설득력 있는 몇 가지 이론의 요점을 소개하면서 이 장을 끝맺으려 한다.

칼 메닝거[7]는 저서 《자신을 배반하는 인간 Man Against Himself》에서 "이론이 있다는 것은 설령 틀릴지라도, 사건들을 순전한 우연에 귀결시키는 것보다 낫다. '우연'을 내세우는 설명은 우리에게 아무것도 알려주지 못하는 반면, 이론은 확증 아니면 배제로 인도한다."라고 말했다. 설득력 있고 세심한 이론이 아주 없는 건 아니다. 하지만 과학의 다른 분야, 심지어 심리치료 연구의 다른 분야에 비해서도 자살의 이론화 작업은 더딘 속도로 발전해왔다. 지배적 이론이라고 해야 다섯 손가락을 다 채우지 못할 정도로 적다. 가장 최근의 주요 이론 발표가 1990년대에 있었고, 한 세기 전에 나온 이론이 아직도 커다란 영향력을 행사하는 실정이다.

그것은 바로 프랑스의 사회학자 에밀 뒤르켐 Emile Durkheim이 1897년 《자살론 Le Suicide》에서 발표했으며 개인적 요소보다는 집합적인 사회의 힘을 훨씬 더 강조한 이론을 가리킨다. 뒤르켐의 이론에 있어 모든 자살의 공통분모는 개인에 대한 사회의 규제 와해이다. 특히 사회적 통합과 도덕적 규율에 관심이 집중되어 있다.

개인이 사회에 통합된 정도와 자살률 사이에는 U자형 상관관계가 상정된다. 뒤르켐에 따르면 통합 정도는 너무 높아도 너무 낮아도 나쁜 것이다. 먼저 낮은 통합도(뒤에서 낮은 소속감이라 불린다)는 뒤르켐이 '이기적'이라고 표현한 유형의 자살 증가를 초래한다. 그는 인간이 자신을 초월시켜 줄 무엇인가를 필요로 하며 진정으로 초월적이라 할 만한 것은 인류사회뿐이라는 생각을 품고 있었다. 그런데 그 사회가 붕괴하면 사람들이 목표의식을 잃고 자포자기에 빠지면서 자살률이 상승한다는 것이다.

뒤르켐은 너무 높은 통합도 역시 자살 증가로 귀결되는데, 단지 그것이 '이타적' 유형의 자살이라는 점에서 다르다고 보았다. 지나친 사회적 통합은 사람들이 스스로를 버리고 더 큰 목표에 몰두하도록 하며, 따라서 자기희생이 이러한 자살의 주요 특징이 된다. 자기희생은 스스로 짐이 된다는 느낌과 유사한 측면이 있는데, 이 개념은 이 책이 제시하는 자살 원인의 중대한 요소로 강조될 것이다. 개인들이 사회 집단에 지나치게 통합된 나머지 각자의 개성이 퇴색하고 나면 집단의 이익을 위해 자신을 기꺼이 희생하겠다는 태도를 갖게 된다는 것이 뒤르켐의 생각이었다. 그런가 하면 주로 경제적 격변으로 인해 개인의 사회적 위상이 갑자기 변할 때 '아노미anomie(사회적 무질서를 뜻하는 용어. —옮긴이)적' 자살이 발생한다. 사회의 규제기능이나 사회 구성원의 행동을 통제하는 제도들에 급격한 변화가 일어날 때 자살률이 높아지기 쉽다는 것이다. 사회가 척도를 잃으면서 그동안 단속되던 개인적 욕망의 고삐가 풀리지만 충족되지는 못하고, 따라서 불만을 느끼는 사람들이 폭증한다는 논리다.

한편 아노미적 자살의 대조적 개념으로 이를테면 노예처럼 지나치게 규제되기만 할 뿐 보상은 없는 삶을 사는 사람들에게서 발생하는

'숙명론적' 자살도 제시되었다. 이것은 뒤르켐이 정리한 네 가지 자살 유형 중 가장 낮은 관심을 모으는데, 그 이유는 발생률이 비교적 낮다는 데 있을 것이다.

뒤르켐은 다른 요소들을 무시하거나 배제하면서까지 사회의 힘에 주안점을 두었다. 그는 정신질환과 같은 개인적 조건들과 자살 사이의 연관을 부정하지는 않았다. 그러나 이러한 요소들은 보편성이 부족해 사회 전체의 자살률에 영향을 미치기 어렵고, 따라서 사회학자들이 강조해서는 안 된다고 주장했다. 하지만 오늘날의 많은 사회학자들은 사회의 힘뿐 아니라 개인적 요소들을 중시한다는 사실이 이채롭다.

또 하나 경이로운 것은, 유전자와 정신장애가 자살행동과 관련되어 있다는 점은 부인할 수 없는 명백한 사실임에도 그것을 완전히 배제한(그리고 기타 중요한 사실들을 경시한) 이 이론가가 현재에도 영향력을 행사한다는 사실이다. 그렇다면 그는 왜 아직도 영향력을 잃지 않고 있을까? 첫째, 뒤르켐은 온전히 실증주의적인 사회학을 시도했으며 자살에 관해 체계적이고 포괄적이며 논리적이고 증명 가능한 이론 정립을 시도한 최초의 학자였다. 둘째, 그는 몇 가지 사실에 관해서는 옳았다. 3장에서 다시 언급하듯, 이 책이 제시하는 이론모델이 자살 욕망의 주요 원천 중 하나로 사회적 단절을 강조하는 점, 그리고 세부 내용은 다르지만 짐이 된다는 느낌을 심각한 자살행동의 주요 전조로 포함하는 점('이타적 자살') 등은 모두 뒤르켐의 영향을 받은 것이다. 셋째, 뒤르켐의 이론에 대한 이렇다 할 경쟁이론이 수십 년간 거의 없었다. 20세기 상반기를 휩쓴 정신분석학은 솔직히 말해서 자살의 이해에 별다른 공적을 남기지 못했을 뿐 아니라 오히려 장애가 된 사례를 여럿 찾아볼 수 있다. 자살에 관해 가장 널리 알려진 정신분석학적 시각이라면, 자살은 증오나 공격성이 내면으로 투사된 형태라는 관점이다.

해리 스택 설리번Harry Stack Sullivan[8])은 이 관점을 강화하기 위해 타인에 대한 증오와 원한을 표출하는 방식으로 목숨을 끊은 자살자들의 사례를 든다. 그런 사례들이야 물론 있겠지만 대다수는 아니다. 내 아버지만 봐도 집에서 멀리 떨어진 장소에서, 아마도 경찰에 의해서나 발견될 방식으로 자살하셨다. 그것이 우리에게 조금이나마 덜 상처를 주는 길이라고 생각하셨을 것이고, 그 생각은 옳았다. 여기서 원한을 찾아보기는 어렵다. 적대감이나 공격성은 자살사망자의 배경에서 흔히 발견되는 요소이지만, 2장에서 명시될 예정이듯 '적대감이 내면에 투사된 형태'보다는 개연성 있고 과학적인 증거와 맞아떨어지는 방식으로 충분히 설명될 수 있다.

또 다른 예로, 자위행위가 자살과 밀접하게 연관된다고 믿은 메닝거는 1936년 이런 글을 남겼다. "관찰에 따르면 자살은 습관적인 자가성애自家性愛적 행위가 중단된 직후 일어나기도 한다 (…) 자살이 촉발되는 메커니즘도 이와 같다. 자위행위는 무거운 죄책감을 유발한다. 무의식 속에서 그것은 항상 누군가를 향한 공격성을 표상하기 때문이다. 죄책감은 징벌을 요구하지만 자가성애적 행위가 계속되는 동안은 만족감 속에 징벌 요구가 묻힌다. 많은 이들은 자위행위를 건강에 대한, 그리고 현세는 물론 내세의 삶에 대한 중대한 위험으로 본다."[9])

메닝거는 이어서 자위행위가 중단되면 징벌의 요구가 더 이상 '만족감 속에 묻히지' 않고, 자기 징벌의 형태로 나타나 자살이 발생한다고 주장한다. 결국 자살은 '성적 강박의 폭력적 형태'[10]라는 것이 이 관점의 요지다. 같은 책에서는 손가락 깨물기도 자위행위와 비슷하다는 구절이 발견되기도 한다.[11]

뒤르켐의 이론은 수십 년 동안 별다른 경쟁이론의 견제 없이 이어져 왔다. 나는 메닝거나 설리번 같은 이론가들을 책망하지 않는다. 내가 1930년대의 학자였다면 나 역시 비슷한 렌즈를 통해 세상을 바라보았을 것이다. 하지만 이후 수십 년 동안 그들의 오류를 그대로 전수받아 영속화한 사람들, 심지어 오늘날까지 전파하고 있는 사람들은 아무래도 좋게 보아주기 어렵다.

20세기 하반기로 접어들면서 드디어 납득할 만한 새로운 자살이론들이 발표되기 시작했다. 가장 뛰어난 이론가 중 하나로 에드윈 슈나이드먼을 들 수 있다. 그는 심리적 욕구의 본질과 그것이 좌절될 때 발생하는 결과에 초점을 맞추었던 헨리 머레이Henry Murray의 영향을 받았다. 따라서 그의 자살관 역시 좌절된 심리적 욕구를 중심으로 한다고 볼 수 있다. 나 또한 자살행동에 관한 이론모델 개발에 있어 이 같은 접근법을 전반적으로 차용하고 있음을 밝힌다.

슈나이드먼[12]은 "거의 모든 경우 자살은 특정 종류의 고통, 그러니까 내가 심리통psychache이라고 부르는 심리적 고통의 결과로 발생한다. 또한 이 심리통은 좌절되거나 왜곡된 심리적 욕구에서 유래한다."라고 썼다. 슈나이드먼은 심리통(참을 수 없는 강도에 이른 심리적·감정적 고통 전반을 의미한다)을 자살의 근본적 원인으로 본다. 다시 말해서 무엇이 됐든 위험요소는 고조되는 심리통을 통해 작동하고, 그것이 자살 위험을 높인다는 것이다. 흥미롭게도 로버트 버튼Robert Burton은 1621년에 발표한 대작《우울의 해부Anatomy of Melancholy》에서 이와 유사한 개념을 제시한 바 있다. 그는 자살하는 사람들에 관해 이렇게 썼다. "이 불행한 인간들은 비참한 환경에서 태어나고, 회복에 대한 일말의 희망도 없으며, 치유 불가능하게 병들어 있다. 이들의 삶은 시간이 지날수록 더 끔찍할 뿐이며, 오로지 죽음만이 안락을 줄 수 있다." 그는 또 자살에는 지속성 있는 생물학적 원인이 개입할 수 있음을 암시하면서('흑담즙黑膽汁'(히포크라테스가 분류한 4체액 중 하나.—옮긴이)의 과잉), 같은 책에서 흑담즙을 자살의 '촉매제'라 부르기도 했다.

슈나이드먼[13]은 심리통 외에 치사성致死性을 심각한 자살 요인의 하나로 제시했다. 치사성은 이 책에서 중요하게 다루는, 치명적인 자해를 가할 수 있는 습득된 능력이라는 관념과 밀접히 관련되어 있다. 심리통에 대한 강조 역시 타인에게 짐일 뿐이라는 느낌과 소속감 좌절이 결합해 심리통을 형성한다는 점에서 내 접근법과 상통한다.

"구체적으로 무엇에 대한 심리통을 말하는 건데?" 하고 물을 수 있다. 슈나이드먼은 1996년 저서《자살 심리The Suicidal Mind》[14]에서 머레이의 1930년대 저술로부터 각색된 것이라 할 자기비하, 성취, 제휴, 공격성, 자율, 반작용, 방어, 존중, 지배, 표현, 위해危害의 회피, 불가침성, 보살핌, 질서, 유희, 거절, 감지력, 수치의 회피, 의존, 그리고 이해로 이루어진 좌절된 욕구들의 목록을 답변으로 제시하고 있다.

이와 같은 답변은 지나치게 포괄적일 수 있다. 대다수 사람들은 이따금씩 이 좌절된 욕구들 중 한두 가지를 체감하며 살아가기 때문이다. 그렇다면 사람들이 구체적으로 무엇에 대해 심리통을 느끼는 것인지 궁금해진다. 이 질문에 대한 진정한 답변이 바로 짐이 된다는 느낌과 좌절된 소속감이라고 나는 생각한다.

이제 심리통을 겪는 수많은 사람 중 소수만이 자살하는 이유는 무엇인지에 대한 질문이 이어질 수 있다. 슈나이드먼[15]은 이 문제를 다음과 같은 문장으로 요약했다. "나는 연구를 통해 극심한 심리적 고통을 겪는 환자들 중 극소수만이 자살에 도달한다는 것을 깨달았다. 하지만 모든 자살은 예외 없이 극심한 심리통에서 기원한다." 심리통은 자살의 필요조건이지만 충분조건은 아님을 암시하는 말이다. 즉, 심리통으로 인해 자살하는 사람과 심리통을 느끼면서도 자살하지 않는 사람을 구별짓는 추가요소가 있다는 결론이 가능하다.

슈나이드먼에 따르면 그 추가요소는 치사성이다. 2장에서는 치사성이란 무엇이고 어떻게 개발되는지를 주제로 논의할 예정이다.

이 책이 제시하는 이론모델은 심리통을 완전히 새로운 개념으로 대체하기보다는 짐이 된다는 느낌과 좌절된 소속감의 일반화된 형태로 본다. 또한 슈나이드먼을 비롯한 다른 학자들의 정의와 상호관계를 폐기하는 것이 아니라 그것을 바탕으로 삼아 개선하고, 그 요인들이 어떤 과정을 거쳐 중대한 자살행동으로 이어질 가능성이 높아지는가를 선명히 부각하려 한다. 더불어 나는 기존 주요 이론들의 강점을 취하는 데서 그치지 않고 자살과 관련한 사실들을 더 많이 설명함으로써 개념적으로 좀 더 정밀하고 인식론적으로 넓은 틀을 지닌 자살론을 제공하고 자 한다.

나는 슈나이드먼은 물론 애런 T. 벡Aaron T. Beck과 같은 이론가들의 저술을 기초로 해서 연구했다. 자살경향성suicidality에 대한 벡과 그 동료들의 인지적 전망은 절망의 역할에 초점이 맞추어져 있다.[16] 그러므로 벡에게 있어 절망은 슈나이드먼의 심리통과 같은 존재다.

절망과 자살경향성의 연관을 뒷받침해주는 통계적 자료는 퍽 인상적이다. 벡과 동료들이[17] 자살 관련 사고로 입원한 환자 207명을 대상으로 실시한 조사를 예로 들어보자. 조사 시작 후 10년 동안 14명의 환자가 자살로 사망했는데, 몇 가지 변수들을 평가한 결과 오직 절망만이 자살 사망이라는 파국적 결과를 예측해준 것으로 분석되었다. 그들은 0에서 20까지의 숫자로 환자의 절망 정도를 측정했는데, 10 이상 수치를 보인 환자의 91%가 이후 자살을 한 것으로 나타났다. 매우 높은 예측률이다. 벡과 동료들은[18] 이어서 1,958명의 심리치료 외래환자로 대상을 확대해 조사했다. 그 결과 자살사망자 17명 중 절망도 측정에서 높은 수치를 보였던 환자가 16명이라는 사실을 발견했다. 요컨대 절망도가 높은 사람들은 그렇지 않은 사람에 비해 자살로 사망할 확률이 11배나 높았다.

하지만 절망에 대한 강조만으로 모든 것이 설명되지는 않는다(벡과 동료들도 잘 이해하는 문제다). 자살하려는 사람들은 구체적으로 무엇에 대해 절망하고 있을까? 절망이 열쇠라면 왜 절망하는 사람들 중 비교적 적은 수만이 자살로 사망할까? 첫 질문에 대한 답은 짐이 된다는 느낌과 좌절된 소속감이다. 두 번째 질문에 대한 답은 절망만으로는 부족하다는 것, 다시 말해 짐이 된다는 느낌과 좌절된 소속감으로 인한 절망에 더해 심각한 자해를 가할 수 있는 습득된 능력이 필요하다는 것이다.

절망의 강조는 자살 위험 설명에 있어 부정적인 사고방식을 최전방이자 정중앙에 놓는다. 벡은[19] 이와 비슷한 시각에서 과거의 자살경향성은 자살과 관련된 사고와 행동들을 민감하게 단련시킴으로써 더욱더 접근 가능하고 활동적인 상태로 만든다고 주장했다. 이를 통해 자살 관련 사고와 행동들은 더 쉽게 촉발되고 다음번 자살기도의 강도는 더욱 강해진다.[20]

이와 같은 이론은 시간이 지날수록 악화하는 자살행동 배후의 심리적 기제機制를 보여준다는 점에서 이 책이 제시하는 이론모델과 유사한 측면이 있다. 차이점이 있다면 그 심리적 기제의 본질이다. 벡 이론의 기제는 인지적 민감화, 즉 반복을 통해 자살과 관련된 사고와 행동들이 선호된다는 측면을 강조한다. 반면 이 책이 제시하는 이론모델의 기제는 친숙화, 즉 자해와 관련된 두려움과 고통에 익숙해진다는 측면을 강조한다. 친숙화를 통해 심각한 자살경향성이 자리를 잡고 거기에 짐이 된다는 느낌과 단절감이 결합할 때 비로소 자살 위험이 고조된다. 한편 이 기제들은 상호배타적인 것이 아니므로 함께 작동할 수도 있다. 이를테면 짐이 된다는 느낌과 좌절된 소속감은 벡이 설명한 방식에 따라 민감화될 여지가 충분하다.

나의 친구이자 동료인 로이 바우마이스터Roy Baumeister[21]는 자살행동에 관한 일종의 도피 이론을 제안하면서 심각한 자살행동에 이르기까지의 순차적 단계를 묘사한다. 먼저 기대했던 것과 실제 사건 사이의 부정적이고도 중대한 차이를 경험한다. 이를테면 사업가가 엄청난 수익을 가져올 거래를 꿈꾸다가 회사에 큰 손실을 끼치고 만다. 그는 실패를 불운이나 시황市況 탓으로 돌리기보다 자신을 책망한다. 혐오의 자의식이 강화되면서 부정적인 감정을 낳는다. 사업가는 자신의 결점들에 사로잡히고 그것은 번민, 슬픔, 걱정 등의 정서를 불러일으킨다. 그는 부정적 감정, 혐오의 자의식, 그리고 기대와 실제 사이의 간극으로부터 도피하려 한다. 이러한 시도는 바우마이스터의 이론에 따르면 '인지적 해체'라는 이름의 멍한 상태로 후퇴함으로써 성취된다. 사업가는 이제 더는 실패한 투자와 그것이 미래에 미칠 영향 따위를 생각하지 않는다. 대신 주류 판매점까지 운전해가기, 텔레비전 시청과 같은 구체적인 일에 집중한다. 인지적 해체상태의 중요한 결과 하나는 억제 능력 저하다. 특히 자살 충동을 비롯해 충동 전반에 대한 통제력을 상실한다. 사업가는 술 한 병을 들이켜고는 자살을 고려한다.

슈나이드먼[22]은 인지적 해체가 치사성 상승의 중요한 신호 중 하나라는 데 동의하며 "자살학에서 가장 무서운 말은 '유일'이라는 단어다."라고 덧붙였다. 사람들이 구체적인 것들에 집중하는 낮은 수준의 의식 상태에 들어서면 대안을 보는 능력이 훼손된다. 그리하여 자살만이 '유일'한 선택으로 보일 때, 그것은 슈나이드먼에게는 치사성 상승을 뜻하고 바우마이스터에게는 인지적 해체상태가 발현했다는 신호가 된다.

바우마이스터의 이론과 이 책이 제시하는 이론모델 사이에는 상통하는 측면들이 있다. 예를 들어 짐이 된다는 느낌과 좌절된 소속감은 기대했던 바가 달성되지 못했을 때 발생하는 결과다. 다시 말해서 실패를 자신의 탓으로 돌릴 때 유발되는 부정적 영향으로 간주할 수 있다. 인지적 해체는 이 책이 제시하는 이론모델에 포함되지는 않지만, 짐이 된다는 느낌과 좌절된 소속감이 그 같은 상태를 유발하기 충분할 만큼 고통스럽다는 사실을 상상하기는 어렵지 않다. 인지적 해체가 짐이 된다는 느낌, 그리고 좌절된 소속감과 결합하여 탈脫억제 상태를 초래할 때, 그것은 도발적 경험의 반복으로 이어지며(자해를 포함하여) 이 책에서 강조하는 치명적인 자해를 가할 수 있는 습득된 능력으로 나아가는 일련의 과정을 촉발할 수 있다.

마샤 리네한Marsha Linehan[23]은 생물학적 결함, 트라우마에 대한 노출, 그리고 부정적인 정서 등을 견디고 다스리는 적응력 습득 실패는 모두 자살행동의 원인이 된다는 이론을 발표했다. 그에 따르면 자해는 감정을 제어하려는 시도인데, 보다 통상적인 감정조절의 메커니즘이 훼손되거나 애당초 적절히 개발되지 못했기 때문에 그 같은 시도가 필요해진다는 것이다. 이 이론에서 감정조절장애는 자살행동의 핵심적 문제로 간주된다. 감정조절장애의 주요한 특징으로는 부정적인 감정의 급속한 도래와 격렬한 강도, 느린 회복을 들 수 있다. 이러한 이상 현상은 고의적인 자해를 통해 격렬하고 고통스러운 감정들을 완화하려는 시도로 이어지곤 한다는 것이 리네한의 설명이다.

리네한은 이러한 이론적 틀을 바탕으로 자살행동과 경계성 인격장애를 위한 심리치료 방법을 개발했다. 변증법적 행동치료DBT라고 불리는 이 치료법은 자기파괴적 감정조절 방식을(자상 입히기 등) 보다 건설적인 감정조절 방식으로(신뢰하는 친구의 조언이나 도움 구하기 등) 전환하기 위한 다양한 기법들을 포함한다. 리네한과 동료들은 인상적인 일련의 연구를 통해 이 치료법의 효과를 입증했다.

감정조절장애는 치명적인 자해 능력 습득을 초래하는 주요 원천으로 간주될 수 있다. 이 장애를 가진 사람들은 수많은 도발적인 상황에 처할 수 있는데(몸싸움 등), 그 장애 자체가 직접적인 원인으로 작용하는 사례가 많다. 또한 감정조절장애로 인한 대인관계에서의 긴장은 단절감과 무능감을 가중시키기 쉽다. 이처럼 이 책이 제시하는 이론 모델과 리네한의 모델은 상통하는 부분이 상당히 많다. 그는 상대적으로 말초적이라고 여겨질 수 있는 과정들을 자살행동으로 이어지는 인과관계의 사슬 안에서 설명해냈는데, 이 과정이야말로 이 책이 강조하는 상대적으로 기층적인 요소들의 토대가 되어줄지 모른다.

지금까지 살펴본 뒤르켐, 슈나이드먼, 벡, 바우마이스터, 리네한의 이론들은 자살행동에 관한 한 가장 널리 알려지고 영향력 있는 것들이다. 이 외에도 흥미로운 주장들이 없는 것은 아니다. 가령 경제이론으로 자살을 일부 설명할 수 있다는 이론가들이 나왔다. 물론 자살률 변화는 경제 상황 변화와 눈에 띄는 상관관계를 갖는다. 그러니까 경기가 나빠지면 자살률이 높아지고 반대로 경기가 좋아지면 자살률이 낮아지는 건 사실이다. 하지만 이런 종류의 이론화는 궁극적으로 경제 상황 변화가 왜 이런 방식으로 개인들에게 영향을 미치는지를 묻는 사회학적·심리학적 질문으로 축소되고 만다. 이 장에서 간략히 소개한 이론가들이 그러하듯 나 역시 나름의 답변을 갖고 있는데 그에 관해서는 다음 장들에서 설명하기로 한다.

찰스 두히그Charles Duhigg는 2003년 10월 29일 〈슬레이트 매거진Slate Magazine〉에 보다 흥미로우며 대단히 도발적인 관점을 선보였다. 기사에서는 메릴랜드 대학교의 공공정책학과 교수인 데이브 마코트Dave Marcotte가 자살기도가 경제에 미치는 효과를 분석한 연구를 간추려 소개했다. 마코트는 자살을 생각하는 사람들이 자살할 것이냐, 하지 않을 것이냐의 양자택일이 아니라 자살을 시도할 것이냐, 시도하고도 살아남을 것이냐, 아니면 시도하여 죽을 것이냐의 세 가지 대안에 맞닥뜨린다는 전제에서 출발한다. 그는 자살을 시도하고도 살아남는 사람들에게 특히 관심이 깊다. 그것은 경제적으로 고비용이 소요되는 행동일 수 있지만(부상, 의료비, 영구적 장애 등) 반대로 이익을 가져올 수도 있기 때문이다(원조와 사회적 지원 증가). 연구결과를 보면 자살을 시도했다가 살아남은 사람들은 자살을 생각하기만 하고 시도하지는 않는 사람들에 비해 수입이 20% 증가했으며, 치명적인 수준에 가까운 자살기도를 하는 사람들은 수입이 35% 이상 늘어난 것으로 나타났다.

어떻게 이런 현상이 나타나는 것일까? 두히그는 자살기도가 의료 서비스는 물론 가족과 사회의 지원 증대라는 결과를 불러온다는 점을 지적하며 이렇게 썼다.

우울증 환자들이 왜 좀 더 일찍 도움을 구하지 않는지 의아해하는 사람들이 있을 것이다. 하지만 연구에 따르면 자살기도 이후에 심리치료나 가족의 원조가 '더욱 저렴'해진다. 그냥 슬프다고만 말한다면 무료 의료 서비스를 제공하는 곳을 찾기 어렵지만 자살기도 후에는 거의 강제로 주어지지 않는가.

이와 같은 관점의 위험은 반드시 지적되어야 한다. 어떤 식으로든 자살행동을 권장하며 특히 그것을 낭만화하고 미화하거나 쉽고 범상한 행위로 묘사하는 분석은 공공의 건강에 부정적인 결과를 초래할 가능성이 있다. 하지만 자살행동을 부추기는 요소들에 대한 이해가 그것을 예방하기 위한 중재로 이어질 수도 있다. 이런 면에서 자살기도에 대한 마코트의 경제적 분석을 단순하게 결론짓자면 정신건강서비스의 증대가 자살기도 감소를 불러온다는 것이다. 양질의 정신건강 서비스는 자살행동으로 비화하는 증상들을 치료할 뿐 아니라, 현재 자살행동에 투입되는 의료서비스라는 추가비용 요인을 선제적으로 방지할 수도 있다는 논리다.

자살에 관한 진지한 이론이 아님은 물론이다. 기실 무엇에 관해서든 그것이 과연 진지한 이론인지 반문하는 이들도 있지만, 특히 인문학계의 일부 학자들(즉 자크 데리다Jacques Derrida와 자크 라캉Jacques Lacan 같은 이들의 영향을 받은 해체주의자들)은 자살과 연관된 고통과 절망이란 것의 존재 자체를 회의할지도 모른다. 데리다는 "Il n'y a pas de hors-texte."(텍스트를 벗어나 존재하는 것은 없다)라는 언명으로 유명하지만, 실상 해체주의자들에게는 그 텍스트 안에 존재한다는 것조차 자의적인 언어코드의 무심한 연쇄에 지나지 않는다. 그렇다면 해체주의자들에게 남는 것이라곤 현실과 의미의 존재 자체에 대한(감정적 고통의 실재를 포함하여) 부단한 질문일 따름이다. 이런 이야기를 자살을 생각하는 사람에게 해주면 어떻게 될까? 플로리다 주립대학교 교수이자 유명 시인인 데이비드 커비David Kirby가 대학원생 시절에 바로 그 시도를 한 셈인지도 모르겠다. 그의 이야기를 들어보자.

수요일 밤이면 하이볼을 20센트에 파는 술집이 있었다. 푼돈이 아쉬운 대학원생들은 이 술집에 모여들어 진짜배기 단골들과 어깨를 맞대고서

목을 축이곤 했다. 나는 어느 날 침울한 단골 하나에게 비록 아내가 집을 나가고 아이들은 실망스러운 꼴로 자라고 자신은 막 일자리를 잃었다 해도 인생은 살 가치가 있다고, 인간 정신은, 그러니까 정신적인 것이기 때문에 이런 것들은 문제가 안 된다고 말해주었다.[24]

이 말은 그 단골에게 그다지 위안이 되지 못한 듯하다. 내가 보기에는 커비가 해체주의자가 되지 않았다는 게 더 흥미롭다.

이 장을 읽는 데 소요되는 시간에도 세계적으로 수십 명이 자살로 숨을 거둔다. 지금 이 순간 가족의 일원이나 경찰관 또는 응급의료진이 그 시신을 발견하고 있다. 사랑하는 사람을 잃은 이들은 갑작스러운 상실뿐 아니라 오해와 혼란의 가능성이 잔뜩 도사린 매우 고통스러운 여정을 막 시작하는 것이다. 이 여정의 모든 측면을 나는 속속들이 안다. 나 스스로가 직접 살고 겪어냈을 뿐 아니라 나의 환자를 비롯한 많은 이들로부터 목격했으며 또 과학적으로 연구했기 때문이다. 나는 두 아들에게 할아버지가 안 계신 이유를 말해주었으며, 전문직 종사자들로 이루어진 청중 앞에서 자살과 세로토닌시스템 유전자 사이의 연관에 관해 설명했다.

자살로 사랑하는 사람을 잃은 이들은 상조그룹을 만들어 유대를 맺곤 한다. 이것은 분별적 관계 형성의 건강한 사례라 할 수 있다(이 장의 앞에서 논의한 유해한 형태와 대조된다). 이런 일련의 노력이 힘겨운 시간을 견디는 사람에게 얼마나 큰 도움이 되는지는 새삼 강조할 필요조차 없을 정도다.

그런데 사랑하는 이를 자살로 잃어보지 않은 사람은 자신들을 이해할 수 없다는 정서가 이 그룹들 안에서 분출되곤 한다. 나는 자살로 인한 죽음에 수반되기 쉬운 혼란과 오해를 이해하기 때문에 그런 정서에 공감하지만 동의할 수는 없다. 제대로 된 이론적 틀만 제공된다면 누구나 이해할 수 있기 때문이다. 또 자살이란 현상에 대한 참된 진전을 위해서는 모두의 이해가 필요하기도 하다.

그런가 하면 과학계 일각에서는 자살은 미세한 분자 차원에서 문화 전반의 영역까지 온갖 요소들이 혼재하는 복잡한 현상이기 때문에 과학자가 아니고서는 누구도 자살을 근본적으로 이해할 수 없다는 정서가 존재한다. 이 또한 공감은 하되 동의는 못 하겠다. 자살에 관한 완전한 이론은 당연히 복잡하겠지만, 복잡한 이론을 이해 가능하도록 만드는 것이 바로 과학의 요점이기 때문이다.

2장

치명적인 자해를 가할 수 있는 능력의 습득

자살에 관한 기존 이론들은 일부 중요한 사실과 개념들을 설명하지만 다음과 같은 중대한 질문들에는 답을 못하는 실정이다.

감정적 고통, 절망, 감정조절장애를 비롯한 변수들이 자살에 결정적인 영향을 미친다면, 이 변수들 중 일부를 보유한 사람 대다수가 자살로 사망하기는커녕 자살기도조차 않는다는 사실을 어떻게 설명해야 할까? 진정으로 자살을 욕망하지만 차마 실행에 옮기지 못하는 사람들이 많다는 일화적·임상적 증거들은 어떻게 이해해야 할까? 진정한 자살욕망은 무엇으로 이루어져 있을까?

치명적인 자해를 가할 수 있는 능력은 내가 이 장에서 묘사할 특정한 경험들을 통해 습득된다(유전과 신경생물학 또한 중요한 요소들이다). 이론가 및 연구자들 사이에서 경시되어온 사실이지만, 반복적으로 자살을 기도하는 사람들은 자살에 성공하기가 얼마나 어려운 일인지 하소연하곤 한다. 생각해보면, 그래야 마땅하다. 가장 기초적인 본능, 즉 자기보존 본능을 극복하기란 당연히 어려울 수밖에 없다.

자살하는 사람들은 도대체 어떻게 그걸 뛰어넘는 것일까? 나는 이 장에서 그게 쉬운 일이 아님을, 자해의 공포를 덜어주고 고통에 익숙하게 해주며 자해를 도와줄 기본 지식을 축적하는 과거 경험 없이는 불가능한 일임을 증명할 예정이다.

  이 책이 제시하는 자살에 대한 전반적인 설명에 따르면 심각한 자해를 가할 수 있는 습득된 능력은 자살기도 또는 자살사망의 전조들 중 하나일 따름이다. 수많은 도발적인 경험을 통해 두려움이 사라지고 고통에 대한 내성이 높아지고 위험한 행동들에 대한 지식이 늘어났으나, 그럼에도 스스로를 해치고자 하는 욕망이 전혀 없는 사람들도 많다. 자해 능력에 더하여 욕망까지 지닌 사람들이야말로 심각한 자살행동의 위험이 높은 것으로 간주된다. 따라서 3장에서는 죽음에 대한 진정한 욕망이 어떤 요소들로 이루어져 있는지를 고찰할 것이다. 다양한 문헌을 참고할 때 인간의 근본적인 욕망 두 가지가 좌절되다 못해 소멸 직전에 이를 무렵에 사람은 죽음을 욕망하게 된다고 결론지을 수 있다. 하나는 타인들과 어울려 소속되거나 유대를 이루고픈 욕망이고, 다른 하나는 타인과의 관계에서 효능감을 경험하거나 영향력을 발휘하고픈 욕망이다. 이 두 욕망이 모두 소진돼버릴 때 자살에 대한 매혹이 움트지만 자해 능력 없이는 접근할 수가 없다.

자살 행위까지 단계를 밟아 올라가기

2003년 2월 1일, 우주 왕복선 컬럼비아Columbia호는 미 서부 상공을 비행하다 공중분해하면서 텍사스주 동부와 루이지애나주에 수천 조각의 파편이 되어 추락했고 7명의 승무원 전원이 사망했다. 사고 원인은 다름 아니라 무게 1.7파운드(약 0.8kg), 길이 19인치, 너비 11인치의 밀도가 높고 메말랐으며 황갈색을 띤 거품 덩어리였다. 시속 545마일로 비행하던 이 거품 덩어리가 컬럼비아호의 왼쪽 날개와 충돌해 심각한 균열을 입혔던 것이다.

거품 덩어리와 충돌하는 일은 이전에도 일어났었다. 애틀랜티스Atlantis호도 1988년 거품 덩어리와 충돌해, 탑승했던 승무원 하나가 "우주선 동체 아랫부분이 마치 엽총에라도 맞아 박살난 것처럼 보였어요."라고 전할 만큼 큰 손상을 입었다. 윌리엄 랑게비쉬William Langewiesche는 2003년 11월호 〈애틀랜틱 먼슬리Atlantic Monthly〉에 기고한 기사에서 "지난 수년간 거품 덩어리와의 충돌은 미항공우주국 나사NASA에게 너무도 친숙한 문제가 되어버렸다. 그 탓에 매우 심각한 사고조차 그다지 두렵지 않은 범상한 사고로 받아들여졌다."라고 썼다.[1] 사고조사위원회의 한 멤버는 "위험이 상존했음에도 위험이 있을 때만 존재하던 동요조차 이미 사라져버린 것과 같았다."라고 말했다.

미항공우주국의 관리자들은 거품 덩어리 충돌을 '비행 중 이상현상'이라는 일상적 명칭으로 규정했다. 이 완곡한 표현조차 컬럼비아호 참사가 발생하기 몇 달 전인 2002년 10월에 이르러서는 아예 자취를 감추었다. 미항공우주국의 핵심 관리들은 컬럼비아호 왼쪽 날개의 비행 중 위성사진을 확보하지 않기로 결정했다. 이런 결정의 배경에는 수년간 반복된 경험으로 인해 거품 덩어리 충돌에 대한 위험의식이 현저하게 감소한 점도 이유로 작용했다.

그런데 이게 도대체 자살과 무슨 관계가 있을까?

이 책의 핵심 중 하나는 사람들이 위험한 행동에 익숙해질 때, 그래서 위험이 도사릴 때만 느껴지는 동요조차 사라질 때 파국의 밑바탕이 조성된다는 것이다. 미항공우주국 관리자들이 매우 현실적인 위험에 익숙해졌던 것처럼 잠재적으로 자살할 가능성이 높은 사람들 또한 자해에 대응해 작동해야 할 위험신호와 경보 기능을 상실한다는 것이 나의 생각이다. 자해를 비롯해 위험한 경험들이 범상한 것이 되고 말 때, 다시 말해 위협과 위험에 익숙해지면서 차차 단계를 밟아 자살행위로까지 올라갈 때, 바로 그 상실이 일어날 수 있다.

이것은 자살행동을 이해하기 위한 새로운 접근법이지만, 거의 300년 전 볼테르Volatire도 똑같은 생각을 했던 것 같다. 그는 고대 로마의 웅변가 카토Cato의 자살에 관해 "카토가 허약해 스스로 목숨을 끊었다는 말은 어리석게 들린다. 오직 강한 자만이 자연 최강의 본능을 뛰어넘을 수 있는 것이다."라고 썼다. 이 의견에 내포된 단순하고도 설득력 있는 사유는, 자살을 향한 첫걸음은 누대에 걸친 진화의 결과이자 자연 최강의 힘인 자기보존 본능과의 격투라는 점이다.

이런 시각은 아르투어 쇼펜하우어Arthur Schopenhauer의 저술에서도 엿볼 수 있다. 그는 삶에 대한 사랑보다는 죽음에 대한 공포야말로 사람들이 계속 살아가게 하는 동력이라고 지적했다. 자살이 순전히 소극적인 행위이기만 하다면 무거운 짐에 짓눌린 사람들은 심각하게 자살을 고려할 것이라고 그는 믿었다. 하지만 자살에는 불가피하게 육체의 파괴가 수반되며, 인간 대다수에게는 그럴 능력이 없다는 것이 쇼펜하우어의 생각이었다. 저명한 자살학자 에드윈 슈나이드먼은 이렇게 썼다. "우리의 일상에는 실패의 위협과 타인들의 공격이 상존하지만, 우리가 가장 두려워하는 것은 자기파괴의 위협이다."[2]

플로리다주의 사형수 존 블랙웰더John Blackwelder의, 충격적이고 사회적으로 논란이 된 사건이 좋은 사례다. 2004년 5월 26일, 블랙웰더는 동료 죄수 레이먼드 위글리Raymond Wigley를 살해한 혐의로 사형에 처해졌다. 수많은 성범죄 사건을 저질러 가석방 가능성 없는 종신형을 살던 블랙웰더는 자신이 위글리를 목 졸라 살해했다고 자백하고 1급 살인혐의에 유죄를 시인한 뒤 모든 항소권을 포기했다. 그 이유는 단 하나, 자살하고 싶지만 차마 감행할 용기가 없다는 것이었다. 블랙웰더에 따르면(물론 신뢰할 만한 인물은 아니지만) 다른 누군가를 죽이는 것은(수많은 성범죄는 말할 나위도 없고) 할 만했던 반면 자살은 그렇지 않았던 것이다.

자살이라는 방법을 통해 죽고자 하는 사람은 드물다. 한데 더욱 중요한 점은 그걸 실행할 수 있는 사람은 더욱 적다는 사실이다. 자해, 그중에서도 심각한 자해라면 매우 고통스럽고 무서울 수 있다.

누가 그처럼 높은 수위의 고통과 공포를 견뎌낼 수 있을까? 이 책이 제시하는 관점에 따르자면 자살의 부정적 측면에 익숙해진 사람들, 나아가 자살에 관한 역량과 용기를 취득한 사람들만이 자살을 완성할 수 있다. 그 외 사람들은 아무리 하고 싶어도 그럴 능력이 없다.

칼 메닝거가 남긴 말이다. "죽기를 원하지만 감히 자살할 엄두를 내지 못하는 사람들이 있다 (…) 신하에게 죽여달라고 간청했던 사울 왕이나 브루투스 같은 사람들 말이다."[3] 메닝거는 또 "소년 시절부터 우아한 운율 속에서의 죽음을 동경했으나 비참한 공포에 짓눌려 그 누구보다 재빨리 콜레라가 창궐하는 나폴리를 빠져나왔던"[4] 이탈리아의 대시인을 예로 들기도 한다.

로버트 로웰Robert Lowell은 "누르기만 하면 고통 없이 곧바로 죽게 해주는 작은 스위치가 팔에 달려 있다면 누구나 언젠가는 자살할 것이다."5)라고 말했다. 아마도 잘못된 판단이겠으나(사람들 대다수에게 죽음이 얼마나 무서운 존재인지를 간과하고 있다), '작은 스위치' 없이 자살하는 것이 얼마나 어려운 일인지를 강조하는 표현이라 하겠다.

앨프레드 앨버레즈는 폭력의 신들을 찬양하고 용맹을 이상으로 받드는 무사 사회에서 자살이 긍정적으로 받아들여졌다는 사실을 지적했다. 가령 바이킹에게 있어 영웅들의 만찬은 발할라Valhalla(북유럽 신화에서 오딘을 위해 싸우다 죽은 전사들의 영혼이 머무는 궁전. —옮긴이)에서 끝나지 않았다. "난폭하게 죽은 사람만이 연회에 입장하고 참여할 수 있었다. 최고의 영예이자 가장 확실한 자격요건은 전장에서의 죽음이었고, 그다음은 자살이었다."6)

20세기 미국에서조차 자살사망자에게 일종의 존경을 표한 이들이 있다. 윌리엄 칼로스 윌리엄스William Carlos Williams는 〈전염병원으로 가는 길가에서By the Road to the Contagious Hospital〉라는 시에서 "행동가에게 꼭 어울리는 행동은 자살이다."라고 썼다. 자살을 낭만화하는 우를 범했지만 좋은 시가 통상 그렇듯 이 구절에는 중요한 진리가 담겨 있다. 바로 자살은 극단적이고 어려운 유형의 행동을 요구한다는 것이다.

나는 자살을 결코 영광스럽거나 낭만적인 것으로 보지 않는다. 내 아버지가 자살로 돌아가시지 않았는가. 우리는 한편으로는 자살을 찬미하지 않기, 다른 한편으로는 자살에 연루된 일종의 용기勇氣에 가까운 과정을 인정하기 사이에서 균형을 유지해야 한다.

사람들은 어떻게 자살에 익숙해지고 자살에 대한 역량과 용기를 갖게 되는 것일까? 한마디로 답하자면 연습이다. 이전에 자해를 경험한 사람들(주로 고의적 자해를 가리키지만 사고에 의한 자해도 해당된다), 총을 쓸 줄 아는 사람들, 약물 과다복용의 유독하고 치명적인 효과를 체험해본 사람들, 올가미 만드는 법을 연습해본 사람들, 그리고 다른 사람 앞에서 자살을 결행하겠노라는 결의를 보일 수 있는 사람들이 자살 위험이 높은 것으로 간주된다.

반복적인 연습과 대담성 강화를 통해 자살행동이 증폭되는 현상을 입증하는 실제 증거들은 수없이 많다. 음악가 커트 코베인의 삶과 죽음은 새로 취득한 일련의 능력이 자기파괴적 행동에서 차지하는 중대한 역할을 보여주는 좋은 사례다. 코베인은 바늘과 높은 장소와 총을 무서워하던, 기질적으로 겁이 많은 사람이었다. 하지만 반복적인 노출과 연습은 본래 바늘과 높은 곳과 총을 무서워하던 사람을 매일같이 스스로 약물을 주사하는 마약 중독자에다 콘서트 도중 30피트 높이의 비계飛階에 올라가는가 하면(그러고는 "나는 자살할 거야!"라고 외치곤 했다) 총 쏘기를 즐기는 사람으로 바꿔놓았다. 그는 애초에 총을 야만적인 것으로 여겨 전혀 관심을 보이지 않았다. 친구 하나와 처음 총을 쏘러 갔지만 차에서 내리지 않으려 했고, 다음번에는 차에서 내리기는 했지만 총을 만지지 않으려 했다. 그러던 그가 다음번에는 총을 겨누고 쏘는 법을 보여주겠다는 친구의 제의에 동의했다.[7] 코베인은 스물일곱 살 되던 1994년 스스로 가한 총상으로 사망했다.

공영방송 PRIPublic Radio International 프로그램인 〈미국인의 인생This American Life〉에서 또 하나의 강력한 예를 찾을 수 있다. 내레이터는 자신의 자살행동 경험에 관한 일기 한 부분을 읽어 내려간다.

자살하기 위해 내가 시도했던 모든 방법이 왜 실패했는지 모르겠다. 그러니까 나는 목을 매기도 했다. 나는 옷장 안의 장대에 올가미를 매두곤 했는데, 거기 들어가 올가미 속에 머리를 넣고 체중을 실어보았지만, 의식을 잃기 시작할 때면 다시 몸을 세우기 일쑤였다. 알약들을 삼키기도 했다. 어느 오후 애드빌Advil(진통제의 일종. —옮긴이) 스무 알을 삼켰지만 그냥 잠이 올 뿐이었다. 손목을 그으려고도 해봤지만 절대 충분히 깊게 그을 수가 없었다. 바로 그거다. 우리가 무슨 짓을 하든 몸은 우리가 반드시 살아남게끔 반응한다.

내레이터는 이어서 몸에 휘발유를 끼얹고 불을 붙였던 경험을 들려준다. 그는 목숨은 건졌지만, 중화상을 입었다.[8] 작가 짐 크니펠Jim Knipfel은 회고록 《나이로비 트리오 그만두기Quitting the Nairobi Trio》에서 자살기도 경험들을 이렇게 묘사하고 있다.

전에 끝까지 가지 못한 이유는 비겁함 때문이라는 것이 확실해졌다. 용기가 없었기 때문에 성공하지 못한 것이다. 아무리 노력해도 통하는 게 없었다. 층계 꼭대기에서 몸을 던져도 봤고, 표백제를 들이켜거나 손목을 긋기도 했으며, 달려오는 버스 앞에 뛰어들었지만 모두 허사였다.[9]

이들은 모두 볼테르가 말한 '자연 최강의 본능' 그리고 그것을 극복하기 위해 극단적인 행동으로 치닫게 되는 진행과정을 보여주는 사례들이다. 리처드 A. 헤클러Richard A. Heckler의 사례 역시 비슷하다.

나는 손목을 그으려 했다. 무척 어려웠다. 스스로 살을 벤다는 것이 그토록 힘든 줄 몰랐다. 나는 감각을 마비시키기 위해 한참 동안 칼로 손목을 두드려대고만 있었다. 살을 긋는 건 너무나도 아팠다.[10]

슈나이드먼의 비어트리스 사례 역시 마찬가지다. 다음은 비어트리스가 쓴 글이다.

나는 이제 내 손목을 긋는 일이 시적이지도 않고 생각했던만큼 쉽지 않다는 것도 안다. 응혈과 기절 때문에 사실 그런 상처로 죽기란 어렵다. 그 저녁, 나는 고집스럽게 피가 굳어버리는 정맥들을 다시 열어젖히는 일을 지루하게 반복해야 했다. 그렇게 한 시간 이상 끈기와 인내심을 발휘하며 내 손목을 긋고 또 그었다. 죽기 위해서 내 몸과 전투를 벌여야 한다는 건 예상치 못했던 일이었고, 최선을 다한 일전 끝에 나는 나자빠졌다.[11]

비어트리스의 고백은 시사하는 바가 크다. 언론이나 인터넷에서 자살이 낭만화·미화되는 사례를 쉽게 찾을 수 있는데, 일반인에게 자살이 시도해볼 만한 것으로 여겨지도록 한다는 측면에서 매우 위험하다. 그와 동시에 자살경향성에 일종의 용기가 내포되어 있다는 사실 또한 자살행동에 대한 온전한 이해를 위해 반드시 알아야 한다. 용기와 대담성, 그리고 자살행동 사이의 관계에 대한 흥미로운 관념적 고찰을 살펴보자. 심리학자 스탠리 J. 래크먼Stanley J. Rachman[12]은 진정한 위협 앞에서 두려움을 느끼지 않는 것을 대담성으로, 반면 두려움을 느끼면서도 그 위협에 접근하는 행동을 용기로 각각 규정했다. 심각한 자살행동 능력을 개발하는 사람들은 보다 대담해지는 것일 수도(두려움이 실제로 저하된다면), 아니면 보다 용감해지는 것일 수도 있으며(두려움을 더 잘 견뎌낼 수 있게 된다면) 혹은 둘 다일 수도 있다.

자기보존 본능과의 싸움이란 개념은 심각한 자살행동을 시작하자마자 후회했던 사람들의 증언을 통해서도 확인된다. 높은 곳에서 뛰어내렸다가 살아남은 사람들은 공중에서 추락하고 있을 때 투신 사실을 몹시 후회했다고 증언한다. 한 예로, 앞서 언급했던 2003년 〈뉴요커〉 기사에서 태드 프렌드는 금문교에서 투신했으나 목숨을 건진 한 남자의 말을 다음과 같이 인용한다. "도저히 고칠 수 없다고만 생각했던 내 인생의 모든 것들이, 내가 투신했다는 사실만 빼고, 죄다 고칠 수 있는 것이었음을 퍼뜩 깨달았어요." 같은 기사에 소개된 또 다른 생존자는 이렇게 말한다. "처음 든 생각은, '도대체 내가 무슨 짓을 한 거지? 난 죽고 싶지 않아.'였어요."

슈나이드먼은 이 주제에 관해 "자살을 실행하는 사람들은 자살 순간에 삶과 죽음에 대해 양가적인 태도를 갖게 된다고 나는 믿는다. 그들은 죽기를 원하는 동시에 구조되기를 원한다."라고 말했다.[13] 나는 좀 다르게 표현하고 싶다. 자살로 사망하는 사람들은 자살을 욕망할 뿐 아니라 치명적인 자해를 가할 수 있는 능력을 개발한다. 하지만 이 능력을 극단적으로 개발한 사람들조차 자살에 대한 두려움이 완전히 사라지지는 않는다. 그 이유는 자살이 자기보존 본능이라는 엄청나게 강력한 힘에 정면으로 반하는 행동이기 때문이다.

이 사실을 예시해주는 사례들은 더 있다. 2003년 나이아가라 폭포로 이어지는 물살에 몸을 던진 한 남성은 물에 떨어지는 찰나 마음이 바뀌었다고 말한다. "바로 그 순간, 안 그랬다면 좋았을 것을, 하는 생각이 들었어요. 하지만 뒤늦은 후회라는 걸 알고 있었지요." 폭포수를 타고 굴러떨어졌다가 살아남은 그는 새 생명을 얻은 듯한 느낌이라고 증언했다. 메닝거는 "모든 병원의 인턴들은 자살을 시도한 후 응급실로 실려 와 제발 살려달라고 간청하는 사람들을 상대하느라 진땀을 흘려왔다."고 썼다.[14] 해리 스택 설리번은 염화수은을 흡입한 사람들에 대해 이렇게 묘사한다. "이 환자들은 몹시 아프다. 지옥 같은 고통의 며칠을 이겨내고 살아남으면 조금 견딜 만한 회복기가 찾아오는데, 이 기간에 내가 치료한 환자들은 한 명도 빠짐없이 크게 후회했으며 강력한 삶의 욕망을 보였다."[15] 하지만 애석하게도 다시 며칠 간의 고통이 이어진 뒤 대부분 숨을 거둔다. 여기서 볼 수 있듯 자살사망에 대한 두려움은 그것을 억누르고 염화수은을 흡입하거나 나이아가라 폭포에서 투신했던 사람들에게조차 되돌아온다.

자살은 의심의 여지 없이 두려운 일이며, 바로 그 때문에 사람들이 자살의 문턱 앞에서 마음을 고쳐먹는다는 사실을 메닝거의 기사 스크랩들은 보여주고 있다.

1) 뉴저지주 포트리에서 O.P.는 유서 두 장을 쓴 뒤 다리 난간에 올라가 250피트 상공에서 죽음을 향해 뛰어내릴 준비를 했다. 막 몸을 기울이는 그에게 경찰관 C. K.가 "내려오지 않으면 쏜다."고 외쳤고, O. P.는 내려왔다. 2) 덴버에서 T.S.는 자살 무기로 쓰려고 1달러에 산 권총이 파열하면서 총알이 자신의 가슴 위에서 통통 튀어 내려오는 걸 보고 웃음을 터뜨렸다. 경찰에 의해 진정된 T. S.는 살아보려 노력하겠노라고 말했다.[16]

시인 웰던 키스의 삶과 죽음도 심각한 자살행동과 관련된 역량 및 대담성의 진화과정을 잘 보여준다. 사망 며칠 전, 그는 친구 하나에게 금문교에서 투신자살할 생각을 해왔으며, 사실 다리 난간 위에 발을 올려보기까지 했으나 도저히 난간 너머로 발을 걸치지는 못하겠더라고 고백했다. 키스는 이 대화 후 얼마 지나지 않아 종적을 감췄고, 수색에 나선 캘리포니아 고속도로 순찰대 CHP: California Highway Patrol 는 점화장치에 열쇠가 꽂힌 채 주차되어 있는 그의 차를 금문교 인근 주차장에서 발견했다.17) 금문교 투신자살자들의 많은 경우가 그렇듯 사체는 찾을 수 없었다.

키스는 자살행위까지 단계를 밟아 올라갔다. 그는 우선 금문교로 최소한 한 차례 예비 여행을 다녀왔는데(친구에게 들려준 이야기에 의하면), 그보다 여러 번이었을 가능성이 농후하다. 그는 이 답사를 통해 처음에는 난간 너머로 발을 올리기조차 어렵게 만들었던 두려움에 익숙해졌다. 존 힐케비치 Jon Hilkevitch 는 2004년 7월 4일 〈시카고트리뷴 ChicagoTribune〉에 기차에 치여 숨진 열세 살 소녀의 죽음에 관한 기사를 썼다. 몇 달 전 같은 철로에서 그 소녀를 끌어낸 적이 있다는 친구들의 증언을 포함해 여러 정황상 그녀의 죽음은 자살로 판정되었다.

메닝거는 전직 주정부 사형 집행인의 죽음에 관한 이야기를 들려준다. 관련 신문기사는 "재직기간 중 141명을 전기의자에 앉혀 죽음으로 인도했던 이 사형 집행인의 강철 신경은 최후의 순간까지 그와 함께했다."18)고 쓰고 있다. 사형 집행에 대한 죄책감을 자살 이유로 든 메닝거보다 오히려 이 신문기사가 더 제대로 본 게 아닌가 싶다. 죄책감을 강조하는 이론은 심리통 또는 절망을 강조하는 이론들과 마찬가지로 자살할 만한 사유(죄책감, 감정적 고통, 또는 절망)를 지녔을 것이라 추정되는 사람들의 자살률이 매우 낮은 이유를 설명해주지 못한다. 그에 반해 스스로 자해를 가할 수 있는 능력의 습득을 강조하는 이론은 고통과 죽음에 익숙해질 시간을 충분하게 가졌던 사형 집행인에게 더 잘 들어맞는다(그가 1920~1930년대에 복무했다는 점을 고려할 때 더욱 그렇다). 그렇다면 사형 집행인들이 모두 자살하지 않는 건 왜일까? 카레이서들이 모두 자살하지 않는 것과 같은 이유다. 그들은 죽음을 무감하게 내려다보고 자살을 결행할 수도 있지만, 대다수는 자살을 원치 않는다.

또 다른 시인 하트 크레인의 죽음 역시 자살이라는 행위를 향해 단계를 밟아 오르는 긴 과정을 잘 보여준다. 서른세 살의 크레인은 대서양을 항해하던 유람선에서 뛰어내려 자살했다.[19] 2년가량 지낸 멕시코에서 미국으로 돌아오는 길이었다. 그는 열여섯 살쯤부터 최소 여섯 차례 자살을 기도했다. 고층 건물에서 투신하려다 제지된 적이 있는가 하면 사망 하루 전 같은 유람선에서 투신하기 직전 제지당하기도 했다. 그는 이렇게 투신자살이라는 것에 익숙해질 기회를 얻었다.

크레인에게는 고통과 도발에 익숙해질 기회도 매우 많았다. 음주벽으로 인해 걸핏하면 만취 상태로 몸싸움이나 기물파손에 연루되기 일쑤였고, 세 나라에서 각각 징역형을 살았으며, 뉴욕의 선창에서 만난 낯모를 선원들과 어울리며 족히 수백 번은 될 익명의 섹스를 즐기기도 했다. 익명의 섹스 또한 폭력요소가 개입된다면 도발적 경험으로 간주될 수 있다. 그의 과음 습관과 난폭한 주사酒邪를 고려할 때 그 개연성은 매우 높다.

크레인의 삶과 죽음은 이 책의 주제 몇 가지를 선명하게 보여준다. 자살사망자의 다수가 단기간에 연습을 시도하는 것으로 보인다. 내 아버지만 해도 심장에 치명상을 가하기 전에 양쪽 손목을 그으셨다. 하지만 크레인처럼 다년간, 빈번히 도발적이고 고통스러운 경험을 축적한 경우라면 단기간의 연습은 불필요하다. 유람선의 난간 너머로 단숨에 '도약'하더라는 목격자들의 진술에서 보듯 고통과 도발로 점철된 그의 생애는 그가 자살 앞에서 멈칫거리지 않게 해준 것이다.

크레인과 관련된 중요한 사실이 하나 더 있다. 죽음이 가까워질 무렵 깊어진 친구 아내와의 관계를 가리켜 그는 '살아갈, 일종의 이유'라고 표현했다. 친구 부부가 파경을 맞고 크레인은 수많은 문제의 늪에서 허우적대던 즈음, 둘 사이에 깊은 관계가 형성되었다. 크레인이 동성애자였으므로 이 관계가 성적이었는지는 확실하지 않다. 다만 그가 결혼까지 고려했음을 보면 매우 격렬했던 것 같다. 그런데 그가 죽기 직전의 며칠 동안 두 사람의 관계에 심각한 균열이 발생했다. 하나뿐인 친밀한 관계가 붕괴하는 조짐을 보이자마자 크레인은 이미 준비되어 있던 자해 능력을 주저 없이 활용했다.

이로써 크레인의 죽음과 관련해 완성된 자살의 구성요소 세 가지 중 두 가지가 설명되었다. 그것은 치명적인 자해를 가할 수 있는 습득된 능력(이 장의 초점이다)과 좌절된 소속감(다음 장의 초점이다)이다. 세 번째 요소인 깊은 무력감과 무능감(역시 다음 장의 초점이다) 또한 엿보인다. 크레인은 죽기 전 며칠 동안 선상에서뿐만 아니라 긴 세월 동안 계속된 만취 상태의 추태에 대해 "말할 수 없이 부끄럽다"는 심경을 여러 사람에게 피력했다.

2004년 초에 발생한 연기자 스폴딩 그레이Spalding Gray의 자살도 이러한 원칙들을 잘 보여준다. 그는 1월 10일 뉴욕시에서 마지막으로 모습을 보인 이후 1월 11일 실종신고가 접수되었다. 스테이튼 아일랜드 연락선의 한 직원은 1월 9일 밤 그레이가 연락선에서 내리는 모습을 본 것 같다고 진술했다. 그레이의 아내와 동생은 1월 9일의 연락선 승선이 자살을 위한 예행연습이었을지 모른다는 두려움에 빠졌고, 그것은 두 달 후인 3월 7일 이스트 리버에서 그레이의 사체가 발견되면서 사실로 확인됐다.

2001년 교통사고로 중상을 입은 후부터 여러 차례 자살을 기도한 그레이는 2003년 9월, 아내에게 전화 메시지를 남겨 작별을 고하면서 스테이튼 아일랜드 연락선에서 투신할 계획임을 알렸다. 신고를 받은 경찰이 연락선에 긴급 무전을 쳤고 직원들은 풀이 죽어 있는 그레이를 발견해 무사히 배 밖으로 내려보냈다.

그러나 죽음으로 귀결된 최후의 시도는 이와 달랐다. 그레이의 사체가 발견되기 전 그의 아내는 만일 남편의 실종이 자살을 의미한다면 이전 시도들과는 다른 점이 있다고 말했다. 과거에는 그녀에게 어디서 무엇을 할 것인지 알리는 유서 같은 걸 남겼으나, 이번에는 유서 없이 그저 홀연히 종적을 감춘 것이다.

그레이의 죽음이 보여주는 또 다른 측면들이 있다. 이미 말했듯 그는 죽기 3년 전에 교통사고로 중상을 입었다. 육체적 손상의 두려움에 맞닥뜨려야 했던 이 경험을 통해 그는 고통과 도발에 익숙해졌을 것이다. 하트 크레인이 자살행동을 포함한 수많은 경험을 통해 고통과 도발에 익숙해졌듯, 그레이는 사고와 뒤이은 자살기도들을 통해 마침

내 최후의 날 죽음을 정면으로 바라볼 준비를 마쳤을 수 있다.

그레이의 아내는 교통사고 이후 심하게 악화하고 치료 효과마저 보이지 않던 남편의 우울증이 자살 직전의 며칠 또는 몇 주 동안 완화된 것처럼 보였다고 말했다. 임상 현장의 전승지식 가운데 환자가 우울증에서 빠져나올 때 단기간 동안 자살위험이 고조된다는 경고가 있다. 오래 지니고 있던 자살관념을 실행에 옮길 기력과 명료한 인지능력이 회복되는 시기이기 때문일 것이다.

이 가능성을 뒷받침하는 일화들이 있다. 먼저 앨버레즈는 시인 실비아 플라스Sylvia Plath가 자살 직전에 매우 높은 활력과 예술적 생산성을 보인 사실을 지적한 바 있다.20) 또 하나 인상적인 사례로 심리학자 폴 밀Paul Meehl이 〈내가 사례발표회에 참석하지 않는 이유Why I Do Not Attend Case Conferences〉라는 유명한 논문에서 소개한, 어느 학생을 꾸짖는 장면을 들 수 있다. 밀은 학생에게 정신증적 우울증 환자가 우울증에서 벗어날 때 자살할 확률이 높아진다는 이야기를 정말 들어본 적이 없느냐고 묻고, 학생은 들어보지 못했다고 답한다. "그럼 이젠 들은 거겠군." 밀이 말한다. "옛날 책 한두 권쯤 읽어보는 게 좋겠네. 그럼 다음에는 누군가의 생명을 구할 수 있을지 모르지."21)

이 책이 제시하는 이론모델에 따르면 반복적인 자해를 통한 두려움 감소는 심각한 자살행동 발생에 필수적인 요소다. 슈나이드먼은 자살행동 전력(약물 과다복용 등)이 있는 상태에서 분신자살을 기도한 젊은 여성 아리엘22)의 사례를 들려준다. 그녀의 계획은 자동차 안에 들어가 병에 가득 채운 휘발유를 차의 내부와 자신의 몸에 끼얹은 다음 성냥불을 붙이는 것이었다. 그녀는 "휘발유 넣을 병을 구할 때 몸이 약간 떨렸던 기억이 나는데, 좀 무서웠던 것 같다."라고 썼다. 자살로 목숨을 끊겠다는 결의가 확실했던 아리엘에게도 이처럼 두려움이 찾아온 것이다. 그녀는 이내 성냥 불을 붙였고 끔찍한 화상을 입었으나 목숨만은 건졌다. 그로부터 몇 년 뒤 그녀는 자연사했다.

무엇이든 능력과 용기를 갖추기 위해서는 경험이 선행되어야 한다. 경험이 쌓일수록 더 유능해지고 용감해진다. 자해처럼 도발적이거나 고통스러운 자극에 대한 지속적인 경험의 영향은 매우 광범위하다.

첫째, 반복적인 노출을 통한 친숙화이다. 즉, 고통스럽고 도발적인 자극을 반복적으로 경험함으로써 금지된 행위라는 자살행동의 특질이 약화하며 자해와 연관된 두려움과 고통이 감소한다는 것이다. 둘째, 이와 관련된 것이지만 반대과정의 개입이다. 간략히 말하자면 반대과정 이론[23]은 반복을 통해 도발적인 자극의 효과는 감소하는 것에 비해 반대 효과 또는 반대과정이 증폭되고 강화된다는 것을 의미한다. 가령, 반복적인 사용을 통해 헤로인의 행복감 효과는 약화하는 대신 원치 않는 금단 효과(반대과정)는 증가한다. 이와 비슷하게, 반복적인 사용을 통해 스카이다이빙의 두려움을 일으키는 효과는 감소하는 대신 반대과정의 쾌감 효과는 증폭된다. 스카이다이버들은 연습을 통해 더욱 유능하고 용감해지며, 자신감 증가를 경험한다(쾌감 등).

이렇듯 반복적인 연습을 통해 자살하려는 사람들은 더욱 유능해지고 용감해지며, 심지어 자신감 고양을 경험할 수도 있다. 뒤에서 설명하겠지만 자해행위가 마음을 진정시키고 고통을 경감시키는 효과를 준다고 진술한 환자들이 많다. 이들은 자해행위가 더 깊은 감정적 고통으로부터 주의를 분산시켜주기 때문에, 또는 살아있다는 느낌을 주기 때문에, 혹은 자신의 내면세계와 현실세계 전체의 조화를 회복시켜주기 때문에 자해를 감행한다.

사람들이 자살에 대한 연습, 그리고 그로 인한 용기 축적을 통해 치명적인 자해를 가할 수 있는 능력을 확보할 때까지 '단계를 밟아 올라가고' 나아가 자살행동으로부터 갈수록 더 큰 보상을 얻는다는 증거는 무엇일까? 이 장에서 소개한 몇 개의 일화들은 이 관점과 일치하지만 일화적 증거만으로는 설득력이 부족하다. 이 책이 제시하는 관점을 입증하려면 어떤 실증적 사실들이 제시돼야 할까? 이제 좀 더 포괄적으로 이 관점을 뒷받침해주는 연구 주제들을 살펴보도록 하자.

복수複數의 자살기도

앨버레즈는 "문턱까지 가본 사람이 다시 그곳에 이를 확률은 그렇지 않은 사람에 비해 3배가량 높은 것으로 추정된다. 자살은 하이보드 다이빙 같은 것이다. 첫 시도가 가장 무섭다."[24]라고 썼다. 과거의 자살경향성 경험이 훗날의 자살행동을 더욱 심각하고 치명적인 것으로 만든다면, 여러 차례 자살을 시도한 사람들은 한 번 시도한 사람들을 포함한 다른 사람들과 눈에 띄게 달라야 옳다. 나와 동료들은 현재 자살관념을 갖고 있는 134명, 최근 처음으로 자살을 시도한 128명, 그리고 최근 두 번 이상 자살을 시도한(복수 자살기도자) 68명을 대상으로 다양한 증상 및 인성 지수에 관한 비교·조사를 했다.

먼저 밝혀둘 사실은 이 환자들이 어느 그룹에 속했든 모두 위기에 놓여 있었다는 점이다. 그들은 최근 자살을 시도했거나 정신과 의료진이 우려할 만한 자살관념을 갖고 있었다. 어떤 식으로든 모두가 자살경향성을 지녔기에, 조사대상이 된 이유에서는 그룹 간에 차이가 없었다. 따라서 이 조사의 독특한 요소라면 복수 자살기도자와 1회 자살기도자 사이의 비교였다. 연령 분포도 동일했으므로 조사를 통해 발견되는 차이가 있다면 나이와는 무관할 것이었다.

조사 결과, 실제로 차이가 발견됐다. 복수 자살기도자 그룹은 자살관념 그룹과 1회 자살기도자 그룹에 비해 죽음에 대한 욕망, 자살기도 계획, 죽음에 대한 결의, 자살관념 강도 및 지속시간 등에 있어서 훨씬 격렬한 증상을 경험했다. 환자 본인의 진술과 임상의가 평가한 자살경향성 척도 모두에서 확인된 결과였는데, 이는 양쪽 데이터가 항상 일치하지는 않는다는 점에서 중요한 사실이다(따라서 서로 일치하는 경우는 결과에 대한 신뢰도가 높아진다). 적대성과 같은 인성요소에서도 차이가 발견됐다. 조사 참가자 전원이 자살위기에 처해 있었지만 복수 자살기도자 그룹 환자들은 자살경향성 강도와 인성요소 측면에서 다른 두 그룹 환자들과 확연히 구별되었다.[25]

이 환자들은 자살 연습 경험이 더 많기 때문에 심각한 자살행동 궤도에서 다른 환자들보다 더 멀리 나아가 있었다. 그들이 궤도의 어디쯤에 가 있는지는 현재 자살증상 정도로 드러난다. 다른 연구진들도 우리가 발견한 내용들에 동의했다.[26]

과거의 자살기도와 현재의 자살경향성 간에 연관이 있다는 건 무슨 의미일까? 가령 반복적인 자살행동은 단순히 지속되는 만성 기분장애 때문에 발생할 수도 있다. 이런 설명을 배제하려면 과거와 현재의 자살경향성 사이에 연관성이 존재한다는 사실 자체는 물론, 그것이 만성 기분장애와 같은 변수를 참작한 연후에도 여전히 존재한다는 사실을 입증해야만 한다.

사실 과거의 자살행동이 자살사망을 포함한 훗날의 자살경향성 위험을 가중시킨다는 사실을, 예를 들어 기분장애와 같은 주요 변수들을 고려함으로써 보여준 연구사례들이 몇 가지 있다. 한 연구는 자살사망자들을 대조표준 생존자들과 비교했다. 자살사망자들과 대조표준 생존자들은 정신질환 유무 및 심각도(그리고 성별과 나이)에 맞춰 비교되었기 때문에 두 그룹 사이에 드러나는 차이는 한 그룹이 다른 그룹에 비해 정신병리학적 문제를 더 많이 갖고 있기 때문이라는 논리로 설명될 가능성이 없었다. 자살사망자들과 대조표준 생존자들을 변별하는 주요 변수 하나는 고의적인 자해 전력이 있는가 여부였다.[27] 이와 유사한 또 다른 연구는 과거의 자살기도가 기분장애 유무 등 기타 강력한 요소들을 고려한다 해도 훗날 자살사망의 중대한 예측요소가 된다는 점을 보여주었다.[28] 이처럼 여러 연구를 통해 복수의 자살기도 전력이 다른 강력한 전조들보다 훨씬 더 자살사망 위험도를 높인다는 사실이 밝혀졌다. 사람들은 반복된 고의적 자해 경험들을(그리고 뒤에서 제시될 다른 방법들을) 통해 죽음을 향해 '단계를 밟아 올라간다는' 이 책의 이론모델 개념과 부합하는 결과들이다.

한편 보드먼Boardman과 동료들은 자살사망자와 다른 사유로 사망한 사람들을 나이와 성별에 맞춰 비교·조사했다. 자살사망과 기타 사유 사망을 구별하는 변수 중에는 고의적 자해, 전과, 또는 경찰이 개입한 사건에 연루된 전력 유무가 있었다. 자살사망자들은 자해, 경찰과의 접촉 전력을 훨씬 많이 갖고 있었던 것이다.[29] 이 결과는 고의적 자해가 자해에 익숙해지는 유일한 수단은 아니라는 사실을 보여준다는 점에서 흥미롭다. 뒤에서 자세히 설명하겠지만, 경찰과의 접촉을 비롯한 다른 도발적 경험들(폭행, 부주의 또는 약물남용으로 인한 상해 등) 역시 같은 효과를 발생시킬 수 있다.

14년간에 걸쳐 529명의 기분장애 환자들을 추적 관찰한 조사 결과도 이와 유사한 패턴을 보여준다. 조사 기간 중 36명이 자살로 사망했고 120명이 자살을 기도했다. 자살사망자 및 시도자들을 그렇지 않은 사람들과 구별 짓는 변수는 과거의 자살기도, 충동성, 약물남용 등이었다.[30] 경찰 접촉 관련 연구결과와 마찬가지로 자살경향성의 전조로서 약물남용과 충동적 행동을 부각시키는 이 결과는 다양한 도발적 경험들이 미래의 자해행위에 대한 밑바탕이 된다는 시각과 부합한다. 이 조사에서 도출된 또 하나의 흥미로운 결과는 기분장애 환자들의 단호함이 훗날의 자살경향성에 대한 전조가 된다는 사실이었다. 이 결과 역시 심각한 자살경향성이 일종의 용기와 힘을 필요로 한다는, 이 책의 이론모델과 일치한다.

최근 나와 동료들은 과거의 자살행동이 미래의 자살행동과 근본적이고 심각한 방식으로 연관되어 있다는 결론을 뒷받침해줄 두 가지 연구를 했다. 우리는 이전 연구진들과 마찬가지로 다른 주요 예측요소들을 고려함으로써 과거의 자살행동과 미래의 자살경향성 관계를 평가했다. 즉 과거와 미래의 자살행동이 직접적인 관계를 맺고 있음을, 단순히 둘 다 기분장애나 인격장애 등 제3의 요소와 관계있다는 차원을 넘어(연구계 일각에서 '제3의 변수 문제'라고 불리기도 한다) 보여주고 싶었던 것이다. 우리의 보고서 제목에는 '주방 싱크대 kitchen sink'('생각할 수 있는 건 모두 다'를 의미하는 관용적 표현. —옮긴이)라는 말이 들어 있다. 그야말로 생각할 수 있는 모든 '제3의 변수'까지 망라한 노력을 함축한다. 보고서에는 총 네 개의 연구가 수록되었다. 나이, 혼인상태, 인종 등의 인구학적 변수; 자살, 우울증, 조울병, 알코올 남용 등의 가족력; 우울증과 조울병의 현재 및 과거의 진단; 우울증, 절망, 문제해결의 어려움, 경계성 인격장애, 약물의존증, 알코올의존증, 부정적인 인생사 등 각종 지표 점수와 같은 제3의 변수들이 포함되었다. 이 변수들은 각각 자살증상과 밀접한 연관이 있으므로 그들 모두가 동시에 망라된다면 과거 및 현재의 자살경향성 간 연관을 증명하기가 어려워질 터였다.

그럼에도 자살과 관련한 이 방대한 변수가 통계적으로 고려된 네 개의 연구 모두에서 과거와 현재의 자살경향성 간 연관성이 발견되었다. 이 사실은 반복되는 자살행동이 단순히 현재의 정신질환에 기인한다는 가설을 뒤집는다. 다시 말해, 한 번의 자살행동은 대담성과 능력을 키워주고 이후 자살행동의 토대가 되어 같은 일들이 반복적으로 일어나도록 만든다는 게 올바른 진단이다.

이 연구에서 우리는 과거의 자살경향성만큼 강력하게 현재의 자살경향성에 영향을 미치는 다른 변수가 있는지 알아보기 위한 실험을 했다. 이를테면 주요 우울증의 현재 진단과 현재의 자살증상 간 연관을 검토한 뒤, 과거의 자살경향성을 포함한 기타 주요 변수 목록을 고려해 그 연관 정도를 검토했다. 그 결과, 다른 어떤 변수도 과거의 자살향성만큼 현재의 자살경향성과 밀접한 관계를 보이지 않았다. 결론은 과거의 자살경향성과 미래의 자살경향성 간에는 쉽게 일축해버릴 수 없는 특별한 무엇인가가 있다는 사실이다. 이 특별함이란 친숙화 및 반대과정에 의해 촉발되고 악화하는 치사성의 궤도와 관련된 것이라고 나는 믿는다.

이 보고서의 또 다른 측면은 네 개의 연구가 다양한 참가자들을 대상으로 시행됐다는 것이다. 이를테면 임상 수준의 자살경향성을 지닌 미국 젊은이들, 대학원생들, 기분장애를 앓는 브라질의 외래환자들, 그리고 미국의 노년층 정신과 입원환자들 등이다. 이처럼 다종다양한 표본들로부터 얻은 결과가 수렴됐다는 점에서 이 연구의 신뢰도는 더욱 높아진다.[31]

우리가 실시한 또 다른 연구는 비슷한 접근법을 취하되 어린 시절의 육체적·성적 학대에 초점을 맞추었다. 이 책이 제시하는 이론모델의 틀은 반복적인 고통스러운 경험이 훗날 치명적인 자해 능력을 심어줄 수 있다는 것인데, 어린 시절의 육체적·성적 학대는 하나의 경로가 될 수 있다. 다시 말하지만, 도발적 경험들 중 현재의 자살경향성에 도달하는 가장 직접적인 경로는 과거의 자해이다. 고통과 도발에 익숙해져 잠재적으로 심각한 자해 능력을 키우게 되는 덜 직접적인 방법에는 가해자 또는 희생자로서의 폭력 연루가 포함된다. 어린 시절에 경험한 육체적·성적 학대는 고통과 부상에 익숙해지도록 만들고, 훗날 자해를 촉진하는 수단으로 작용할 수 있다는 것이다.

어린 시절의 육체적 학대, 그리고 특정 형태의 성적 학대는 다른 유형의 학대(아동방임이나 언어학대)에 비해 치사성 상승이라는 결과와 더욱 밀접한 연관을 보인다. 그 이유는 이들이 통상 다른 형태의 학대보다 육체적으로 더욱 고통스럽기 때문이다. 특히 고통스러운 형태의 아동 성적 학대는 자살경향성과 밀접하게 관련되어 있다.[32] 다음 장에서 설명하겠지만 죽음에 대한 욕망은 심각한 자살행동에 절대적인 영향을 미친다. 죽음에 대한 욕망은 사랑하는 사람과 타인들에게 짐이 된다는 느낌, 그리고 타인들로부터 단절되고 소외되었다는 느낌에서 발생한다고 나는 믿는다. 어떤 유형의 학대든 치사성(고통과 도발에 대한 익숙함을 통해)과 죽음에의 욕망(짐이 된다는 느낌과 단절감을 통해)을 조장한다면 (이 책이 제시하는 이론모델에 따르면) 그것은 훗날의 자살행동에 대한 위험이 된다. 그리고 어린 시절의 육체적·성적 학대는 그 자체로 고통스러울 뿐 아니라 짐이 된다는 느낌과 단절감을 내포한다는 측면에서 특히 심각한 위험이 될 수 있다.

우리는 또 미국 성인들을 대상으로 정신질환 및 기타 관련 변수들의 발생 실태를 조사한 대규모 프로젝트 '전국 공존장애 보고서National Comorbidity Survey'에 수집된 자료들을 분석했다. 거기에는 다양한 형태의 유년기 학대 경험과 자살행동에 관한 자료들이 포함되었다. 분석 결과 훗날의 자살경향성과 유독 밀접한 연관을 보이는 형태의 학대들이 있었다. 유년기의 육체적·성적 학대가 훗날 자살행동에 미치는 영향은 서로 비슷한 수준을 보이면서 상대적으로 두드러졌으며, 특히 성추행이나 언어 학대의 영향을 웃돌았다. 다른 연구진들도 이와 유사한 결과를 발표했다. 가령 3,000여 명의 사춘기 청소년 쌍둥이들을 인터뷰한 연구진은 어린 시절의 육체적 학대가 자살기도 전력과 가장 밀접한 연관을 보이는 요소 중 하나임을 발견했다.[33]

학대와 자살경향성의 연관은 그 외 수많은 설명들과도 부합한다. 가령 유전적으로 전수된 인성적 특질(충동성 등) 또는 장애(인격장애 등)만으로도 부모의 학대 행위와 아이의 훗날 자살행동을 동시에 설명할 수도 있다. 하지만 어떤 변수를 고려대상으로 삼는가에 따라 많은 설명이 배제될 가능성도 있다. 한 예로 부모의 충동성이나 인격장애를 고려할 경우 학대와 자살경향성 간 연관은 부모의 학대와 아이의 자살경향성이 공유된 충동성 또는 인격 증상의 결과라는 설명을 배제하게 된다.

그리고 바로 그것이 우리가 택한 접근법이다. 구체적으로 말하자면, 우리는 응답자의 정신질환, 응답자 부모의 인격장애, 이혼·궁핍과 같은 출신 가족 변수 등 각종 변수를 통계적으로 고려했다. 이 모든 변수를 고려한 후에도 유년기의 육체적·성적 학대와 훗날의 자살경향성 간 연관이 발견되었다. 이 책이 제시하는 이론모델의 틀을 근거로 할 때, 학대를 받은 사람들은 고통과 도발에 익숙해지고 따라서 자해에 대한 저항이 감소하기 때문이다. 학대는 또한 낮은 자존감과 타인들로부터의 소외라는 메시지를 전달하는데, 이는 3장에서 설명될 죽음에 대한 욕망을 조장할 수 있다.

복수 자살기도자, 그리고 과거와 현재의 자살경향성이 보여주는 강력한 연관('주방 싱크대' 변수들을 고려할 경우에도 마찬가지다)에 관한 연구들은 자해에 익숙해진 사람들이 점점 더 치명적인 자살행동 능력을 습득한다는 시각과 일치한다. 여기에 더해 자살기도 횟수가 많아질수록 사람들은 더 위험해지고 죽음에의 의지마저 강고해질 가능성이 크다. 사실 자살행동 전력이 있는 사람들의 치사성 및 자살 의지 증대를 입증해주는 몇 가지 연구사례가 있다.

자해를 가한 성인 50명을 사건 다음 날 아침 인터뷰한 사례를 살펴보자. 연구진은 전에도 여러 차례 자해를 가한 적 있는 환자들과 이번

이 처음인 환자들을 비교했다. 반복적으로 자해를 가해온 이들의 경우 최근의 자해가 처음으로 자해를 시도한 사람들보다 더욱 공격적이고 치사성이 높았다. 뿐만 아니라 그들은 처음으로 자해를 시도한 사람들보다 더욱 강한 죽음에의 의지를 드러냈다.[34] 500명의 자해 환자를 대상으로 실시한 비슷한 연구가 있다. 자해 직후 환자들은 자해 시도 당시 지녔던 죽음에의 의지를 평가하는 설문에 응답했고, 그로부터 5년간 추적조사를 했다. 설문결과 죽음에의 의지가 강했던 환자들일수록 5년이라는 기간 안에 자살로 사망한 비율이 높았다.[35] 이 연구들은 누군가 심각한 자살행동을 향해 악화일로의 궤도를 밟을 때, 과거의 자해 전력은 여타의 고통스럽고 도발적인 경험들과 함께 이 궤도상 이동을 가속화할 수 있다는 시각과 일치한다.

폴 H. 솔로프Paul H. Soloff와 동료들은 이와 유사한 연구를 통해 한 사람의 일생 중 가장 심각한 자살기도로 인한 의료 손상에 과거의 자살행동이 미치는 영향을 평가했다. 주요 우울증만 지닌 환자들, 경계성 인격장애만 지닌 환자들, 그리고 두 가지 장애를 모두 지닌 환자들을 대상으로 한 이 연구에서는 과거의 자살기도 횟수가 가장 심각한 자살기도로 인한 의료 손상 정도의 강력한 예측요소로 나타났다.[36] 이 같은 연구결과를 종합하면, 이전의 자해 경험들로 인해 자살경향성 강도가 점점 악화한다는 결론이 나온다.

요약하자면, 복수의 자살기도 경험을 지닌 사람들은 더욱 심각한 자살기도를 경험하는데 거기에는 치명적인 의료 손상과 높은 치사율이 포함된다. 이 같은 연구들은 과거와 미래의 자살행동 사이에는 긴밀한 연관이 있으며, 그것은 일반적인 정신질환이나 기분장애 등 여타 강력한 변수들을 고려하더라도 마찬가지라는 사실을 입증한다. 따라서 이 연관은 절망, 정신적 고통, 손상된 대처능력에 대한 언급만으로 온전히 설명되기는 불가능할 듯하다. 그보다는 과거와 미래의 자살경향성 사이에 의미심장하고 근본적인 관계가 있으며 이 책이 제시하는 이론모델의 관점에 따르자면, 이 관계는 친숙화와 반대과정을 포함한다. 즉 반복적인 자살기도는 친숙화와 반대과정을 통해 당사자가 치명적인 자해 능력을 습득하는 가장 주요한(유일하지는 않지만) 방법으로 간주된다.

고통, 부상, 그리고 자살

이미 말했듯 자해 경험은 치사성을 습득하는 가장 강력하고 위험한 방법이지만 (이 책이 제시하는 이론모델에 따르면) 유일한 방법은 아니다. 꼭 자해가 아니더라도 반복적인 경험을 통해 부상과 고통에 익숙해진 사람들은 높은 자살경향성을 보인다.

이런 연관이 확실하다면 고통에 대한 반복적인 노출과 자살경향성 간 관계를 적절히 설명해줄 다른 연구결과도 찾아보아야 한다. 이 장에서는 치사성에 대한 나의 이론 및 유관 연구들을 먼저 검토한 다음, 일부 경쟁이론을 개관하기로 한다.

유명한 과학철학자 칼 포퍼Karl Popper는 1959년 《과학 발견의 논리 Logic of Scientific Discovery》에서 이렇게 쓰고 있다.

우리는 보통 처음 확증된 사례에 대해 이후의 것들보다 훨씬 중대한 의미를 부여한다. 하나의 이론이 적절히 확증되고 나면 다음 사례들은 아주 제한된 정도의 확증 역할만 수행하는 것이다. 하지만 새로운 사례들이 이전의 것과 크게 다르다면, 즉 그것들이 전혀 새로운 적용 분야에서 해당 이론을 확증한다면, 이 규칙은 효력을 잃는다.[37]

자살행동에 관한 내 이론은, 현재까지는 새로이 발견되는 사실들과 부합해왔다. 가령 정기적으로 몸에 문신을 새기거나 피어싱을 하는 사람들은 고통에 익숙해질 기회가 많으므로 나는 문신 및 피어싱과 자살행동 간의 연관을 예견할 것이다. 자살사망자와 일반 사망자를 비교한 연구에서 (성별, 인종, 나이를 맞추어 실시했다) 자살사망자들은 몸에 문신을 한 비율이 더 높았다.[38] 문신과 자살 간 연관에는 수많은 이유가 존재할 것이다(가령 문신과 자살은 모두 약물남용과 연관될 수 있다). 다만 자살로 사망한 사람들이 자살에 대한 용기를 문신과 같은 고통스럽고 도발적인 경험들로부터 취득했다면, 그것은 추측일지언정 흥미로운 해석이 된다.

메닝거는 고통과 도발적인 경험에 익숙해지는 또 다른 방법을 들었다. 다름 아니라 반복적인 수술에 대한 강박적 굴종이다.[39] 자해를 되풀이하는 여성들은 대조표준 여성들에 비해 수술을 더 많이 받는 것으로 나타났다.[40] 신체이형장애(자신의 외모가 추하다는 상상에 강박하는 질환) 환자들은 수술률(결함이라고 상상하는 부위의 성형수술)과 자살경향성 비율이 둘 다 높은 것으로 나타난다.[41]

2004년 6월 14일 AP통신은 '의사들, 한 남자의 위胃에서 금속막대 적출에 성공'이라는 제목의 기사를 썼다. 스물두 살 된 흰 응옥 손 Huynh Ngoc Son은 술친구들과 내기를 하고 7인치 길이의 금속막대 세

개를 삼켰다. 한 달 후 손은 심한 복통을 호소하며 병원을 찾았고 의사들은 엑스레이를 통해 위장 안의 문제를 확인했다. 외과의들이 그 막대들을 제거한 후 손은 위에 영구적인 손상 없이 건강하게 잘 지내고 있다고 한다. 바로 이러한 경험들이 치명적인 자해 능력의 밑바탕이 된다. 손이 자살욕망을 갖게 된다면 그는 이미 스스로의 몸에 극단적인 행위를 할 능력을 지닌 상태이기 때문에 위험도가 높을 것이다.

존 콜라핀토John Colapinto의 《자연이 만든 대로: 여자아이로 길러진 소년As Nature Made Him: The Boy Who Was Raised as a Girl》에 소개된 데이비드 라이머David Remier는 서른여덟 살에 자살로 사망했다. 그는 남자아이로 태어났으나 아기 때 포경수술이 잘못되는 바람에 심한 부상을 당한 후부터 유방 확대를 촉진하는 에스트로겐 시술을 받는 등 여자아이로 양육되었다. 하지만 새로운 정체성은 그에게 전혀 맞지 않았다. 사춘기 무렵 그는 용감하게도 본래의 성 정체성으로 돌아가겠노라고 주장했다. 이것은 곧 여러 차례의 고통스러운 수술을 의미했다. 콜라핀토는 데이비드가 "두 번의 유방절제 수술을 받았으며 극도로 힘겨운 이 수술로 인해 몇 주 동안 심한 고통에 시달려야 했다."고 썼다.[42] 그는 이어서 허벅지 안쪽 근육과 피부를 이용한 음경 구축 시술을 받았지만 이듬해 그로 인해 발생한 혈관폐색과 감염 등 부작용으로 총 열여덟 번의 입원치료를 거쳤다. 이 경험 직후 그는 일주일 사이 두 차례나 어머니의 항우울제를 과다복용함으로써 자살을 시도했다. 첫 번째 음경 구축 수술을 보완하기 위한 두 번째 수술은 모두 열두 단계로 구성되었고 세 명의 외과의가 열세 시간에 걸쳐 매달려야 할 만큼 대규모 수술이었다. 한편 이 같은 고통스러운 경험 외에 라이머가 가장 만족스러워했던 직업은 도살장 일이었다. 이 모든 고통스럽고 도발적인 경험들은 훗날 라이머의 자살을 좀 더 수월하게 만들어주었을지 모른다.

이 책이 제시하는 시각에 따르자면 폭력은 직간접적으로 고통과 도발에 익숙해지도록 하는 주요 방법이기 때문에 자살경향성이 높은 사람들은 그렇지 않은 사람들에 비해 더 빈번히 폭력을 목격하거나 경험하거나 가담해보았으리라고 예측할 수 있다. 이 예측을 실증해주는 연구사례들은 많다. 한 대표연구는 자살경향성 환자 50명, 자살경향성 없는 정신질환자 50명, 그리고 정신질환이 없는 심장병 환자 50명을 비교했다(여기서도 각 그룹은 나이, 성별, 사회계층에 맞춰 비교되었다). 자살경향성 환자들은 대조표준 환자들에 비해 과거 폭력 경험이 현저하게 높았던 것으로 드러났다.[43]

코너Conner와 동료들은 지난해 사망한(자살 또는 다른 사유로) 사람들의 친척과 지인들을 대상으로 조사를 했다. 그 결과 자살로 사망한 사람은 사고로 사망한 사람에 비해 그해에 폭력을 행사한 빈도가 더 높은 것으로 나타났다.[44] 또한 정신질환 여부를 고려한 연후에도 자살 희생자와 대조표준을 구별 짖는 주요 요소는 바로 (일생 동안의) 공격성 이력임이 확인되었다.[45]

폭력과 자살경향성 간 연관을 지적하는 요소들도 있다. 수형자들은 일반 주민에 비해 자살 위험이 높으며, 특히 자살로 사망하는 수형자들은 살인이나 과실치사로 유죄판결을 받았을 확률이 높다.[46] 폭력에 대한 노출(살인 및 과실치사 판결로 복역 중이라는 사실이 나타내듯)이 증가할수록 자살경향성 역시 상승하는 이유는 아마도 폭력에의 노출로 인해 부상 전반, 특히 자해에 대한 장벽이 낮아지기 때문일 것이다.

이 책이 제시하는 관점이 입증되려면 심각한 약물남용이나 성매매 등을 통해 고통과 도발에 익숙해진 사람들은 명백히 높은 자살률을 보여야 옳다. 실제로 헤로인 사용자들의 자살사망률은 일반 표본에 비해 14배 높으며 자살기도 빈도 역시 수십 배 높다. 물론 이러한 연관을 예측할 수 있는 시각은 많다. 이를테면 헤로인 과다복용이 자살로 오판되었을 수 있다. 하지만 이 집단 안에서 헤로인 과다복용 자체가 자살에 미친 영향은 상대적으로 미미한 것으로 나타난다.[47]

한편 29명의 성매매 종사 가출 청소년과의 대화를 분석한 결과 76%가 최소 한 번 이상 자살을 기도한 것으로 드러났다.[48] 연구진은 성매매 경험이 청소년들의 자살경향성에 깊이 관련되어 있다는 결론을 내렸다. 성매매에 종사하는 노숙 청소년과 일반 노숙 청소년을 비교한 또 다른 연구에 따르면 성매매 노숙 청소년들이 일반 노숙 청소년들보다 높은 자살기도율을 보였다.[49]

고통과 도발을 유발함로써 잠재적으로 친숙화와 반대과정에 관여하는 것으로 간주될 행동을 하는 정신질환도 있다. 두 가지 예로 경계성 인격장애(자해 행동을 포함한 심각한 행동 충동성을 포함한다)와 신경성 식욕부진증(자기기아自己飢餓를 포함한다)을 들 수 있다. 우리의 논의와 이 장애들이 갖는 관련성은 뒤에서 고찰하자. 여기서는 경계성 인격장애와 신경성 식욕부진증이 모든 정신질환 가운데 가장 치사율이 높으며, 주요 사인은 자살이라는 사실 정도만 짚고 넘어가겠다.[50]

스릴을 찾아 즐기는 무모한 행동가들은 부상을 자주 입고 따라서 자해를 가할 경향도 높을 수 있다. 메닝거는 이러한 연관을 무모한 행동가들에게 내재하는 죽음에의 소망으로 설명할 수 있다고 믿었다.[51] 내 설명은 다르다. 무모한 행동가들은 자해를 포함한 부상에 익숙해지고 그럼으로써 치명적인 자해 능력을 습득한다는 것이다. 그들이 애당초 왜 무모한 행동가가 되었는가는 (뒤에서 설명될 예정인) 충동성 등 인성적 특질들이 죽음에의 소망보다 더 설득력 있는 설명이라고 여겨진다.

나는 지금까지 부상이나 고통 또는 폭력에 가담하거나 그것을 관찰한 사람들, 그리고 여러 면에서 불우하고 피해자라 할 만한 사람들에 초점을 맞추어왔다. 이 연구들이 도발적인 행동에 가담하거나 그것을 관찰하는 이들에게서 자살경향성이 더 두드러진다는 관점과 부합하는 것은 사실이다. 그런데 특권층에서도 도발적인 행동 가담이나 관찰이 자살경향성을 높인다는 사실을 보여준다면 설득력은 배가될 것이다. 특권층이 다른 집단에 비해 자살로부터 보호받는다는 사실까지 감안하면 설득력은 한결 높아진다(사회적·물적 자원 및 정신건강 서비스에 대한 보다 용이한 접근 등).

이런 맥락에서 의사들은 좋은 관찰 대상이다. 그들은 훈련과 진료 경험을 통해 고통, 폭력, 부상의 결과를 빈번히 목격하고 치명적인 약제들, 투여량, 사인 등에 관한 전문적 지식을 습득한다. 즉 그들은 자살에 관해 상당한 역량과 능력을 확보하고 있다. 자살행동과 관련해 메닝거가 남긴 다음과 같은 말을 되새겨볼 만하다. "우리 의사들은 이 불미스러운 광경을 매일매일 접하고 그것에 익숙해진 탓에 사람들 대다수에게 세워진 금기의 장벽들이 매우 높다는 사실을 잊어버리곤 한다."[52] 이미 발표된 여러 논문에서도 의사들은 인구 전반 또는 다른

전문직 종사자들에 비해 자살 위험이 높다고 결론짓는다.[53]

이런 현상은 의사의 성별과 상관없이 발생하지만 흥미롭게도 여성 의사와 일반 여성의 격차는 남성 의사와 일반 남성보다 크게 나타난다. 여성 의사들의 자살률은 일반 여성(여성 인구 전반 또는 다른 전문직 종사 여성들)보다 3~5배 높다. 엄청난 격차다. 그에 반해 남성 의사들은 일반 남성에 비해 1.5~3배 높은 자살률을 보인다.[54] 남성들은 여성보다 고통과 도발을 경험할 기회가 이미 많기 때문에(접촉 스포츠 등을 통해서) 남성 의사들의 고통과 도발 경험이 일반인보다 훨씬 높지 않은 것일지 모른다(그래서 남성 의사와 일반 남성들의 자살률 차이가 덜할 수 있다). 이와 반대로 여성 의사들은 보편적으로 일반 여성에 비해 훨씬 더 많은 고통과 도발을 경험한다. 한편 상대적으로 높은 여성 의사의 자살률은 성별로 인한 직장 내 압력과 상관있다는 진단도 가능하다.

자살경향성과 고통스럽고 도발적인 경험들 간 연관에 대한 대안적 설명들을 살펴보도록 하자.

먼저, 그 같은 어려움을 겪는 사람들은 사기가 떨어지고 절망에 빠짐으로써 자살경향성에 더욱 경도된다는 해석이 있다. 고려할 만한 해석이지만(그리고 뒤에서 논의하겠지만, 남들에게 짐이 된다는 느낌과 어느 곳에도 소속되지 못하는 느낌 등이 책이 제시하는 이론모델의 다른 측면과도 부합하지만) 이 설명에는 지금까지 요약해 제시한 연구결과들과 잘 부합하지 않는 측면들이 있다. 한 예로, 그라시Grassi와 동료들은 주사 약물 사용자의 자살관념을 평가했는데, 그들 가운데 81명이 HIV 양성이었고 62명은 C형 간염 양성에 HIV 음성이었으며 152명은 HIV와 C형 간염 모두 음성이었다. 세 그룹 모두 높은 자살경향성 수치를 보였지만 그룹 간 격차는 발견되지 않았다.[55] 만일 사기저하가 주요 메커니즘이라면 감염 그룹의 자살경향성 수치가 높아야 옳다. 그와 반대로 불법 약물의 반복적인 자가 주사라는 도발적 경험이 주요 메커니즘이라면 감염 그룹과 비감염 그룹의 자살경향성 수치가 동일해야 옳았다(결과는 후자였다). 또한 의사들에게서 발견된 현상들은 그들의 사회적 지위나 특권을 고려할 때 사기저하로는 설명되기 어렵다. 대신 과부하 및 직업 스트레스의 문제와 상관될 수는 있다.

두 번째 대안적 설명으로, 생각하지 않고 행동하는 경향, 즉 충동성이야말로 자살경향성 및 고통스럽고 도발적인 경험들 간 모든 관계에 대한 근거이자 설명이 된다는 주장이 있다. 물론 평균적으로 볼 때 충동적인 사람들은 그렇지 않은 사람에 비해 다양한 도발을 경험하고 자살행동을 보일 확률이 높다. 충동적인 유형은 바로 다양한 도발을 경험하는 경향으로 인해 치명적인 자해 능력을 습득하기 쉽다는 주장이 뒤에서 제기되기도 한다. 충동성으로 도발적 경험들과 자살경향성 간 관계가 설명될 수 있는지 논하기 위해서는 도발적 행위들과 자살증상의 상관관계에 있어 충동성이 어떤 의미를 지니는지 보여주는 연구가 선행되어야 한다. 정확히 여기에 초점을 맞춘 연구는 드물지만, 관련된 연구결과들은 더러 있다. 이를테면 충동성의 다양한 지표들을 고려하고도 과거의 자살경향성 경험이 미래의 자살경향성을 예고할 수 있음을 보여준 연구들,[56] 그리고 앞서 언급한 '주방 싱크대' 연구에서도 충동성과 밀접히 연관된다고 할 경계성 인격장애 증상이 통계적으로 고려된 연후에도 과거와 미래의 자살경향성 사이에 관계가 있다는 사실이 발견되었다. 그런가 하면 충동성 인성요소를 지닌 사람들이 며칠 또는 몇 주에 걸쳐 치밀하게 자살행동을 계획했음을 보여주는 사례들도 있다. 커트 코베인의 자살이 바로 여기에 해당한다.57) 이 경우 자살행동에 대한 충동성의 직접적인 영향을 지적하기는 어렵다. 그에 반해 충동성이 치명적인 자해 능력 축적을 통해 자살경향성과 간접적으로 관련을 맺는다는 이 책의 이론모델은 충동적인 사람들에게 만연한 계획적 자살이라는 현상과 상통한다. 마지막으로 인구 전반에 비해 높은 자살률을 보이는 의사들의 사례는 충동성 중심의 이론으로는 만족스러운 해답을 제시하지 못한다.

이 책이 제시하는 이론모델에 따르면 폭력, 고통, 부상을 반복적으로 대면한 사람들은 평균적으로 더 높은 자살위험을 지닌다(반드시 과거에 자살경향성을 보이지 않았다 하더라도). 그들의 고통스럽고 도발적인 경험들이 (최소한 어느 정도는) 자해가 유발하는 친숙화와 반대과정에 참여해온 것과 다름없기 때문이다. 문신, 폭력, 주사 약물남용, 의사 자살률 등에 대한 연구결과는 모두 이 모델과 부합한다.

고통 내성耐性

누군가 자살기도를 통해 도발과 고통에 익숙해질 경우, 그의 고통 내성은 다른 사람보다 높을 것이다. 고통에 대한 친숙화가 자살경향성과 관련된다는 것은 앞서 일화적 증거로만 예시되었다. 그렇다면 이에 관한 경험적인 증거는 없을까

이스라엘 오르바크Israel Orbach와 동료들은 자살경향성 환자들이 일반 환자에 비해 피부에 가해지는 극한적 온도들을 더 잘 견딘다고 발표했다.58) 이를 '열동통 역치閾値'라는 용어로 부른다. 자살경향성 환

자들은 대조표준에 비해 열동통 역치뿐만 아니라 일반적인 고통에 대한 내성도 높은 경향이 있다. 자살경향성 환자들은 전기충격 반응 실험에서도 정신질환자 대조표준에 비해 더 높은 내성을 보였으며 객관적으로 동일한 고통을 덜 격렬한 것으로 평가했다. 자살경향성 환자들이 비슷한 정도의 부상을 당한 사고 피해자들에 비해 고통을 더 잘 참는다는 사실을 발견한 연구도 있다.[59] 피부 가압加壓 내성 실험에서도 자살경향성 환자들은 여타 입원환자들에 비해 높은 역치를 나타냈다.[60] 취학 전 어린이 가운데서도 자살관념과 자살행동을 보인 아이들은 정신질환자 대조표준에 비해 부상을 느끼는 고통 및 우는 정도가 현저히 낮은 것으로 나타났다.[61]

자살경향성 입원환자들은 자살에 관한 영화에 대해서도 대조표준에 비해 낮은 생리학적 반응을 보였다.[62] 그들이 자살 자극에 익숙해진 나머지 비자살경향성 환자들만큼 반응하지 않는다는 관념과 일치하는 결과다. 놀라운 것은 경계성 인격장애 환자의 다수가 깊은 자상처럼 심각한 부상을 입었을 경우에도 전혀 고통을 느끼지 않았다고 응답했으며, 그 응답은 생리학적 측정에 의해서도 사실임이 증명되었다.[63] 이 또한 사람들은 반복적인 경험을 통해 (고통을 느끼지 못할 정도까지) 자해에 익숙해진다는 사실을 입증해주는 결과다. 나와 동료들이 사춘기 정신과 입원환자들을 대상으로 실시한 연구에서도 비슷한 결과가 나타났다.[64] 그들 중 상당수가 자살기도 전력을 지니고 있었으며, 죽기 위해서라기보다는 정서적으로 괴로울 때 기분이 나아지게 하려는 의도에서 주기적으로 자해를 일삼는 경우도 많았다(팔다리에 입히는 자상이 주된 방법이었다). 자해 순간 얼마만큼 고통을 느끼는가를 묻는 질문에, 절반 가까운 수가 아주 심각한 부상을 입을 때조차 전혀 고통을 느끼지 못한다고 응답했다. 이것은 사람들이 의료 손상 차원의 부상에까지 익숙해질 수 있음을 보여주는 또 하나의 실례다. 한편 나머지 절반은 자해 순간 고통을 느꼈다고 응답했다. 이 맥락에서 대단히 흥미로운 사실은 자해로부터 아무 고통을 느끼지 못한 사람들은 일생 동안 평균 네 차례에 이르는 자살을 기도하며(죽음을 목적으로 한 자해), 고통을 느낀 사람들은 일생 동안 평균 두 차례쯤 자살을 기도한다는 점이다.

이에 대한 나의 해석은 다음과 같다. 자살기도를 더 많이 하는 사람들은 고통에 익숙해진 나머지 대다수에게 매우 고통스러울 자해를 가할 때조차 더는 고통이 느껴지지 않는 지점에 이른다는 것이다.

자살경향성 관련 연구는 아니지만, J. R. 세긴J. R. Seguin과 동료들은 육체적 공격 전력을 가진 소년들이 그보다 덜 공격적인 소년들에 비해 고통에 둔감하다는 사실을 보여주었다(손가락 가압 장치에 의한 측정 결과다).[65] 이런 연구들은 과거의 자해 경험과 도발적 행동(공격성과 같은)을 통해 고통에 대한 감수성이 둔화할 수 있다는 가능성을 제기한다. 이 책의 이론모델에 따르면 자해 및 기타 도발적인 경험을 통해 약화된 고통 감수성은 심각한 자살행동에 대한 장벽을 제거할 수 있다.

신경질환 때문에 고통을 느끼지 못하는 사람들이 있다. 중상을 입고도 그걸 알아챌 능력이 없는 까닭에 반복되는 부상, 나아가 죽음까지 유발할 수 있는 심각한 질환이다. 병 자체가 워낙 희귀하다 보니 이 환자들의 자살행동에 대한 통계는 없다. 설사 있다고 해도 환자들이 이른 나이에 사망할 가능성이 농후하기 때문에 정확한 해석은 어려울 것이다. 하지만 이와 같은 질환의 존재 자체와 그로 인한 문제들은 고통 감수성이 얼마나 중요하며 그것을 잃을 때 어떤 위험이 발생할 수 있는지 잘 보여준다.

고통 감수성과 자살경향성에 관한 문헌이 비교적 적고, 고통 내성이 훗날의 자살경향성과 관련되어 있음을 보여주는 장기간에 걸친 연구도 없는 게 사실이다. 하지만 전반적으로 자살을 기도하는 사람들은 육체적 고통과 기타 도발적 자극에 대한 감수성이 둔화하는 것으로 보인다. 이는 심각한 자살경향성을 향한 궤도가 곧 고통과 도발을 견디는 능력이 증대되는 과정이라는, 이 책 이론모델의 관점과 일치한다.

축적된 치사성의 영향

과거의 자살행동 경험이 축적됨에 따라 자살증상의 본질이 변할 수도 있다. 다시 말하자면, 자살경향성의 반복적인 경험을 통해 심각한 자살증상들이(덜 심각한 증상들에 비해) 더욱 두드러질 수 있다는 얘기다. 그렇다면 '심각한' 자살증상과 '덜 심각한' 자살증상은 도대체 어떻게 다른가?

이전의 연구진들도 그랬지만,[66] 나와 동료들은 모든 자살증상이 동일하지 않으며 두 영역으로 분류될 수 있음을 보여주었다. 이 두 영역이란 서로 관련되면서도 구별되는 것들로, 우리는 이들에게 각각 '결정된 계획과 준비' 그리고 '자살욕망과 자살관념'이라는 이름을 붙였다.[67]

'결정된 계획과 준비' 범주는 자살기도를 위한 용기, 자살기도 역량,

자살기도 수단과 기회, 자살기도 계획의 구체성, 자살기도 준비, 자살관념의 지속 기간, 자살관념의 강도 같은 증상들로 이루어졌다. 이 책이 제시하는 관점에 따르자면, 습득된 치명적 자해 능력을 보여주는 자살 관련 용기와 역량 지표들이 모두 포함되었다는 점에 주목할 필요가 있다.

'자살욕망과 자살관념' 범주는 삶의 이유, 죽고 싶은 소망, 자살관념 발생빈도, 살고 싶지 않은 소망, 수동적 자살기도, 자살기도에 대한 욕망, 죽음에 대한 이야기 같은 증상들로 이루어졌다. 여기서는 용기나 역량 같은 내용 대신 좌절된 삶의 욕망과 죽음의 이유들이 강조된다. 좌절된 삶의 욕망이란, 타인에게 짐이 되며 그들로부터 단절되어 있다는 느낌의 맥락에서 이해할 수 있다는 주장이 다음 장에서 제시될 것이다. 좌절된 삶의 욕망은 자살경향성의 중대한 요소이지만, 어떤 면에서 볼 때 '결정된 계획과 준비' 범주보다는 임상적으로 덜 우려되는 편이라 할 수 있다.

어느 범주에 속하든 임상적 우려를 불러일으키지만 '결정된 계획과 준비' 증상이 '자살욕망과 자살관념' 증상에 비해 상대적으로 더 우려되는 건 사실이다. 나아가 자살경향성의 반복적인 경험이 심각한 자살증상을 더욱 가속화한다는 예측과 부합하는 중대한 발견으로, '결정된 계획과 준비'는 '자살욕망과 자살관념'보다 복수 자살기도자들과 훨씬 밀접하게 관련된 것으로 나타나기도 했다.[68]

후속 연구도 자살기도 횟수는 물론 자살로 인한 사망과 관련해 비슷한 결론에 도달했다. 특히 나와 동료들은 수백 명의 자살관념 보유자들을 대상으로 '최악 시점'의 자살위기를 평가한 뒤 수년간 추적조사를 진행했다.[69] '최악 시점'이란 응답자의 일생에서 가장 격심했던 자살위기를 가리킨다. 이 연구에서도 역시 '결정된 계획과 준비'(자살 관련 용기와 역량 포함)와 '죽음에 대한 욕망'(덜 심각한 범주) 간의 구별이 두드러졌다.

이 책의 이론모델에 따르면 과거에 격심한 자살경향성 단계를 경험한 사람들은(특히 두려움 상실이나 기타 '결정된 계획과 준비' 현상과 관련된 경험이었다면) 미래에 심각한 자살경향성을 보이며 나아가 자살로 사망할 위험이 매우 높다고 할 수 있다. 연구결과는 이 관점과 일치했다. '최악 시점의 결정된 계획과 준비' 증상들이야말로 추적조사 기간 중 자살기도에 대한 가장 강력한 예측요소가 되었을 뿐 아니라, 자살사망에 대한 단 하나의 중대한 예측요소로 드러나기도 했다. 반면 '자살욕망과 자살관념' 증상들은 훗날의 자살사망과 연관을 보여주지 않았다. 이 결과와 일치하는 또 다른 연구를 예로 들자. 18년에 걸쳐 실시한 한 추적조사는 고의적인 자해 사건과 관련한 계획성이야말로 훗날의 완성된 자살에 대한 중대한 위험요소임을 밝혀냈다.[70] 계획성은 역량을 요구하며, 그것은 이 책의 이론모델에서 치명적 자해를 가할 수 있는 습득된 능력의 핵심 측면이다.

대담성과 자살에 대한 축적된 용기 및 역량은 '결정된 계획과 준비'의 주된 지표들로서 심각한 자살경향성과 관련되어 있다는 것이 이 책이 제시하는 이론모델의 핵심적 주장이다. 이 같은 맥락에서 앞서 언급한 수백 명의 기분장애 환자들을 대상으로 14년에 걸쳐 실시한 연구를 돌이켜보면 좋을 듯하다.[71] 14년의 조사기간 중 단호함이 심각한 자살경향성의 예측요소라는 사실이 밝혀진 바 있다. 이 책이 제시하는 이론모델은 아마도 단호함과 자살경향성의 관계에 호응하는 유일한 자살이론일 것이다.

나와 동료들은 자살로 사망한 사람들과 자살을 기도했으나 살아남은 사람들의 유서를[72] LIWC(Linguistic Inquiry and Word Count[73])라는 언어분석 소프트웨어 프로그램을 사용해 감정했다. 이 프로그램은 텍스트를 이를테면 동사 사용의 경향, 부정적 정서를 함축하는 단어와 같은 요소들로 분리해준다. 자살로 사망한 사람과 자살을 기도했으나 살아남은 사람을 구별하는 가장 뚜렷한 변수들 가운데는 특히 분노와 자신감이 결합된 형태로서의 단호함과 관련된 지표들이 있었다. 분노와 자신감의 결합은 자살에 대한 용기와 양가감정 해결의 결합과 유사한 면이 있다.

'결정된 계획과 준비' 범주에는 자살에 대한 용기 및 역량과 관련된 지표들 외에도 자신의 죽음에 대한 격렬하고 사실적이며 장시간 지속되는 관념이 포함된다. 이런 경험을 하는 이들은 마음의 눈을 통해 자살로 인한 자신의 죽음을 볼 수 있다고 말한다. 마치 자신의 자살 장면을 담은 선명하고 생생한 비디오를 보듯 말이다. 이는 자살에 대한 용기와 역량이 행동으로서뿐 아니라 정신적으로도 개발될 수 있다는 흥미로운 가능성을 보여준다. 다시 말해서 자살에 대한 생생하고도 장시간 지속되는 몰입은 일종의 정신적 연습으로 기능할 수 있다는 것이다. 실제든 머릿속으로든 자살에 대해 연습하는 정도에 비례해 자살 잠재성은 높아진다. 이 정신적 연습이란 개념은 단 한 번의 자살 기도로 사망하는 사람들을 이해하는 데 도움이 될 수도 있다. 최초 자살기도 사망률이 50%에 이른다는 연구결과가 있다.[74] 최초로 자살을 기도하는 사람들의 자살 완성을 보다 쉽게 해주는 게 바로 이 정신적 연습일지 모른다.

슈나이드먼의 비어트리스 사례는 정신적 연습의 이 같은 측면을 잘 보여준다. "다음 2년 동안 (…) 나는 매일 밤 잠들기 전에 자살하는 상상을 했다. 나는 죽음에 병적으로 사로잡혔고, 사소한 점들까지 치밀하게 추가해가며 나 자신의 장례식을 반복적으로 리허설했다."[75] 비어트리스는 이후 석 달 동안 자살을 계획한 뒤 손목을 그어 자살을 기도했으나 살아남았다.

음악인 커트 코베인은 직접 소집한 기자회견장에서 총을 입에 물고 격발한 펜실베이니아주 관리 R. 버드 드와이어 R. Budd Dwyer의 자살 장면 비디오를 강박적으로 보았다.[76] 1994년 비슷한 방법으로 자살한 코베인에게 이것은 일종의 정신적 연습으로 기능했을 것이다.

앞에서 소개했던 《자연이 만든 대로: 여자아이로 길러진 소년》의 주인공 데이비드 라이머는 여자아이로 살던 8학년 때 "들보에 걸린 밧줄을 머릿속으로 상상하곤 했다."라고 말했다.[77] 그는 자살경향성과 기타 수많은 도발적 경험을 거친 끝에 서른여덟 살 때 자살했다.

자살위험에 처한 3,000명 이상의 환자를 대상으로 했고 그중 38명이 결국 자살로 생을 마감한 한 연구는 정신적 연습에 관한 간접적인 증거를 제공해준다.[78] 자살사망의 예측요소 중 특히 중요한 것은 '목을 맬까 아니면 투신할까에 대한 숙고'였다. 이 환자들은 자살로 인한 폭력적인 죽음을 머릿속으로 연습함으로써 치명적인 자해를 가할 수 있는 능력을 더 많이 습득했을 수 있다.

이와 관련된 내용으로 자살기도 문턱에 이르렀으나 실행하지 않고 따라서 아무런 부상을 입지 않는 경우를 의미하는 중단된 자살기도라는 개념이 있다. 바버Barber와 동료들은 135명의 정신과 입원환자들을 대상으로 한 인터뷰에서 그들 중 절반 이상이 최소한 한 번 이상의 중단된 자살기도 경험을 갖고 있다는 사실을 발견했다.[79] 하지만 중단된 자살기도의 경우에도 죽음에 대한 의지 수치는 실제 자살기도 수치와 동일한 수준을 보이고 있었다. 중단된 자살기도 역시 잠재적으로 친숙화 및 연습 효과를 발생시키는 속성을 지니고 있음을 암시한다. 특히 중단된 자살기도 경험이 있다고 응답한 환자들은 그렇지 않은 환자에 비해 실제로 자살을 기도할 확률이 2배가량 높았다. 실제 자살행동이 없어도 정신적 연습이나 중단된 자살기도를 통해 자살과 관련한 연습은 행해질 수 있다.

자살에 대한 용기 축적을 걱정해야 하는 또 다른 이유는 인지적 민감화라는 개념과 관련되어 있다. 인지적 민감화란 도발적인 경험을 하는 사람에게 그 경험에 대한 영상과 사고가 더욱 밀접해지고 쉽사리 촉발되는 과정을 의미한다. 이것을 자살경향성에 적용한다면 경험이 축적될수록 자살 관련 인식과 행동들이 더욱 밀접해지고 활발해지는 현상을 가리킨다.[80] 이러한 사고와 행동들이 더욱 밀접해지고 활발해질수록 그것들은 더욱 쉽게 촉발되고(부정적인 사건이 없을 때조차) 자살경향성은 한결 심각해진다. 나와 동료들은 자살경향성이 높아질수록 외부 자극과의 연관은 감소하는 반면 그 격렬함은 증가한다는 사실도 발견했다.[81]

대리 친숙화: 가정 총기 보유의 사례

중단된 자살기도 사례가 보여주듯 위험한 자극에 익숙해지는 방법에는 여러 가지가 있다. 그중에는 다른 사람이 위험에 익숙해지는 과정을 관찰하거나 위험과 연관된 자극들에 반복적으로 노출되는 것도 포함된다. 커트 코베인이 다른 사람의 자살 장면이 담긴 비디오를 몰입해서 보았으며 시간이 갈수록 총기에 대한 관심이 높아졌다는 사실은 앞서 언급했다. 이런 점에서 가정 내의 총기는 중요한 문제가 된다.

먼저 나는 총기를 그다지 애호하지 않는다. 하지만 나 자신이 총을 소유하지 않았다고 총기 소유권까지 강력히 반대하는 건 아님을 밝혀 두고 싶다. 이 주제에 대한 개인의 의견이 어떤가와 상관없이 총기를 보유한 가정과 거기에서 일어나는 자살 사이에는 무시 못할 연관이 있는 듯하다. 한 예로 21개 국가를 대상으로 수행한 연구는 이 연관을 명백히 입증해준다.[82] 또 12개 국가를 대상으로 한 다른 연구는 총기보유 가정의 비율과 0세부터 15세까지의 어린이 총기 사망률(자살을 포함해) 사이에 밀접한 연관이 있음을 발견했다.[83] 물론 이 연관으로 총기와 자살 사이의 인과관계를 증명할 수는 없겠지만, 주변에 총기가 있을 때 사람들은 잠재적으로 치명적인 자극에 익숙해지고 대담해질 수 있다는 가능성과 부합하는 것은 사실이다.

브렌트Brent와 동료들은 우울증을 앓는 사춘기 청소년을 둔 가정의 26.9%만이 집에서 총기를 제거하라는 권고를 따랐다는 흥미로운 연구결과를 발표했다. 총기 제거 권고를 거스르고 계속 보유키로 한 결정은 아버지의 정신병리학적 상태 및 혼인 관계상 불만과 연관이 있다는 사실이 아울러 밝혀져 관심을 모으기도 했다.[84]

반복은 자살행동을 강화할 수 있다

몸에 수많은 피어싱과 문신을 한 가수 핑크Pink는 2003년 12월호 〈제인Jane〉 지 기사에서 "스물한 살 때 혀에 달고 있던 고리를 뽑았는데 일주일 만에 후회가 되더군요. 나는 몸에 구멍 뚫는 걸 좋아해요. 중독성이 있어요. 내가 살아있음을 느끼게 해주는 고통이죠."라고 말했다.[85] 지금까지 제시한 증거는 친숙화와 연습효과가 심각한 자살경향성을 향한 악화일로의 궤도와 관련될 수 있음을 암시한다. 친숙화와 연습 외에도 이 책이 제시하는 이론모델은 반복적인 자살경향성으로 인해 반대과정이 유발되어 자해에 익숙해질 뿐 아니라 점점 더 큰 보상을 제공하는 경험으로 받아들이게 된다는 점을 보여준다. 핑크가 스스로의 몸에 '구멍을 뚫는 일'이 중독성이 있다고 한 것은 이와 같은 맥락에서다.

핑크와 같은 시각을 지닌 사람들이 많은 듯하다. 그들이 자해의 최우선적 동기를 위안이라고, 적어도 그 직후 얼마 동안 보상을 주는 행위로 본다는 명백하고도 일관된 증거가 있다. 상상하기 어렵게 느껴진다면, 스카이다이빙의 예를 돌이켜보자. 생각해보면 자신의 몸을 비행기 밖으로 내던지는 것은 칼로 팔 안쪽을 베는 것만큼이나 이해하기 어려운 행동이다. 스카이다이빙 사고사가 매년 발생하기도 한다. 그런데도 왜 사람들은 그걸 할까? 스카이다이빙을 처음으로 할 때 사람들은 약간의 스릴과 희열, 그리고 엄청난 두려움을 느낀다. 하지만 그 약간의 스릴과 희열에 이끌려 계속하다 보면 일차과정의 두려움은 약화하는 반면 반대과정인 희열은 강화된다.

자해도 마찬가지다. 계속하다 보면 일차과정인 고통은 약화하고 반대과정이 증대한다. 그 반대과정이란 무엇일까? 앞서 언급했듯 자해 환자들에 따르면 그것은 위안이다. 그보다 더 깊은 감정적 고통으로부터 주의를 분산시켜주거나, 살아있다는 느낌을 주거나, 아니면 현실을 잊게 해주거나, 자신의 내면과 현실 세계 전체의 조화를 회복시켜주기 때문이다.

이 관념을 뒷받침해주는 연구가 몇 가지 있다.[86] 이 연구결과들은 이른바 부정적 강화(즉, 자해는 유해한 감정들을 정지 또는 경감하거나 강화한다는 것)라는 관념을 함축하는 것으로 보인다. 하지만 긍정적 강화(즉, 자해는 긍정적 감정들을 유발하고 강화한다는 것) 또한 작용할 수 있다. 한 예로, 경계성 인격장애(반복적 자해가 주요 증상)로 정신과에 입원한 여성 환자들을 대상으로 진행한 한 조사는 자해 경험의 다양한 차원을 평가하도록 했다. 이 조사에서 현저한 기분 상승이 자해의 주요 동기인 것으로 나타났다.[87] 많은 환자가 부정적 강화(위안)가 자해의 주된 동기라고 답했지만,[88] 부상에 대한 매혹과 감각 능력의 재확인[89] 또는 핑크의 말을 빌리자면 '내가 살아있음을 느끼게 해주는 고통' 등 여타 동기들도 존재한다고 응답했다.

하지만 자해 반복으로 그 보상적 특성들이 증가하는지를 직접적으로 평가한 연구는 단 하나뿐이다. 자해를 빈번하게 일삼는 참가자들과 이따금 하는 참가자들이 자기 절단 심상 과제에 대해 어떻게 반응하는지 비교·조사한 결과, 자해를 빈번하게 하는 집단은 반대 집단에 비해 불안 및 슬픔 경감, 나아가 그 행위로부터 위안을 더 많이 경험하는 것으로 나타났다.[90] 사람들은 자해를 계속하면서(또는 다른 도발적 경험을 하면서) 변한다. 자해는 고통스럽고 공포스러운 특성을 잃고,

오히려 보상적 특성을 띠기 시작할 수도 있다. 이런 현상이 발생할 때 자살을 막아주는 주된 장벽이 침식된다.

죽음과 삶의 심리적 결합

지금까지 심각한 자살행동 경향을 지닌 사람들은 자해와 기타 도발적인 경험에 노출되는 과정을 거쳐 그 지점에 이르렀다는 논의를 전개했다. 이 과정에서 죽음에 대한 공포와 자해로부터의 고통이 감소한다. 앞서 검토했듯 이 시각은 과학적 사실에 의해 뒷받침되고 있다.

한편 잠재적 자살경향성 환자들이 죽음을 어떻게 보는지에 대해서는 (그들이 죽음을 두려워하지 않게 된다는 것 외에는) 많이 언급되지 않았다. 자살을 향한 궤도에 깊이 진입해있고 치명적인 자해 능력을 습득한 사람은 죽음에 대해 어떤 시각을 지닐까? 이 질문에 답해줄 과학적 자료는 매우 드물지만 일화적 증거 및 사례 요약자료를 종합해볼 때 그들은 죽음을 아주 독특한 각도로, 말하자면 어떤 식으로든 생명을 북돋워 주는 존재로 간주한다는 사실을 알아차릴 수 있다.

죽음이 생명을 북돋워 준다거나 애정 어린 위안을 준다는 관념은 사람들 대다수에게 불합리한 차원을 넘어 몹시 불온하게 느껴진다. 하지만 자살경향성을 가진 사람들은 다른 시각을 지닌 듯하다. 슈나이드먼의 아리엘 사례로 돌아가보면, 그녀는 이렇게 쓰고 있다.

"우리는 어느 오래된 공동묘지에 있었어요. 흥미롭고 독특했던 게, 그것은 아주 낡은 공동묘지라 나무 십자가들이 썩어가고 있었고 바람에 흔들렸는데 정말로 아름답고 근사했어요. (…) 들국화가 피어나고 무덤들 위로 잔디가 높이 자랐으며 미풍이 불어오는 가운데, 나는 그 모든 범박凡朴함과 삶, 그리고 죽음의 이런 측면에 깊은 감명을 받았어요."

아리엘은 이어서 공동묘지에서 받은 인상에 대해 죽음을 통한 인생 여정의 완결이 '기품 있고 우아'하다고 묘사한다.[91] 아리엘에게 삶과 죽음은 이미 결합되기 시작했고, 죽음 속에서 아름다움과 우아함은 물론 생명 자체를 보게 된 것이다.

죽음과 아름다움의 결합이라는 주제와 관련, 자살한 시인 실비아 플라스는 〈죽음과 그 무리들Death & Co.〉이라는 제목의 시에 대해 이렇게 묘사 한 바 있다. "이 시는 죽음의 양면성에 관해 말하고 있어요. 다시 말해 블레이크Blake의 데스마스크의 대리석 같은 차가움은 이를테면 벌레들, 물, 그리고 미생물들의 두려움 깃든 부드러움과 손을 맞잡는다는 의미를 담고 있죠."[92] '손을 맞잡는'이란 표현이 내포하는 부드러움과 친밀함뿐 아니라 '죽음과 그 무리들'이라는 제목이 죽음 안에서의 공존을 암시한다는 점에 주목하자. 플라스의 다른 시 〈가장자리Edge〉 역시 같은 의미를 전달하고 있다.

여자는 완벽해졌다
그녀의 죽은
몸은 성취의 미소를 띠고 있다
그녀의 벗은
발은 말하고 있는 것 같다
우리 이렇게 멀리 왔어, 이제 끝났어.

심리학자 리처드 A. 헤클러가 자살경향성 경험에 관해 쓴 책에는 이런 사례가 포함되어 있다.

창을 통해 보이는 강의 풍경은 아름다웠다. 보름달이 떠 있었고 나는 참으로 평화로운 느낌이었다. 나는 '죽기에 좋은 아름다운 밤이야.'라고 혼자 말했다. 마치 결혼식에 가면 일어나는 모든 일을 기억에 담기 위해 사진을 찍듯이 글쎄, 나는 이것을[자살로 인한 죽음을 가리킨다] 기억하기 위해 마음속에서 사진을 찍고 있었다.[93]

크리스토프 로이터Christph Reuter는 2004년 저서 《내 목숨이 무기다 My Life Is a Weapon》에서 이란-이라크 전쟁 당시 이란인의 자살 공격에 대해 이렇게 묘사하고 있다. "으스스한 죽음의 지시가 마치 결혼 축하연인 양 (…) 수많은 죽음이 찬미되었다."[94] 그들의 시체 위로 거울과 양초들로 장식된 이란의 전통혼례 탁자가 놓였다. 뒤에서 살펴볼 예정이지만 자살 공격을 진정한 자살로 볼 수 있을지는 의심스럽다. 그러나 이 사례에서 보듯 자기희생이 죽음과 생명력이라는 테마와 결합한다는 것은 주목할 만하다.

존 힐케비치는 2004년 7월 4일 〈시카고 트리뷴〉에 열여섯 살 소년의 자살에 관한 기사를 썼다. 소년은 기차에 치여 사망했다. 경찰은 소년의 컴퓨터에서 레드 제플린Led Zeppelin의 '내 죽음의 시간에In My Time of Dying'라는 노래를 발견했다. 가사의 일부는 이렇다.

내 죽음의 시간에 / 아무도 애도하기를 원하지 않아 / 원하는 것이라면 내 몸을 집으로 데려가 주는 것 / 음, 음, 음, 내가 편히 죽을 수 있도록 / 음, 음, 음, 내가 편히 죽을 수 있도록.

앞의 사례들과 마찬가지로 여기서도 죽음은 안락함과 귀향 등 긍정적인 관념들과 결합하고 있다.

록 밴드 너바나Nirvana의 리드싱어였던 커트 코베인은 1994년 4월 자살로 사망했다. 그로부터 약 반년 전인 1993년 9월 발매된 밴드의 마지막 앨범 '자궁 안에서In Utero'를 들어보면 코베인은 음반 작업 당시 이미 자살을 생각한 게 틀림없어 보인다. 이 앨범에 담긴 노래들의 가사는 죽음과 애정 어린 보살핌, 삶 같은 테마들의 결합을 때로 극명하고 불온한 방식으로 보여준다.

예를 들어 '짜내라Milk It'라는 노래에는 "나는 나 자신의 기생충이다"라는 구절이 있는데, 생각해보면 죽음과 삶을 향한 열망을 결합하는 간결하면서도 탁월한 표현이 아닐 수 없다. 가사는 이렇게 이어진다. "나는 내가 총애하는 바이러스를 갖고 있다 / 나는 그녀를 귀여워하고 이름도 붙여준다 / 그녀의 젖은 내 똥이고 / 내 똥은 그녀의 젖이다." 그다지 유쾌한 내용은 아니지만 애정 어린 보살핌의 테마들이 질병과 황폐의 테마와 결합하는 불온한 이미지에 취해 있었던 것이 분명하다. 비슷한 예로 '하트 모양의 상자Heart Shaped Box'라는 노래를 들어보면 '탯줄올가미'라는 표현이 나오기도 한다.

죽음과 삶의 테마 및 열망의 기이한 융합이 자살 방법과 장소 선정에 영향을 미칠 수도 있다. 태드 프렌드는 2003년 〈뉴요커〉 기사에 이렇게 쓰고 있다.

금문교에서 투신하려고 베이 브리지Bay Bridge를 건너온 사람들이 있다. 반대로 못난 자매교姉妹橋에서 뛰어내리기 위해 금문교를 건너는 사람에 관한 기록은 없다. 버클리 대학교 공중보건학부 명예교수이자 다리 투신 자살에 대한 권위자인 리처드 세이던Richard Seiden 박사는 이런 사례들을 살펴본 결과 "금문교에서의 투신자살은 미학적으로 만족스럽고 아름다운 반면 베이 브리지에서의 투신자살은 초라하다는 일반적인 태도가 엿보인다"고 쓴 바 있다.

자살 장소가 아름다운지 아닌지가 왜 문제일까? 자살하려는 사람의 마음속에서 일어나는 애정 어린 보살핌과 죽음의 결합이 그 이유일 가능성이 있다.

같은 〈뉴요커〉 기사에는 자살 방법에 관한 책 한 권을 사서 운명의 금문교 투신자살을 준비한 열네 살 소녀의 사연이 소개된다. 그 책은 "금문교와 자살의 관계는 나이아가라 폭포와 신혼여행의 관계와 같다"는 구절을 담고 있다. 여기서도 자살 장소 선택에 있어 사랑과 삶의 이미지가 동원되고 있다.

프렌드는 기사에서 이렇게 쓰고 있다.

1977년 금문교에서 열린 난간 상부의 자살예방용 방벽 축조 찬성집회에서 한 목사는 600여 명 추종자를 대상으로 이 다리가 지닌 힘을 설명하려고 애썼다. 견줄 데 없이 화려한 아르데코풍 금문교가 상징 차원에서도 경쟁을 불허하며, 대륙의 끝을 내려다보는 문턱이자 그 너머의 공허로 이어지는 통로라고 연설하던 목사는 차츰 횡설수설하더니 자신은 그 자리에 선 것만으로도 자살하고픈 기분이 든다고 내뱉는 것이었다. 그는 이어서 금문교는 "인간의 창조력과 천재적인 기술력, 그리고 사회적 실패의 상징이다."라고 덧붙였다.

경외감을 불러일으키는 금문교의 측면을 찬미하던 목사가 갈수록 논리를 잃으며 다리가 사회적 실패이며 자신마저 자살하고픈 기분이 든다고 말한 일화는 그로부터 일 년쯤 후에 발생할 끔찍한 사건의 전조였다. 그는 바로 가이아나의 존스타운에서 900여 명 추종자를 집단자살로 몰고 간 짐 존스였던 것이다. 이 사건에 대해서는 뒤에서 더 자세히 살펴보겠다.

아름답고 장엄한 자연경관 앞에서 발생하는 자살에도 이와 비슷한 메커니즘이 작동되는 것은 아닐까 의문스럽다. 알랭 드 보통 Alain de Botton은 《불안 Status Anxiety》에서 그랜드 캐니언과 같은 장소들의 광대함은 우리 마음을 달래주는데 그 이유는 이 장소들이 끝없는 공간을 표상하며 그런 곳에서는 지위나 능력, 소속감 등의 차이가 하찮게 느껴지기 때문이라고 썼다. 책의 한 구절이다.

> 사람들 간의 차이는 그게 무엇이든 절대적인 힘을 지닌 인간과 광대한 사막, 높은 산맥, 빙하, 바다의 차이에 견줘보면 아무것도 아니다. 광대무변한 자연현상에 비할 때 사람들 사이의 차이는 하찮고 우스꽝스러울 만큼 작게만 보인다.[95]

자연현상의 광대함은 경외감을 불러일으키고 마음을 달래준다. 바로 그 점이 자살을 어떤 식으로든 생명을 북돋워 주는 행위로 생각하는 사람의 마음을 사로잡을 수 있다. 2004년 6월 헬리콥터를 타고 그랜드 캐니언 상공을 관광하던 남자가 안전벨트를 풀고 4,000피트 아래 지상으로 몸을 던져 사망한 사건이 발생했다. 그 사건이 일어나기 직전, 나는 당초 스카이다이빙 사고사로 알려졌으나 수사 결과 자살로 판명된 사건에 관해 설명을 청하는 기자의 전화를 받았다. 이 남자는 스카이다이빙을 시작하기 몇 시간 전에 미리 낙하산 줄을 끊었던 것으로 전해진다. 내가 제시한 납득할 만한 설명이라곤(아직도 추측이자 가설로 본다) 자살을 향한 궤도에 깊이 진입한 사람들의 마음속에서 죽음은 추하지 않은 차원을 넘어 아름답고 생명을 북돋워 주는 존재가 되어버린 나머지 광활한 창공이나 그랜드 캐니언 같은 장소들이 자살에 꼭 들어맞는 배경처럼 느껴질 수 있다는 게 전부였다.

스폴딩 그레이의 자살에 관한 세부 사실들에도 죽음과 안락함의 테마들이 결합되어 있는지 모른다. 경찰에 따르면 그레이는 실종되던 날 저녁 6시 30분에 마지막으로 목격되었고, 같은 날 밤 9시에는 집에 전화를 걸어 여섯 살배기 아들에게 사랑한다고, 집에 돌아가는 길이라고 말했다. 그레이는 조금이라도 더 아들을 보호하기 위해 집에 돌아가는 길이라고 단순한 거짓말을 했을 수 있다. 하지만 그가 사려 깊은 작가이자 아들이 어떤 경험을 하게 될지를 잘 이해했다는 점을(그레이 자신도 어머니를 자살로 잃었다) 고려할 때 아들을 안심시키려는, 이를테면 "이제 괜찮아. 아빠 걱정은 하지 마. 집에 다 왔어."와 같은 메시지를 남긴 것은 아닐까, 그리고 스스로도 그 메시지를 믿고 있었던 것은 아닐까 싶다.

내 생각에 역사상 가장 충격적인 자살은 살인이기도 했다. 그것은 2001년 3월 독일에서 발생한 식인 살인자 아르민 마이베스Armin Meiwes 사건을 가리킨다. 마흔한 살의 컴퓨터 전문가 마이베스는 2001년 초 마조히즘과 식인주의 따위를 주로 다루는 사이트에 '도살할 젊고 건장한 남자들'을 찾는다는 광고를 내고 마흔세 살의 베른트 위르겐 브란데스를 만난다. 마이베스는 자발적으로 집에 따라온 브란데스를 그의 동의하에 살해했다. 그 잔혹한 사건을 두 시간짜리 비디오에 담았으며, 이후 몇 달에 걸쳐 그 시체를 먹었다.

비디오에는 몹시 끔찍하고 기괴한 장면들과 함께 두 가지 중요한 사실이 담겨있다. 먼저, 브란데스는 논리적으로 사고하는 듯하고 정신질환의 기미도 없어 보인다. 그리고 그는 자신의 살해에 대해 진정으로 완전하게 동의하는 것 같다. 이 사실들은 마이베스의 재판에서 핵심 요소로 작용했다. 독일에는 식인 행위를 금하는 법률이 없기 때문에 검찰에게는 살인 혐의와 일종의 과실치사 혐의 말고는 다른 선택지가 주어지지 않았다. 살인으로 유죄판결을 받을 확률은 낮았다. 피살된 브란데스의 정신이 온전해 보였으며 죽여줄 것을 반복적으로 요청했기 때문이다. 마이베스는 결국 살인보다 낮은 혐의로 유죄판결을 받고 가석방 가능성이 있는 8년 6개월 징역형을 선고받았다.

브란데스의 불가해한 자살을 어떻게 보아야 할까? 브란데스에 대해서는 알려진 사실이 많지 않다. 그의 자살기도 전력 여부를 알 수 있으면 좋겠다는 생각이 든다. 분명한 것은 그가 극도의 마조히즘 성향을 갖고 있었고 살해되어 먹히는 공상을 자주, 그것도 격렬하게 했다는 점이다. 참으로 유별난 자살 방법에 대한 정신적 연습의 한 형태였을 것이다. 하지만 극도의 마조히즘만으로 브란데스의 죽음이 온전히 설명될 수는 없을 것 같다. 극도의 마조히즘 성향을 지닌 사람이야 수없이 많지만 브란데스와 같은 식으로 죽은 사람을 나는 더 알지 못한다. 내가 보기에 브란데스의 몹시 독특한 정신상태는 죽음과 삶의 이미지를 감정적으로 융합하는 자살경향성 환자들과 유사한 데가 있다. 그의 죽음이 자신의 욕망을 긍정하고 가장 깊은 소망을 충족시켜 준 반면, 우리에게는 몹시 끔찍한 사건이었을 뿐이다. 그와 우리의 시각 차는 심각한 자살행동의 궤도로 깊숙이 진입한 사람들과 나머지 일반인들 사이에 존재하는 격차를 반영한다. 어쩌면 코베인이 '탯줄 올가미' 또는 '나는 나 자신의 기생충' 같은 표현을 쓰게 된 바로 그 과정이 브란데스에게서 무섭게 증폭되어 끔찍한 행동으로 이행된 것일지도 모른다.

대다수 인간에게 죽음은 두려움의 대상이지만, 이 공포가 침식될 때 행동 및 심리상의 변화가 일어난다. 행동 측면에서 죽음의 두려움에 익숙해진 사람들은 극단적인 형태의 자해 능력을 얻게 되고, 심리적 측면에서 죽음을 매혹적일 뿐만 아니라 생명을 북돋워 주는 존재로 바라보게 된다. 이런 현상은 죽음에 극도로 익숙해져서 더는 혐오감을 느끼지 않고, 나아가 죽음을 고통과 괴로움이 사라지도록 해주는 존재이자 긍정적이고 아름다운 그 무엇으로 간주하며 매혹될 때만 발생한다는 것이 내 의견이다. 우리 대부분이 이 같은 관념을 이해하기 힘들어한다는 사실은 심각한 자살행동 능력을 개발할 때까지 행동과 심리 양면에서 얼마나 먼 길을 걸어야 하는가를 반증한다.

이 책이 제시하는 이론모델은 치명적 자해를 가할 수 있는 습득된 능력은 심각한 자살경향성, 그중에서도 완성된 자살에 꼭 필요한 선결 요건임을 예증한다. 이 습득된 능력은 고통과 부상, 죽음 자체에 대한 두려움 없는 대담성을 포함하고, 반복적인 자해에 내포된 강화적 속성도 포함될 수 있다. '자연 최강의 본능을 뛰어넘는' 이 능력은 어떻게 습득되는 것일까? 이 책의 이론모델에 따르면 고통스럽거나 도발적인 자극, 그중에서도 특히 (그뿐인 것은 아니지만) 고의적이고 반복적인 자해 경험을 통해서라는 것이 답이다. 이런 과정이 진행되는 동안 사람들은 심한 부상을 초래하는 행동에 기꺼이 노출되며 죽음 및 죽음과 관련된 것들을 각별한 시각으로 보게 된다.

다양한 방법으로 심각한 자해 능력을 습득했다고 해서 반드시 자해를 욕망하는 것은 아니다. 한 예로 카레이서들은 대다수에게는 괴롭기 짝이 없을 상황에 익숙해져야 하고, 따라서 두려움과 고통을 내려다볼 능력을 개발한다. 하지만 그렇게 습득한 치명적 자해 능력은 전체의 한 부분일 뿐 그들의 자살 위험성은 높지 않다. 심각한 자살행동은 자살에 대한 욕망, 그리고 그것을 실행할 수 있는 습득된 능력을 동시에 요구한다. 하트 크레인과 스폴딩 그레이는 이 치명적인 조합을 잘 보여주는 사례다. 두 사람 다 치명적인 자해 능력을 개발했고 (과거의 자살기도와 기타 도발적 경험들을 통해), 소속감과 효능감을 느끼는 데 어려움을 겪었다.

자살욕망은 효능감과 유대감을 느끼고자 하는 기본적인 욕구가 좌절될 때 일어난다는 것이 내 의견이다. 슈나이드먼은 "우리가 명심해야 할 기본 규칙은, 바로 고뇌를 줄이면 치사성도 줄일 수 있다는 것이다."라고 말한 바 있다.[96] 내가 보기에 이 말은 아주 틀리지 않지만 꼭 맞지도 않는다.

치사성은 긴 시간 동안 수없이 많은 고통스럽고 도발적인 경험을 통해 축적되는, 지속성 있는 특성이다. 쉽게 왔다 쉽게 사라지는 게 아니라는 뜻이다(최소한 그런 측면이 많지는 않다). 이와 대조적으로 고뇌(여기서는 짐이 된다는 느낌과 좌절된 소속감으로 표현된다)는 왔다가 사라지는 측면이 많다. 따라서 기본 규칙은 이러해야 옳겠다. 고뇌를 줄인다면 그들이 치명적 자해행위를 할 가능성을 줄일 수 있다. 다음 장에서 이 고뇌의 본질을 구체적으로 살펴보기로 하자.

3장

죽음에의 욕망

최근 어머니께 전화를 드려 가족에 관한 이야기를 하던 끝에 어머니가 "내 친구 케빈하고 줄리 부부 기억하지?" 하고 물으셨다. 내가 기억한다고 대답하자, "스티브라고, 그 아들도 기억하니? 너보다 딱 한 살 아래였는데." 하셨다. 기억이 가물가물하다고 대답했더니, 어머니는 이렇게 말씀하셨다. "스티브에게 끔찍한, 정말이지 끔찍한 일이 일어났단다. 그 애가 글쎄 지난주에 여자친구가 출근하고 나서 목을 맸다지 뭐냐." 나는 죽기 전 스티브의 정신상태가 어땠는지(누가 봐도 행복해 보였다고 했다) 형편은 어땠는지(직업을 찾는 데 애를 먹었지만 여자친구와 행복하게 살고 있었다고 했다) 따위의 의례적인 질문을 던졌다. 이 대화에는 고통스러운 기류가 깔려있었다. 내 아버지이자 어머니의 남편 또한 여러 해 전 자살로 돌아가셨다. 그 기류란 굳이 말로 표현하지 않아도 이미 명백한 한 마디의 질문이었다. '왜?' 내 아버지는 왜 그러셨을까? 스티브는 또 왜 그랬을까?

그날 늦은 밤 나는 인터넷에서 스티브의 이름을 검색해 그의 부고기사를 확인하고, 사람들이 조의를 표하며 고인에 대한 추모의 말을 남길 수 있는 가상 방명록을 찾아냈다. 거기에는 그의 직장이나 직종에 대한 언급은 전혀 없는 대신 "스티브는 최근 *「* 독교도로 다시 세례를 받고 스프링 뷰 교회의 신도로 출석했으며 새롭게 찾은 신앙 안에서 커다란 기쁨을 누렸다."라는 글이 올라와 있었다.

신앙 안에서 커다란 기쁨을 누리면서도 30대의 나이에 자살로 숨을 거두었다. 내 아버지 역시 신앙심이 깊고 교회일에 열심이셨지만 50대에 자살로 세상을 떠났다.

삶에 대한 욕망, 달리 표현해 삶을 지탱해주는 욕망은 단지 신앙이나 종교에 관한 것이 아니다. 그랬다면 스티브도 내 아버지도 아직 살아있을 것이다. 그렇다면 과연 무엇일까? 직업적 성공도 완전한 답은 못 된다. 매우 만족스러운 직업을 가지고도 자살을 생각하는 사람들이 많은 것만 봐도 알 수 있다. 게다가 자살사망자 중 많은 수가 성공적인 경력을 누린 것으로 밝혀지기도 했다. 돌아가시기 6주 전, 아버지는 주식 거래를 통해 거액의 돈을 버셨다. 1930년대에 유년기를 보낸 아버지는 그와 같은 거래를 성사시키기 위해 평생을 일하셨다. 아버지는 바로 그것이, 신앙과 가족과 더불어 당신 필생의 욕망이라고 여기셨는지 모르겠다. 그로부터 6주 후 발생한 아버지의 죽음은 아버지가 무언가 잘못 생각하셨던 것임을 말해준다.

하지만 어떻게 잘못 생각하신 것일까? 저명한 심리학자들은 인간의 동기와 본성을 이해하기 위한 방법 중 하나로 심리적 욕구들을 고려해왔다. 이 욕구들을 모아놓은 목록이 여럿 되는데, 기본적인 전제는 사람들이 그 욕구들을 충족시키려는 의욕으로 충만해 있다는 것이다. 이 이론에 따르면 욕구가 충족될 때 행복과 건강이 성취된다. 물론 그걸 뒤집어보면 욕구들이 좌절될 때는 수많은 문제에 봉착한다는 것이 되겠다.

이 주제에 관해 가장 널리 알려진 연구를 남긴 사람은 아마도 헨리 머레이[1]일 것이다. 그는 자율, 보살핌, 놀이, 이해, 지배, 성취를 비롯해 모두 스무 가지의 욕구를 확인해냈다. 머레이로부터 큰 영향을 받은 슈나이드먼도 이 욕구들을 강조했으며 그것들이 좌절될 때 심리통과 자살경향성을 유발한다고 주장했다.[2] 이 이론가들은 내 아버지가 교회에 성실히 출석하고 직업적인 성공을 거두었지만 무언가가 결핍되어 있었다고, 그의 근본적인 욕구들 중 어떤 것이 아직 충족되지 않고 있었다고 추측했을지 모른다.

하지만 어떤 욕구 말인가? 도대체 얼마나 많은 욕구가 존재하며, 다른 것보다 특별히 더 중요한 욕구가 따로 있는 것일까? 스무 가지나 되는 욕구를 포함하는 모델이라면 (욕구에 기초한) 자살이론으로서 문제가 있다. 종류가 그토록 많다면 당연히 누구나 한두 가지 좌절을 맛볼 수밖에 없다. 그럼에도 극소수 사람들만 자살을 시도하고 그들 중 극소수만이 자살로 사망한다는 사실을 어떻게 이해해야 할까?

이 문제를 인식했던 머레이는 "많은 경우 의존충동은 소속에의 욕구(타인들과 우호적인 관계를 형성하고 유지하고자 하는 기본적 경향)의 부속물이다."[3]라고 쓴 바 있다. 나는 머레이가 소속에의 욕구를 상위개념으로 보았다는 것에 흥미를 느낀다. 왜냐하면 (이미 언급했고 이 장에서 더 자세히 설명할 예정이듯) 나 또한 같은 생각이고 특히 이 욕구의 좌절이야말로 자살욕망의 주요 구성요소 중 하나라고 믿기 때문이다.

슈나이드먼은 자살에 관해 쓴 글에서 "실질적으로 보면 대부분의 자살은 각기 다른 심리적 고통을 수반하는 다섯 가지의 좌절된 심리적 욕구 중 하나에 기인한다."[4]라고 말했다. 좌절된 사랑, 단절된 관계, 공격받은 자아상, 손상 입은 통제력, 그리고 좌절된 지배욕과 관련된 과도한 분노가 그것들이다.

이에 대한 나의 해결책은 다른 대부분의 욕구를 충족시키면서 동시에 좌절된 욕구들까지 보상할 두 개의 기층욕구를 가정하는 것이다. 이 두 개의 기층욕구가 모두 좌절될 때 죽음에의 욕망이 싹튼다. 위에 열거한 다섯 가지의 좌절된 욕구는 모두 중요하지만, 좌절된 소속감(좌절된 사랑, 단절된 관계), 그리고 짐이 된다는 느낌(공격받은 자아상, 손상 입은 통제력, 좌절된 지배욕과 관련된 과도한 분노)이라는 두 가지 주요 범주로 뭉뚱그릴 수 있다.

첫 번째 기층욕구는 소속감이다. 소속에 대한 이 욕구는 '빈번한 상호작용과 지속적인 보살핌의 결합'[5]을 필요로 한다. 다시 말해서 소속욕구의 완전한 충족은 타인과의 교류 및 보살핌을 받는 느낌 등 두 가지 요소로 이루어진다. 소속욕구를 충족시키기 위해서는 상호작용이 빈번하고 긍정적이어야 한다. 안정된 관계 내의 상호작용은 대상이 자꾸 바뀌는 관계보다 훨씬 온전하게 소속욕구를 충족시켜준다(즉, 높은 수준의 안정성). 보살핌을 받는 느낌은 있으되, 대상과 대면 교류가 없다면 소속욕구는 일부만 충족된다(즉, 더 가까운 거리). 이 책이 제시하는 자살행동 이론모델에 따르면 충족되지 않은 소속욕구는 자살욕망을 유발한다. 자살경향성이 높은 사람들은 그들의 소속욕구를 채워주지 못하는 상호작용을 경험하거나(예를 들어 불쾌하거나 불안정하거나 뜸하거나 멀리 떨어져 있는 관계) 타인들과 유대를 맺고 보살핌을 받는 느낌을 갖지 못하는 것일 수 있다.

두 번째 기층욕구는 효능감이다. 유능하다는 느낌에 대한 이 욕구가 좌절되면서 스스로를 무용한 존재로 느끼는 것은 참으로 고통스러운 경험이다. 스스로가 쓸모없는 나머지 사랑하는 사람들에게 위협과 짐이 된다는 느낌은 더욱 고통스럽고, 따라서 죽음에의 욕망이 고개를 들 수 있다. 이 책이 제시하는 이론모델의 시각은 쓸모없다는 느낌이 자살욕망을 부추기고, 타인들에게 짐이 될 만큼 쓸모없는 존재라는 느낌은 모든 자살욕망의 가장 강력한 원천 중 하나라는 것이다.

스스로를 타인들에 대한 짐으로 보는 사람은 부정적인 자아상을 지니고 삶에 대한 통제력을 상실한 느낌을 갖게 된다. 나아가 자신의 무능함이 타인들에게까지 영향을 미친다는 생각이 유발하는 온갖 부정적인 감정에 시달린다.

좌절된 효능감: 자신이 짐이라는 느낌

스스로에 대한 실망은 즐겁지 않은 일이지만 적어도 본인에게만 영향을 미친다는 점에서 얼마간 통제된 경험이다. 그러나 소속집단을 실망시킬 경우, 스스로에 대한 실망에서 발생하는 부정적 측면뿐 아니라(자신도 집단의 일원이므로) 자신의 무능함이 타인들에게까지 좋지 않은 영향을 미친다는 감정을 경험한다.

사소한 예를 하나 들어보겠다. 나는 부상과 출장 등의 사유로 두어 주 빠졌던 축구 모임에 최근 복귀했지만, 좋은 경기를 펼치지 못했다. 또 부상 당하면 어쩌지, 하는 염려로 소극적이었던 데다 두어 주의 결장 탓인지 기운도 나지 않았다. 나는 스스로에게 실망했으며 팀 동료들도 마찬가지일 거라는 느낌에 사로잡혔다. 유쾌하지 않았다.

그런데도 왜 나는 그만두지 않았을까? 그리고 왜 동료들은 내가 그만두기를 원하지 않았을까? 무엇보다 맡은 소임을 완수하고 팀에도 기여해 온 나의 실적을 나도 그들도 기억했기 때문일 것이다. 아울러 부상과 결장으로 인한 자신감과 에너지 부족이 교정 가능하리라, 다시 말해서 시간이 가고 훈련을 더 한다면 내가 회복되리라 이해하고 희망했기 때문일 것이다.

만일 내가 그 부족함이 교정될 수 없는 문제이고 나는 팀에 짐일 뿐이며 앞으로도 영원히 그러리라고, 동료들도 같은 생각일 거라고 판단했다면 어떻게 되었을까? 그랬다면 나는 팀을 떠났을 것이다. 나 스스로 다른 사람들에게 짐이 될 뿐이라고, 시간과 훈련을 투자해도 문제는 교정될 수 없으며 그러니 팀을 떠나는 것만이 유일한 해결책이라는 결론에 도달했을 것이다.

이 사소한 예가 자살을 심각하게 고려 중인 사람들의 생사가 걸린 중대한 심리과정에 똑같이 적용될 수 있다고 나는 믿는다. 그들은 스스로 무능하고 무력하다고 느끼며, 자신의 무능함이 다른 사람들에게까지 영향을 미친다고 여긴다. 마지막으로 그들은 모든 사람에게 부정적인 영향을 미치는 이 무능함이 영속적이고 변함없는 것이라고 예단하면서 타인에게 짐이 된다는 느낌과 갈수록 악화하는 수치심을 안고 살 것인가, 아니면 죽음을 택할 것인가의 갈림길에 선다.

나는 '짐이 된다는 느낌'에서 '느낌'이라는 단어를 강조하고 싶다. 자살을 생각하는 사람들은 스스로를 짐이라고 느끼고, 이 상태가 영

3장 죽음에의 욕망

속적이고 변함없는 것이라고 느끼며, 죽음만이 문제 해결 방안이라고 본다. 그들의 그 느낌이 틀렸음을 지적하는 일이 매우 중요하다. 사실 그 작업이야말로 자살증상에 대한 심리치료의 기초가 된다. 느낌이란 것은 맞든 틀리든 행동에 영향을 미친다. 그리고 짐이 된다는 느낌은 자살행동에 분명히 영향력을 행사한다는 것이 내 의견이다.

다른 사람들이 우리를 어떻게 보고, 또 우리가 스스로를 어떻게 보는지가 생사를 가르는 문제임을 깨닫기는 어렵지 않다. 르네상스 시대부터 제1차 세계대전 무렵까지 유럽 사회에서 흔히 볼 수 있었던 죽음의 결투를 예로 들어보자. 결투는 수십만 유럽인의 목숨을 앗아갔는데, 원인은 대부분 사소한 것이었다(1678년 파리에서는 아파트가 몰취미하다는 촌평이 화근이 되어 결투로 이어졌고, 앙고라 고양이의 주인이 누구냐를 놓고 결투가 벌어지기도 했다).[6] 원인은 사소했을지 몰라도 결투 자체는 심각했다. 어른거리는 죽음의 그림자 때문이기도 했지만, 스스로는 물론 타인의 눈에 비치는 자신의 위신과 관련되기 때문이기도 했다. 어떤 사회에서는 결투에서 이기고 나면 남자로서의 입지가 강화되고, 결투를 피한 도주는 죽음보다 못한 치욕을 의미했다.

이제 결투 따위는 한낱 과거사일 뿐일까? 그렇지만도 않은 것 같다. R. E. 니스벳R. E. Nisbett과 D. 코언D. Cohen이 이끄는 연구진은 명예문화에 관한 흥미진진한 연구를 진행했다. 미국 "남부와 서부에서는 평판, 자아, 가정 또는 가족에 대한 모욕과 위협이 심각하게 받아들여지고 폭력으로 대응되곤 하는 '명예문화'가 형성되었다."[7] 연구진은 실제로 미국의 남부와 서부에서 특정 형태의 폭력(위협에 맞서 범하는 살인 등)이 다른 지역에 비해 더 많이 발생한다는 사실을 입증했다. 명예를 잃었다고 느끼는 이 지역 주민이라면 자살 경향이 특히 높을지도 모른다. 명예문화가 성한 지역에서는 정말 자살이 더 많이 발생할까?

흥미롭게도 판이한 문화 전통을 지닌 알래스카주(자살률 여섯 번째 주로 집계되었다)만 빼고 자살률 상위 15개 주는 뉴멕시코주, 몬태나주, 네바다주, 와이오밍주, 콜로라도주, 웨스트버지니아주, 아이다호주, 오클라호마주, 오리건주, 애리조나주, 아칸소주, 플로리다주, 유타주, 사우스다코타주, 델라웨어주 등 하나같이 명예문화가 융성한 지역들이었다. 자살률과 명예문화의 연관성은 살인과 명예문화의 연관성보다도 훨씬 더 높다. 자살률 상위 15개 주 가운데 11개 주는 살인율 상위 15개 주에도 속하며, 남부와 서부에 해당하지 않는 주들 중 살인율 상위 15개 주에 속하는 네 개 주는 일리노이주, 인디애나주, 미시간주, 그리고 미주리주다.

스스로가 유능한 존재이며 타인들에게 짐이 되기보다는 오히려 도움을 주는 존재라는 느낌은 삶의 원동력이 된다. 반면 무능하고 무력하다는 느낌은 생명력을 고갈시킬 수 있다. 동물들을 대상으로 한 '학습된 무력감' 실험은 이 점을 잘 보여준다. 이 실험에서 일군의 동물들은 도피가 불가능한 불쾌한 자극(충격 등)에 노출되어 무력감을 습득한 반면, 다른 동물들은 불쾌한 자극에 노출되었으나 도피할 수 있어서 무력감이 학습되지 않았다. 무력감은 수동성이나 식욕부진 같은 형태로 발현되면서 동물들의 생존 의지를 억제하는 것으로 나타났다.[8] 마틴 셀리그먼Martin Seligman은 무력감을 지니지 않은 쥐들은 익사하지 않으려 며칠이고 헤엄을 친 데 비해 무력감이 학습된 쥐들은 곧바로 익사한 실험 결과를 통해 이와 동일한 진단을 내리기도 했다.[9]

한편 생존의지와 밀접하게 연관되며 짐이 된다는 느낌의 대척점에 있는 자기 효능감은 만성 폐쇄성 폐질환COPD: chronic obstructive pulmonary disease 환자들을 대상으로 한 연구에서 생존의 중대한 예측요소로 나타났다.10) 그런가 하면 최고 23년 전부터 시작된 한 추적조사 결과는 노화에 대해 긍정적인 느낌을 지닌 사람들은 나이, 성별, 사회경제적 지위, 외로움, 기능성 건강 등의 변수들을 참작한 연후에도 그렇지 않은 사람들에 비해 평균 7년 반을 더 살았음을 보여준다.11) 스스로를 짐이 아니라 도움이 되는 존재로 느끼는 효능감은 이처럼 문자 그대로 생명을 구할 수도 있다.

짐이 된다는 느낌이 자살행동에 매우 구체적이고 분명한 역할을 하는 문화권이 있다. 가령 세인트로렌스섬의 유이트Yuit 에스키모에게는 병약하거나 노쇠하여 집단의 생존에 위협이 된다고 간주되는 사람들을 대상으로 사회의 공식 재가를 받은 의식ritual 자살을 통해 문제를 해결하는 전통이 있었다고 알려진다. 가족들이 희생자에게 직접 활을 쏘거나 목에 밧줄을 거는 등 잔혹한 의식이었다.12) 이 사례의 실체에 대해서는 이견이 분분하지만 에스키모 문화에 유사한 풍습이 있다는 사실은 여러 번 확인됐다.13) 사회에 짐이 되는 사람에 대해 의식 자살을 재가하는 문화가 존재했다는 설득력 있는 일화적 증거다. 고대 그리스의 케오스Ceos섬을 또 다른 예로 들어보자. 그곳에는 예순이 넘은 사람은 누구나 다음 세대를 위해 헴록 독약을 마시고 자살해야 한다는 법이 있었다(실제 집행은 기근이 닥쳤을 때만 이루어진 듯하다).14)

고대 스키티아Scythia에서는 너무 노쇠해 유목 생활에 동참하고 기여할 수 없게 되면 자살하는 것이 큰 명예로 받아들여졌다. 퀸투스 쿠르티우스Quintus Curtius는 스키티아인들에 대해 이렇게 묘사했다. "그곳에는 현자의 이름이 주어진 거칠고 짐승 같은 사내들이 있었다. 그들은 죽음의 시기를 예견하며 눈빛을 반짝이다가 노령이나 질병에 시달리게 되면 곧바로 스스로의 몸을 불살랐다."[15]

뉴스 사이트 '아나노바Ananova.com'는 2004년 말레이시아에서 한 노부부가 자신들이 살던 아파트 건물 15층에서 투신한 사건을 보도했다. 사유는 가족들에게 짐이 되고 싶지 않다는 것이었다. 유서에는 "병들어 죽기를 기다리다가는 너희 모두에게 크나큰 불편만 끼칠 것이다."라고 적혀있었다. 뉴기니의 루시Lusi족 미망인들의 의식 살인은 본질적으로 자살에 가까워 보인다. "루시족 미망인들은 자녀들에게 의존하느니 차라리 죽기를 택한다. 반면 루시족 홀아비들은 짐으로 간주되지 않고 일가 친족들에 의해 의식 살인을 당하지도 않는다."[16]

이런 사례들은 짐이 된다는 느낌이 자살행동에 미치는 영향뿐만 아니라 뒤르켐의 이타적 자살 개념과의 연관까지 함께 보여준다. 뒤르켐은 개인들이 사회집단에 너무도 깊이 통합된 나머지 개인성이 퇴색하고 집단의 이익을 위해 자신을 기꺼이 희생하겠다고 각오하는 경우 이타적 자살이 발생한다고 생각했다. 이 책의 이론모델 또한 다른 사람들에게 득이 된다는 느낌에서 비롯된 자기희생을 조명한다. 하지만 사람들이 집단에 긴밀히 연계될 때 자기희생이 주로 발생한다고는 보지 않는다. 오히려 (좌절된 소속감 부분에서 상세히 설명하겠지만) 그 반대라는 견해다.

짐이 된다는 느낌이 자살행동에 어떤 역할을 하는지를 보여주는 유서들도 있다. 한 일흔 살 남자는 "적자생존. 안녕. —생존부적격자"라는 유서를 남겼다.[17] 커트 코베인의 유서 마지막 줄은(아내 코트니에게 딸 프랜시스에 관한 당부를 하고 있다) 짐이 된다는 느낌과 자살의 연관에 대한 실질적 증거를 제공한다. "코트니, 내가 없어서 훨씬 더 행복할 프랜시스와 그 아이의 인생을 위해 기운을 내주기 바라오." 감전 자살을 한 10대 소녀의 유서에는 "나는 너무 나쁜 인간이었어요. 여러분은 이제 나 없이 살 수 있게 됐어요."라고 쓰여 있었다.

슈나이드먼의 유서 사례 중에는 이런 것들도 있다. "인생을 살아낼 수가 없어요. 나는 힘없는 열두 살 소녀 같아요."(자상을 가해 자살한 일흔네 살 사별 여성), "온갖 실패와 좌절들이 날 짓누르는 듯해요."(총격을 가해 자살한 마흔아홉 살 기혼남).[18]

슈나이드먼이 제공한 유서들 중 가장 강력한 사례는 아마도 전남편과 딸들에게 쓴 한 여자의 유서일 것이다. 그녀는 전남편에게 "딸아이들에게는 행복한 부모가 필요해요. 병들고 뒤죽박죽인 엄마는 안 돼요. 어차피 여기저기 쓸 돈도 모자라는 형편에, 약값이나 병원비로 남은 돈을 탕진하면 뭐 하겠어요."라고 썼고, 딸들에게는 "내가 한 짓을 용서하려고 노력해주었으면 한다. 아버지가 너희한테 더 좋은 부모 노릇을 해줄 거야. 처음엔 힘들겠지만 차차 지금보다 훨씬 쉬워지겠지. 난 너희들을 온통 혼란스럽게만 하고 있잖니."[19]라고 덧붙였다.

이런 사례는 또 어떤가? "내가 살아있지 않아도 아무 상관 없을 사람들의 목록을 만들기 시작했어요. 난 전 남편한테 좋은 아내가 아니었으니까, 내가 없어도 힘들어하지 않을 거예요. 난 좋은 엄마도 아니었던 것 같아요. 내가 사라져주면 모두가 짐을 벗고 틀림없이 더 나은 삶을 살게 될 거예요. 목록을 만드는 이 순간, 나는 정말로 그들에게 친절을 베푸는 듯한 느낌이 들어요."[20]

앨버레즈는 일생의 대부분을 정신병원에서 보낸 한 남자의 말을 들려준다. "내가 자살한다면 그것은 나 자신을 파괴하기 위해서가 아니라 나 자신을 되살리기 위해서예요. 내게 자살은 나 자신을 극적으로 재정복하는 유일한 수단이죠. 자살을 통해 나는 내 본성을 다시 불러올 거예요. 난생 처음으로 세상에 내 의지를 표현할 거예요."[21] 다른 말로 하자면 "나는 나 자신이 쓸모없다는 느낌에 너무도 시달린 나머지 극적인 효과를 발휘할 수 있는 유일하고 확실한 방법, 곧 자살에 의한 죽음에 골몰하는 거예요." 정도가 되겠다. 남자의 말에서는 심각한 자살행동에서 이따금 발생하는 삶과 죽음의 융합 현상까지 드러난다. 2장에서 소개한 슈나이드먼의 아리엘 사례에서, 그녀는 공동묘지의 풍경을 '기품 있고 우아'하다고 느꼈다. 아리엘이 자살로 인한 죽음을 아름다움이나 애정이 깃든 보살핌과 연결짓는 데 반해 남자는 자기 삶의 주인이 되고 자기 의지를 천명하는 생명력과 연결짓는 듯하다. 아리엘이 자살을 어디엔가 소속되어 보살핌을 받기 위한 수단으로 보는 유형이라면 남자는 유능한 존재라는 느낌을 갖기 위한 수단으로 보는 유형이다. 이 두 유형은 앞서 언급한 두 가지 기층욕구, 즉 좌절된 소속감과 짐이 된다는 느낌에 호응한다.

쓸모없다는 느낌이나 짐이 된다는 느낌과 자살욕망 사이의 연관은 연구사례를 통해서도 입증되고 있다. 이제 자살경향성을 포함한 우울증 증상들과 특히 사회 영역에서의 무능감 간 관계 전반에 관한 연구를 개관하자.

사회적 기술과 우울증

우울증과 자살경향성이 사회적 기술이란 문제와 연관돼 있다는 데는 이견이 거의 없다.[22] 우울증을 지닌 사람들은 그렇지 않은 사람들에 비해 자신의 사회적 기술을 시종일관 부정적으로 평가한다.[23] 이는 성인만이 아니라 어린이 우울증 환자에게도 적용되는 사실이다.[24]

우울증과 자살경향성이 연상시키는 비관적 시각을 생각하면 우울증 환자들이 자신의 사회적 기술을 부정적으로 평가한다는 건 그리 놀랍지 않다. 하지만 그 부정적 평가는 객관적일까? 다시 말해서 다른 사람들도 이들의 사회적 기술을 부정적으로 평가할까? 관찰자나 대화 상대들이 우울증 환자의 사회적 기술을 평가한 결과를 살펴보면 통상 우울증 환자의 사회적 기술이 대조표준에 비해 낮게 평가되는 것은 사실이다.[25]

우울증을 지닌 사람과 그렇지 않은 사람의 의사소통 방식을 조사한 연구에 따르면, 우울증 환자들은 그렇지 않은 사람에 비해 더 느리고 더 조용하며 억양 변화도 없다. 더 작은 소리로 말하고, 말 사이의 휴지부가 더 길며, 질문에 응답하는 속도도 더 느리다는 결과가 나타났다.[26] 말의 억양과 속도는 대화의 생기나 호소력 같은 속성과 관련이 있다. 우울증과 자살경향성을 가진 사람들의 말에는 이런 요소가 결여되므로 다른 사람들에게 부정적인 인상을 주기 십상이다.

이런 외적 특질뿐 아니라 말의 내용에 미치는 우울증의 영향도 연구되었다. 한쪽이 우울증을 앓는 부부들을 조사한 결과, 그들의 대화에 불쾌한 감정과 부정적인 자기평가를 포함한 주제가 등장할 확률이 높았다.[27] 우울증이 있는 사람들은 배우자와 함께 부정적인 문제들에 관해 이야기할 때 가장 활발한 표현력을 보이는 것으로 나타났다.[28] 그런가 하면 우울증이 있는 사람들은 친밀한 대상과 대화에서 (전혀 모르는 사람이나 그저 좀 아는 사람과의 사이보다는) 부정적인 상호작용을 일으킬 가능성이 특히 높다는 증거가 있다. 한 예로 우울증이 있는 학생과 그렇지 않은 학생이 친구 또는 낯선 사람과 '그날 있었던 일들'에 관해 대화를 나누도록 한 결과, 우울증이 있는 학생들은 낯선 이와 이야기할 때는 부정적인 대화를 억제한 반면 친구와 이야기할 때는 부정적인 내용을 털어놓는 경향이 높았다.[29] 우울증이 있는 사람들이 그렇지 않은 사람보다 (묻지 않았음에도) 자신에 대한 부정적인 사실을 공개하는 경향이 더 높다는 결과를 발표한 연구도 있다.[30] 따라서 우울증을 앓고 자살을 생각하는 사람들은 타인, 특히 가까운 사람들에게 자신에 대한 부정적인 시각을 심어줄 가능성이 높다.

이 연구들은 자살경향성을 위시한 우울증 증상들이 사회적 무능감과 연관되며 그것은 특히 가까운 관계망에서 나타날 수 있음을 보여 준다. 짐이 된다는 느낌의 극단적 형태인 무능감이 자살경향성과 깊은 연관을 갖는다는 이 책의 관점과 대략 일치하는 결과지만, 짐이 된다는 느낌과 자살경향성의 연관에 초점을 맞춘 연구라면 더욱 만족스러울 것이다. 그 같은 사례들을 아래에 소개한다.

짐이 된다는 느낌은 자살경향성의 한 원인이다

내가 알기로 짐이 된다는 느낌과 심각한 자살행동의 연관 가능성을 직접적으로 테스트한 연구는 다섯 가지인데, 모든 연구에서 연관이 있다는 결론에 도달했다. 그 가운데 하나는 데카탄자로DeCatanzaro의 자기보존과 자기희생 모델을 시험한 것이었다.[31] 이 모델은 사회생물학 또는 진화론적 관점에서 번식 가망이 낮은 사람의 경우 살아있는 것이 오히려 조직의 총체적 건강을 저해할 수 있으며, 그의 생존 자체가 가까운 친족에게 커다란 짐이 되고 그들의 번식 기회를 앗아간다고 주장한다. 그러므로 이 관점의 요지는 자살행동은 진화과정에서 선택되었을 수 있다는 것이다. 논란을 일으키는 이 주장에 대해서는 뒤에서 다시 살펴보겠다.

브라운Brown과 동료들은 대학생들을 대상으로 한 설문조사를 통해 친족에게 짐이 된다는 느낌과 자살경향성 간에 예상대로 상관관계가 있음을 확인했다. 짐이 된다는 느낌은, 개인의 번식가망성 등 기타 변수들을 참작한 연후에도 자살 관련 증상에 대한 독자적이고 구체적인 예측요소로 나타난 것이다.[32]

제자들과 나는 짐이 된다는 느낌과 자살행동 간 연관에 대한 경험적 테스트를 했다. 우리는 평가자들을 훈련해 짐이 된다는 느낌, 절망, 그리고 일반적인 감정적 고통의 차원에서 실제 유서들을 평가하도록 했다. 평가자들은 유서를 하나하나 읽은 뒤 거기서 발견되는 짐이 된다는 느낌, 절망, 일반적인 감정적 고통의 정도를 각각 1부터 5 사이의 수치로 매겼다. 평가자들이 몰랐던 사실은, 그 유서를 쓴 사람 중 절반은 자살로 사망했고 나머지 절반은 자살을 기도했으나 살아남았다는 점이다. 이 연구의 목적은 짐이 된다는 느낌, 슈나이드먼이 강조하는 감정적 고통, 그리고 벡이 강조하는 절망을 상호 비교하는 데 있었다. 통계를 분석해본 결과 자살로 사망한 사람들의 유서는 살아남은 사람들에 비해 짐이 된다는 느낌이 더 많이 포함된 반면, 절망과 감정적 고통의 영향은 발견되지 않았다. 자살로 사망한 사람과 자살을 기도했으나 살아남은 사람의 유서에 대한 엄정한 상호비교 결과인 만큼, 짐이 된다는 느낌이 자살사망의 구체적이고 독자적인 예측요소라는 이 결과의 신뢰도는 매우 높다고 할 수 있다.[33]

같은 보고서에는 또 다른 유서들에 관한 연구가 실려 있다. 모든 유서가 자살사망자의 것이었다는 점이 달랐을 뿐이다. 이 연구 또한 동일한 접근법을 취해 짐이 된다는 느낌, 절망, 그리고 일반적인 감정적 고통이 자살 방법의 치사성과 어떤 관계를 갖는지 조사했다(가령, 스스로 가한 총상이 약물 과다복용보다 비교적 더 치명적인 것으로 간주되었다). 마찬가지로 짐이 된다는 느낌이 치사성의 중대한 예측요소로 나타난 반면, 절망과 일반적인 감정적 고통은 그렇지 않았다. 이 두 연구를 종합해 볼 때 그 결과의 설득력은 더욱 높아진다.

수백여 명의 주민 참가자와 자살 위험이 매우 높은 다섯 개 집단(일반 정신과 환자들과 투옥된 정신과 환자 등)을 대상으로 번식행동, 가족관계의 질, 자살관념에 관해 진행한 설문조사 결과에서도 가족에 대해 짐이 된다는 느낌과 사회적 고립이 자살관념과 특히 밀접하게 관련된 것으로 나타났다.[34] 이 책이 제시하는 이론모델의 3대 요소 중 두 가지인 짐이 된다는 느낌 및 소속감 결핍과 정확히 호응하는 결과다.

제자들과 나는 플로리다 주립대학교 심리학부 클리닉을 찾는 343명의 성인 외래환자를 대상으로 진행한 짐이 된다는 느낌과 자살경향성에 관한 연구를 최근 마쳤다. 진단 결과는 다음과 같다. 기분장애 환자 39%, 불안장애 환자 14.6%, 약물사용장애 환자 6%, 인격장애 환자 12.2%, 적응장애 환자 9%, 기타 장애 환자 18%.

우리는 짐이 된다는 느낌이 과거의 자살기도 횟수 및 현재의 자살 증상 지수와 직접적으로 관련되어 있으며 나아가 인격장애 상태, 우울증 증상, 절망 등 잘 알려진 위험요소들을 참작한 연후에도 이 관계는 발견된다는 가설을 세웠다. 앞서 언급했던 '주방 싱크대' 접근법과 유사한 것이었다. 더불어 짐이 된다는 느낌과 자살경향성 간에 특별한 관계가 있는지를 확인하고 싶었으므로, 비교를 목적으로 절망과 자살지수들(인격장애 상태, 우울증 증상, 짐이 된다는 느낌의 대조표준)의 상관관계를 검토했다. 그러니까 우리의 논리는 자살경향성에 있어서 짐이 된다는 느낌이 중요하다면, 그것과 자살경향성의 상관관계는 절망 등 다른 위험요소만큼 강력해야 한다는 것이었다.

연구결과 짐이 된다는 느낌과 자살경향성 간의 관계가 다시 한번 입증되었다. 특히 짐이 된다는 느낌의 강도 여부가 자살경향성에 밀접한 영향을 끼쳤으며, 그것은 다양한 기타 변수들(나이, 성별, 절망, 우울증 증상, 인격장애 상태 등)을 참작한 연후에도 변함이 없었다.

짐이 된다는 느낌과 자살경향성에 관한 기타 연구들

자살경향성과 짐이 된다는 느낌의 연관성을 직접적으로 시험하지는 않았지만 이 시각과 일치하는 결과를 보여준 몇몇 연구들을 살펴보자. 한 예로 진정한 자살기도와 비자살경향성 자해를 비교한 연구가 있다. 진정한 자살기도란 치명적인 의도와 육체적 부상이 발생한 시도로, 그리고 비자살경향성 자해란 정말 죽겠다는 의도 없이 발생한 피상적인 자상 같은 것으로 규정되었다. 연구진에 따르면 진정한 자살기도는 다른 사람들의 삶을 더 낫게 만들어주겠다는 욕망을 특징으로 하는 경우가 많았다. 반면 비자살경향성 자해는 분노를 표출하거나 자신을 징벌하려는 욕망이 투영된 경우가 많았다.35) '다른 사람들의 삶을 더 낫게 만들어준다'는 것은 짐이 된다는 느낌과 관념상 동일하다. 이 연구는 자살기도자들이 비자살경향성 자해행위자들이라는 설득력 있는 대조표준과 비교되었고, 짐이 된다는 느낌의 영향이 분노 표출이나 자기 징벌과 같은 여타 유의미한 차원과 비교되었다. 그 결과 짐이 된다는 느낌이 가장 중대한 요소로 드러났다는 점에서 특히 유의미하다.

우울증에 빠진 말기 암癌 환자들이 짐이 된다는 느낌에 특히 심하게 시달리리라는 것은 쉽게 짐작할 수 있다. 필리버티Filiberti와 동료들은 집에서 간병인의 간호를 받던 중 자살로 사망한 말기 암 환자 다섯 명을 대상으로 자살에 대한 취약성 요소들을 연구했다.36) 식별된 모든 가능한 요소 중 타인에게 짐이 된다는 느낌이 가장 중요한 두 요인 중 하나로 나타났다. 흥미롭게도 다른 하나는 이 책의 이론모델에 따르면 짐이 된다는 느낌과 관련 있되 조금 약한 유형이라 할 일반 생활능력 상실의 두려움이었다. 한편 자살 위험에 처한 3,005명의 정신과 환자들을 대상으로 했으며 그중 38명이 자살위험 평가 후 두 달 내에 자살로 사망한 연구에서 발견된 9개의 명백한 위험요소 중에도 타인에게 짐이 된다는 느낌이 포함되었다.37) 오라일리O'Reilly와 동료들의 연구도 같은 결론에 도달했다. 자신이 맡았던 환자들의 자살에 관한 정신과 의사들의 보고서를 분석한 연구진은 자살 발생 전 한 달 간 가장 빈번히 확인된 세 가지 변수 중 하나가 '타인에게 짐이 된다는 느낌'이었다고 발표했다. 나머지 두 가지는 사회적 후퇴, 그리고 도움 요청에

대한 타인의 거절로 인한 소속감 좌절과 관련 있는 것들이었다.[38]

짐이 된다는 느낌이 자살경향성과 관련 있다면 해당 환자의 자아관이 다른 사람들의 시각과 특히 큰 격차를 보일 것이라는 추정이 가능하다. 자살경향성 환자와 정신질환자, 비정신질환자 대조표준 집단의 자아관 및 타인에 대한 시각을 비교한 인상적인 연구가 있다. 예상대로 자살경향성 환자들은 다른 두 집단에 비해 더 부정적인 자아관을 표출했다. 우울증을 지닌 사람이 자신의 사회적 기술을 부정적으로 평가했다는 앞선 연구와 유사한 결과다. 한편 주목할 만한 사실은 자살경향성 환자들이 나머지 두 집단에 비해 타인을 더 호의적으로 평가했다는 점이다.[39] 따라서 자살경향성 환자들은 자신에 대해 몹시 부정적인 시각을 갖고 있으며, 그것은 그들이 타인을 보는 시각과 비교할 때 특히 두드러진다고 결론지을 수 있다. 자살경향성 환자들의 자아관과 타인에 대한 시각 사이의 큰 격차는 스스로 짐이라는 느낌, 즉 "나는 한심한 사람이며 특히 괜찮은 타인과 비교하면 더욱더 한심하다"는 관념을 불어넣을 수 있다.

만성질환 환자들을 대상으로 한 연구에서도 이와 비슷한 현상이 발견되었다. 연구진은 배우자의 보살핌을 받는(그리고 건강상의 이유로 배우자에게 보답할 능력이 없는) 만성질환 환자들의 경우, 보살핌을 받는다는 사실 때문에 짐이 된다는 느낌이 강해지고 그로 인해 자살경향성이 상승할 수 있다고 예측했다. 이 가설은 사회적 지원과 건강의 관계에 대한 긍정적인 시각이 지배적인 까닭에 '논박당할 중대한 위험'(포퍼, 1959)에 처했으나, 환자들에게서 사회적 지원과 자살관념 사이의 (긍정적) 상호관계가 발견되면서 살아남았다.[40]

짐이 된다는 느낌 개념은 성인에게 적용될 때는 이해하기가 쉬운 편이다. 자신이 사라져준다면 가족의 삶이 나아질 것이라고 상상하는 실패한 가장의 모습은 비극적일지언정 상상하기 어렵지 않다. 하지만 어린이를 포함한 젊은이들이 짐이 된다는 느낌에 시달린다면 젊은 사람들 또한 자살로 목숨을 잃을 수 있다. 이른바 '소모품 어린이'에 관한 연구의 일환으로 청소년들을 대상으로 짐이 된다는 느낌과 자살 사이의 관계를 고찰한 적이 있다.[41] 연구진은 사춘기 자살경향성 환자들이 정신질환자 대조표준에 비해 높은 소모성 수치를 보인다는 가설을 세웠다. 소모성의 측정기준에는 가족에게 짐이 된다는 느낌이 포함되었다. 예상대로 청소년 자살경향성 환자들은 정신질환자 대조표준에 비해 소모성 수치가 높은 것으로 나타났다.

이 같은 청소년 대상 연구는 짐이 된다는 느낌이 폭넓은 연령대에 영향을 미칠 수 있음을 보여준다. 가족에게 짐이 된다는 느낌과 같은 맥락으로, 많은 어린이의 자살기도가 부모의 요구를 충족시키지 못할 것이라는 '느낌'과 관련되어 있다고 알려졌다.[42] 여기서도 느낌이라는 단어가 강조되어야 한다. 어린이의 자살사망은 부모의 과도한 요구 탓이라는 식의 손 쉬운 설명은 고려할 가치가 없다. 그러나 스스로가 기대에 못 미치며 짐이 된다고 느끼는 사람들이 자살행동 경향이 높다는 설명은 진지한 것이며 많은 연구에 의해 뒷받침되고 있다.

짐이 된다는 느낌의 잠재적 중요성은 학대받은 저소득 흑인 여성들을 대상으로 한 연구에서도 확인되었다. 이 연구를 통해 자살기도 경험자와 자살을 시도해보지 않은 사람을 구별하는 위험요소 및 보호요소가 식별되었는데, 자살기도 경험이 없는 사람과 연관된 보호요소에는 물적 자원 획득 능력뿐 아니라 자기효능감이 포함되어 있었다.[43] 이와 같은 결과는 물적 자원을 받는 것이 수월하며 전반적으로 유능하다고 느끼는 사람은 짐이 된다는 느낌으로부터 보호받고, 상대적으로 낮은 자살경향성을 보인다고 해석될 수 있다.[44]

20세기 초 네덜란드의 자살 통계에서도 짐이 된다는 느낌의 영향이 입증된다. 농촌지방의 노인 자살률이 도시에 비해 높았는데, 그것은 '네덜란드의 농업 구조상 노인들이 스스로를 짐으로 여기게 되는 특성'에 기인하는 것으로 해석됐다.[45]

짐이 된다는 느낌의 관점은 경제적으로 힘든 시기에 자살 발생률이 높아질 수 있다는 사실을 내포한다. 자원이 부족할 때면 짐이 된다는 느낌이 한층 더 무거운 결과를 초래할 수 있다(세인트로렌스섬 유이트 에스키모들의 사회 재가를 받은 자살이 좋은 예다).

이런 견해를 뒷받침하는 통계들은 더 있다. 런던 32개 자치 시의 통계를 보면 빈곤과 자살률 간 의미심장한 연관이 확연히 드러난다. 지리적으로 서로 인접해 있고 문화적 측면 또한 대동소이함에도 사회경제적 변수에 따라 자살률에서 격차를 보이는 지역들을 같은 시기에 분석한 결과라는 점에서 이 연구의 독특한 가치를 찾을 수 있다.[46] 이 밖에도 경제적 풍요가 자살률을 낮추는 요인으로 기능하는 데 반해 경기 침체는 해로운 영향을 미친다는 결론에 도달한 연구들이 몇 개 더 있다.[47] 흑인 남성의 자살 실태에 관한 연구결과, 인종 간 직업 및 소득 격차가 큰 지역일수록 자살 위험이 높다는 사실도 밝혀졌다.[48] 개인적 차원에서도 경제적 어려움이 자살의 위험요소가 된다는 사실을 발견한 연구도 여럿 있다.[49]

진화론적 맥락에서 본 자살행동

자살행동이 진화과정에 유익한 영향을 미쳤다고 확신하는 사람들이 있다. 그 근거 중 하나는 자살이 모든 문화권에 걸쳐 존재한다는 사실이다. 하지만 고통, 손상, 죽음을 초래하는 행동이 대체 어떻게 스스로의 유전자 전달 능력을 증대시켜준다는 것일까?

데카탄자로[50]의 자기보존 및 자기희생 모델에 따르면, 어떤 조건에서는 죽음이 적응에 더 유리할 수도 있다. 특히 번식 가망이 거의 없고 동일한 유전자를 지닌 친족에게 짐이 되는 나머지 그들 모두의 번식 가망성마저 끌어내리는 경우, 죽음을 택하는 것이 오히려 진화적으로 유리한 행위일 수 있다.

적응상의 이익 개념이 인정받기 위해서는 설득력 있는 증거가 다수 제시되어야 한다(증거들은 그러고도 남을 만큼 충분하다). 만일 자살행동이 인류만의 고유 현상일 뿐 영장류를 비롯한 다른 동물들에게서는 나타나지 않는다면 진화 행동이라는 주장은 설득력을 잃는다. 반대로 영장류 등 다른 동물에게서 자살행동이 목격된 사례가 있다면 개연성은 좀 더 높아질 것이다.

자살행동은 인간에게만 일어나는 현상일까? 많은 이들이 그러리라 추정한다. 한 예로, 슈나이드먼의 저서 《자살 심리》[51] 홍보물에는 "자살은 극단적인 심리적 고통에 대한 인간만의 반응이다."라는 구절이 들어있다. 미국의 정신과 의사 해리 스택 설리번은 《현대 정신의학의 개념들 Conceptions of Modern Psychiatry》에서 "우리가 아는 한 인간 하위의 영장류 및 하등동물들에게서는 자살 비슷한 현상은 전혀 발견되지 않는다. 자살은 인간 고유의 행동이다."라고 썼다.[52]

개체수 조절 노력의 일환으로 집단자살을 하는 나그네쥐 사례가 널리 알려져 있지만 사실 이 얘기는 오해에 불과하다. 나그네쥐들이 집단으로 죽는 것은 자살이 아니라 주식主食(서서히 자라는 이끼 종류)이 고갈된 후 집단 이주를 하다 곤경과 혼란을 이겨내지 못하고 많은 수가 폐사하는 현상에 불과하다.

하지만 자살이 전적으로 인류에게만 나타나는 고유 현상이라는 슈나이드먼과 설리번의 견해는 잘못된 것일지 모른다. 동물 자살행동의 가장 명백한 사례는 곤충들, 그리고 조류에서 나타나는 '적응적 자살'이라는 현상이 될 것이다. 진딧물과 진딧물에 기생하는 특정 말벌에 관한 연구가 있다.[53] 말벌 어미가 숙주 진딧물 안에 산란하면 말벌 유충이 진딧물의 몸속에서 내장을 파먹으며 자란다. 성충이 된 말벌은 진딧물의 등을 씹어 구멍을 내고 빠져나온다. 이제 이 기생말벌들은 진딧물 군락에 엄청난 타격을 입힐 수 있다.

기억하겠지만 데카탄자로는 번식 가망이 희박하며 동일한 유전자를 지닌 친족에게 짐이 되는 나머지 그들 모두의 번식 가능성을 끌어내리는 사람은 자기희생을 통해 생존 가치를 증명할 수 있다는 학설을 세웠다. 말벌의 기생 숙주가 된 진딧물이 바로 그런 사람과 같은 처지로 이해될 수 있다. 죽음이 임박했으므로 번식 가망은 희박하고, 기생말벌이 살아남아 다른 진딧물조차 감염시킬 것이므로 친족 진딧물들에게까지 잠재적으로 짐이 되는 것이다. 초기에 기생숙주가 되어 번식을 할 수 없게 된 진딧물들은 그래서 '진딧물 자살' 행위에 빈번히 가담한다. 그들은 고의로 자신이 기생하던 나무에서 땅으로 떨어져 무당벌레 등 천적들에게 잡아먹힌다.

특정 종류의 파리에 의해 기생 숙주가 된 호박벌 일벌들 역시 벌집을 영원히 떠나 죽음을 선택하곤 한다. 기생 숙주가 된 호박벌들이 스스로 죽음을 통해 기생파리들을 죽이고, 나아가 호박벌 군락에서 기생파리의 확산을 막는다는 점에서 이 벌들의 행동은 적응적 자살의 한 예로 볼 수 있다.[54]

조류에서도 비슷한 현상이 발견된다. 기근 상황에서 진화론적 압력으로 인해 형제살해(한배 새끼들 중 하나가 형제를 죽인다), 영아살해(어미 또는 아비가 새끼를 죽인다), 자살(남은 수명이 가장 짧은 일원이 때이르게 둥지를 떠난다)과 같은 행동이 일어난다.[55] 이런 자기희생은 뒤르켐이 집단의 이익을 위한 자기희생이라고 규정한 이타적 자살 개념과 일맥상통한다(그는 전혀 다른 시각에서 봤지만). 중요한 차이라면 적응적 자살은 집단의 이익이 아니라 자신의 유전자를 보호하기 위한 수단이다.

자기 유전자 보호를 위한 희생의 좀 더 구체적인 예는 호주의 붉은등거미redback spider에서 찾아볼 수 있다. 수컷 붉은등거미는 교미 후 자진해 암컷에 잡아먹힌다. 이 행위는 암컷을 차지하기 위한 경쟁에서도 이롭게 작용한다. 즉, 잡아먹히는 수컷은 교미 후 살아남는 수컷에 비해 더 오래 교미하고 더 많은 알을 수정시킨다. 또 암컷 붉은등거미들은 첫 교미 상대를 잡아먹고 나면 다른 수컷의 구애를 거절할 확률이 높다.[56] 붉은등거미의 진화과정에는 이처럼 자기희생 행위가 선택되었다.

인간 외 영장류의 자해 행동은 주로 붉은털원숭이rhesus monkey를 대상으로 연구되어왔다. 보통 제 몸을 물어뜯는 방식이 사용되는데 심한 경우 팔다리를 물어뜯다가 부상을 당하기도 한다. 관련 연구들은 대체로 인간 외 영장류의 자해는 스트레스가 심할 때 스스로를 제어하기 위한 방법이라고 주장한다(자해를 하면 심장박동이 느려진다). 어려서 스트레스를 겪은 동물일수록 이런 행동에 더 취약하다는 사실에서 스트레스의 조기 경험이 정상적인 스트레스 제어능력 개발에 지장을 준다는 추측이 가능하다. 감정 제어수단으로써의 자해는 특히 경계성 인격장애 환자를 비롯해 인간에게서도 발견되었다.

곤충, 거미, 조류의 적응적 자살을 제외하고 다른 동물이 자살한다는 증거는 매우 드물다. 개들이 집에서 쫓겨난 후 또는 자책감으로 물에 빠지거나 음식을 거부함으로써 간혹 자살한다는 주장이 제기된 바 있지만,[57] 신뢰성을 획득하기 위해서는 좀 더 체계적이고 과학적인 증거가 필요하다.

나는 앞에서 스스로를 짐으로 보는 자살경향성 환자들의 생각은 잘못된 것이라고 썼다. 적응적 자살 관점은 다르게 말한다. 자살행동은 친족들로부터 진짜 짐을(짐이 된다는 느낌이 아닌) 덜어줌으로써 그들의 생존이 수월해지도록 인류 진화과정에서 발전해온 것이라고 주장한다. 실제로 최근 자살기도자 81명의 배우자를 인터뷰한 결과, 과반수가 환자 보호에 부담을 느꼈다는 연구가 있다.[58]

그럼에도 나는 이 적응적 자살 관점이 마음에 들지 않는다. 자살로 돌아가신 내 아버지가 실제로 짐이셨다는 관점 자체가 대단히 불쾌하다. 내가 보기에 특정 동물의 자기희생이 적응적이라는 건 사실이다. 또 인류 진화과정에서도 상황에 따라 적응적 자기희생이 발생했을 수 있지만 확인할 길은 없다. 사실이 어떻든 큰 의미는 없다. 지금 중요한 것은 짐이 된다는 느낌, 그리고 경우에 따라 실제로 짐이 되는 상황은 지각 및 기술에 기초한 심리치료를 통해 교정 가능하다는 사실이다. 과거에 어떠했든, 죽음은 더 이상 적응적이지 않다.

생명보험에 관한 기록

짐이 된다는 느낌은 "나는 살아서보다 죽어서 다른 사람들에게 더 가치 있는 존재일 거야."라는 식의 계산과 관련이 있다. 이런 점에서 생명보험 문제를 고려해보면 흥미로울 것이다. 일반적으로 생명보험은 계약 발효 시점부터 2년이 지난 후의 자살사망에 대해 보험금을 지불하도록 되어 있다. 만일 2년이 되기 전에 자살사망했다면 납입한 보험료와 이자는 환급되지만 보험금은 지불되지 않는 것이 통례다.

자신의 죽음이 사랑하는 사람에게 이익을 가져다줄 상황을 상상한다면, 자살을 고려하는 사람은 당연히 생명보험을 떠올릴 것이다. 특히 보험금의 액수가 클수록 자살 유혹도 커질 터이다. 생명보험 가입자 중 자살사망자와 다른 사유로 인한 사망자 비율을 대조해보는 것도 흥미로운 일이다. 이 비교에는 자살사망자와 다른 사유 사망자의 판이한 인구통계학적 분포가 반드시 고려되어야 한다. 이를테면 50대 백인 남성과 같은 식으로, 동일 인종 및 연령대로 비교 대상을 제한하는 것이다. 그 결과 생명보험 가입 자살사망자 비율이 더 높다면, 그들의 머릿속에 생명보험이 파고들었음을 암시한다. 물론 다른 요소들이 통계에 미친 영향도 부정할 수 없으므로 이 결과는 문자 그대로 암시일 뿐이다. 가령 낙관성 결핍과 같은 인성 변수가 생명보험 가입 및 자살행동에 빠지는 경향 모두에 대한 설명이 되어줄 수도 있다.

당연한 일일지 모르지만 이와 관련한 통계자료는 입수하기 어렵다.

1920년대와 1930년대, 메트로폴리탄 생명보험회사의 건당 보험금 지급액을 살펴보면 자살사망 지급액이 일반 사망 지급액보다 높았다. 이것이 나이와 인종 등 변수를 참작하여 조정한 결과인지 여부는 확실치 않다. 1925년 수치를 보면 자살사망보험금 지급액이 건당 2,283달러인 반면 일반 사망보험금 지급액은 건당 1,867달러였고, 1931년에는 각각 3,580달러와 2,216달러였다.[59] 이것은 물론 오래된 통계지만 오늘날에도 자살은 생명보험회사들이 가장 많은 보험금을 지급하는 범주의 사인이라는 사실에는 변함이 없다.

치명적인 자해를 가할 수 있는 습득된 능력과 마찬가지로 짐이 된다는 느낌과 자살경향성 간 연관을 보여주는 결과들에도 대안적 설명이 존재한다(예를 들어 경제적으로 힘든 시기의 자살 증가 현상에 관한 연구는 다양한 해석이 가능하다). 수적으로는 적지만 짐이 된다는 느낌이 자살경향성에 미치는 영향을 명시적으로 실험한 연구들은 하나같이 엄정성을 지니며, 심각한 자살경향성에 짐이 된다는 느낌이 미치는 영향을 입증해주는 결과를 도출했다는 장점도 갖고 있다. 치명적인 자해를 가할 수 있는 습득된 능력과 관련해서 도출된 결과와 마찬가지로, 짐이 된다는 느낌 연구에 관한 결과들 역시 다양한 주제와 표본, 방법론들을 통해 확보되었다. 이처럼 다양한 데이터가 짐이 된다는 느낌 연구결과들과 맞아떨어진다는 사실은 그것이 자살경향성에 미치는 영향에 대해 좀 더 확신할 수 있게 해준다.

이 책의 이론모델은 스스로 너무나 무능해서 사랑하는 이들에게 위협과 짐이 된다고 '느끼는 것'이 자살욕망의 한 원천이라고 주장한다. 짐이 되는 실제상황이 아니라 짐이 된다고 느낀다는 것, 그것이 이 주장의 핵심변수다. 명시적으로 이 주장을 실험한 연구 외에 기존이론들 역시 이를 뒷받침한다. 자살 능력이 있다는 전제하에, 짐이 된다는 느낌은 자살의 두 장벽 중 하나를 무너뜨린다. 자살 능력을 습득했으며 스스로를 짐으로 느끼는 사람에게도 희망이 남아있다면 그것은 소속감이다. 소속 욕구가 충족된다면, 살고자 하는 의지도 유지된다.

좌절된 유대감: 소속된 곳이 없다는 느낌

윌리엄 제임스William James는 1890년 발표한 저서 《심리학의 원리The Principles of Psychology》에서 이렇게 썼다.

> 악마 같은 형벌을 고안하는 게 물리적으로 가능하다면 그건 누군가를 사회에 풀어놓아 어느 누구의 이목도 끌지 못하도록 하는 방법일 것이다. 우리가 실내에 들어갈 때 아무도 고개를 돌리지 않고 우리가 말할 때 아무도 대꾸를 하지 않고 우리가 무슨 일을 해도 신경 쓰는 사람이 없고 만나는 모든 사람이 우리를 '죽은 사람 대하듯' 행동한다면, 오래지 않아 우리 내면에서는 일종의 분노와 무력한 절망감이 솟아날 것이다. 심지어 아무리 잔혹한 신체적 고통도 그에 비하면 위로처럼 느껴질 것이다.

'죽은 사람 대하듯'이라는 표현, 그리고 신체적 고통이 위로처럼 느껴질 수 있다는 통찰이 무척 인상적이다. 소속되려는 욕구는 인간의 원초적인 동인動因이다. 이 욕구의 좌절이 건강, 적응, 행복에 수많은 부정적인 결과를 초래한다는 것은 이미 입증되었다. 흥미로운 사실은 좌절된 소속감으로 인해 고통을 느낄 때 신체적 고통을 느낄 때와 흡사하게 뇌 영역이 활성화된다는 점이다. 잘 알려진 것처럼 전대상피질이라는 뇌의 중추가 신체 고통 신호를 처리한다.

아이젠버거Eisenberger와 동료들은[60] '사이버볼cyber ball'이라는 공던지기 컴퓨터게임을 하는 대학생들의 브레인 스캔brain scan(뇌 주사 사진)을 분석했다. 실험은 다른 두 명의 상대방과 함께 게임을 하는 것으로 알고 시작한 참가자들이 도중에 그 두 사람으로부터 따돌림을 당하는 시나리오로 진행되었다. 그런데 사실 상대방이란 없었고, 참가자들은 미리 설정된 컴퓨터 프로그램을 상대로 게임을 했을 뿐이다.

브레인 스캔 장치에 연결된 사람이 고통 자극을 받으면 전대상피질 안의 활동이 스캔을 통해 식별된다. 그런데 '사이버볼' 게임 도중 따돌림을 당함으로써 사회적 배제라는 심리적 고통을 받은 학생들의 브레인 스캔에서 이와 유사하게 전대상피질 안의 활동이 관찰된 것이다. 연구진은 진화과정에서 우리의 뇌는 사회적 배제나 배척(우리처럼 고도로 사회적인 동물에게는 은유적인 차원에서뿐 아니라 문자 그대로 죽음과 다름없다) 등을 신체적 고통만큼 위험한 것으로 경고하도록 훈련되었다는 주장을 내놓았다. 즉 소속욕구는 원초적인 것이며 어쩌면 우리 조상들이 진화에서 유리한 위치를 점할 수 있는 토대였을지 모른다.

나는 소속욕구란 몹시 강력한 것이어서 그것이 충족된다면 설사 짐이 된다는 느낌과 치명적 자해 능력을 이미 습득한 경우라도 자살을 막아줄 수 있다고 생각한다. 같은 이유로 그 소속욕구가 좌절되면 자살 위험은 상승한다. 사실 이 시각은 자살이 부분적으로 사회적 통합의 실패에 기인한다고 주장한 뒤르켐의 이론과 유사하다.

일부 스토아학파 철학자들은 합리적 자살을 지지했으나 그들 자신도 소속욕구를 극복하지는 못했다. 세네카Seneca의 말이다.

> 삶이 그대를 만족시키는가? 그러면 살아라. 아닌가? 그러면 본래 떠나왔던 곳으로 돌아가라. 커다란 부상은 필요 없다. 작은 상처만으로 자유를 획득할 수 있다. 삶의 요구에 구속되는 것은 나쁜 일이라고들 하지만, 사실은 삶의 요구라는 건 없다. 신들에게 감사컨대, 그 누구도 살기를 강요받을 수 없다.

하지만 그는 중병에 걸려 자살을 원했음에도 자신의 아버지가 어떻게 반응할지를 생각하면 견딜 수가 없어서 차마 결행하지 못했다. 아버지와의 관계가 그의 자살을 막은 것이다. (내가 보기에 그는 자살을 쉬운 것으로 과소평가했던 것 같다. "커다란 부상은 필요 없다. 작은 상처만으로 자유를 획득할 수 있다"는 말은 자살사망의 극단적인 어려움을 보여주는 2장의 증언들과 대조를 이룬다.) 세네카는 훗날 자살로 목숨을 끊었다. 아버지가 세상을 떠나고 한참 뒤의 일이었다.

자살 위험을 평가할 때 이 같은 정서와 자주 맞닥뜨린다. 자살 가능성을 물어보면 많은 환자가 자살을 고려했지만, 사랑하는 이와의 관계 때문에 불가능하다고 응답한다("차마 OOO에게 그런 짓을 할 수는 없어요." 식의 응답). 물론 이것이 그의 자살기도를 막을 확실한 보증은 못 되지만, 임상현장의 일화들은 이 연관을 어느 정도 확인케 한다. 여러 자녀를 둔 여성들이 자녀가 전혀 없거나 적은 여성들에 비해 자살 경

향이 낮다는 것이 하나의 예다.[61]

임마누엘 칸트Immanuel Kant는 저서 《윤리형이상학*The Metaphysics of Ethics*》에서 "어떤 공상 속의 파국에 현혹돼 삶을 저버린다는 것은 우리가 유지하고 보존해야 할 우리 내면의 인간성을 훼손하는 것이다."라고 썼다. 칸트는 진정으로 자살을 생각하는 사람, 소속감을 완전히 잃어 더는 인류에 대한 유대감을 느끼지 못하는 사람, 죽는 것이 아니라 사는 것이 인간성을 훼손하는 것이라고 느끼는 사람의 시점을 놓치고 있다. 마흔 살 때 자살로 사망한 시인 실비아 플라스의 시에는 "그래서 아빠, 이제 다 끝났어요 / 검은 전화기가 뿌리째 뽑혀서 / 목소리들이 도대체 기어 나오질 못해요"라는 구절이 있다. 내가 보기에 이 시구는 좌절된 소속감이 단순한 외로움 이상임을, 그것은 삶을 지탱해주는 유대가 말소되었다는('뿌리째 뽑혀서') 느낌임을 말해준다. 아울러 소속감과 죽음을 융합시키는데('기어나오는 목소리들') 이것은 앞에서 언급했듯 자살기도를 눈앞에 둔 사람들이 죽음과 삶을 융합하는 현상의 한 예로 볼 수 있다.

슈나이드먼의 아리엘은 분신자살을 기도했던 날에 대해 "아는 친구들은 많았지만 왠지 그들에겐 나를 위해 내줄 시간이 없는 듯했어요."라고 회상했다. 그녀는 분신 직전, 빌린 토스터를 돌려주려 친구들 집에 갔던 일을 이렇게 묘사했다. "기억나는 건, 집에 들어가자마자 다시 흐느껴 울기 시작했어요. 그들은 내게 단 한 마디도 건네지 않더군요. 주방 식탁에 토스터를 내려놓고는 곧바로 그 집을 나왔어요. 아무도 내 팔을 잡거나 무슨 일이냐고 묻는 시늉조차 하지 않았지요. 그래서 더 속이 상했고, 이것으로 끝이라는 생각을 했어요."

태드 프렌드의 2003년 〈뉴요커〉 금문교 투신자살 관련 기사에서 정신과 의사 제롬 모토Jerome Motto는 자신에게 가장 깊은 인상을 남긴 자살 사례를 다음과 같이 들려준다. "그다음 부副검시관과 함께 그 사람의 아파트에 갔어요. 그는 30대 독신이었고, 아파트는 변변한 가구도 없이 휑하기만 했어요. 옷장 위에서 유서가 발견되었는데, 거기에는 '이제 다리까지 걸어간다. 도중에 누군가가 내게 미소를 지어준다면, 나는 투신하지 않을 것이다.'라고 적혀있었습니다."

슈나이드먼은 좌절된 소속감으로 인한 자살의 가슴 아픈 사례를 몇 개 더 들려준다.

"내가 갈망하는 사랑을 갖지 못했으니 이제 남은 건 아무것도 없어요."(약물 과다복용으로 사망한 마흔아홉 살의 기혼녀), "당신이 어린 조와 함께 내 삶으로 돌아올 것이라고 확신했는데, 당신은 그러지 않았어."(목을 매 자살한 스무 살의 기혼남), "당신 없이는 살 수가 없어. 죽은 것과 똑같지. 마음속 공허감으로 너무나 고통스러워. 당신이 떠난 순간 내 혼은 죽었던 거야."(목을 매 자살한 서른한 살의 별거 기혼남).[62]

2장에서 살펴본 대로 남자아이로 태어나 여자아이로 길러졌다가 사춘기 무렵부터 다시 남자로 살기 시작한 데이비드 라이머 역시 소속될 수 없다는 느낌에 시달렸다. 결국 자살로 사망하기 몇 해 전, 그는 타인들과의 관계에 관한 경험을 이렇게 묘사한 바 있다. "어디에도 소속된 곳이 없어요. 그러니까 외톨이인 거죠. 늘 똑같아요."[63] 여자아이로 살던 시절 급우들이 이성 친구를 사귀는 걸 보면 어떤 기분이 들었느냐는 질문에 그는 "그 아이들은 모두 자신이 어디에 속해 있는지 아는 듯했어요. 하지만 내게는 사람이든 아니든 편안한 느낌을 가질 수 있는 곳이 하나도 없었어요."[64]라고 대답했다.

2002년 1월 5일, 열다섯 살 소년 찰스 비숍Charles Bishop은 소형 단발 비행기를 훔쳐 비행하다가 플로리다주 탬파의 뱅크 오브 아메리카 Bank of America 건물에 추락했다. 2004년 6월 14일자 〈탬파베이 온라인 *Tampa Bay On-line*〉은 소년의 죽음(자살로 판정됐다)에 대한 최종보고서를 실었다. 기사는 "비숍의 어머니는 아들에게 가까운 친구가 한 명도 없었으며 학교 친구를 본 적도 없다고 말했다."로 끝을 맺었다.

경험적 연구들도 좌절된 소속감과 자살경향성의 관계를 입증하고 있다. 이제 우울증 증상들과 사회적 단절감 경험 사이의 관계 전반에 관한 연구를 시작으로 이들을 개관하기로 하자.

낮은 사회적 유대감을 암시하는 우울증의 행동적 특징들

타인과의 유대감은 시선 맞추기나 상대방과 주고받는 표정 및 몸짓 등 기본적인 행동을 통해 확인할 수 있다. 몇몇 연구는 우울증을 지닌 사람이 그렇지 않은 사람에 비해 시선을 덜 맞춘다는 사실을 입증했으며,[65] 비非언어적 표현과 관련해서도 비슷한 결과들이 나타났다. 한 예로 우울증을 지닌 사람들은 그렇지 않은 사람보다 대화 도중에 고개를 끄덕이는 횟수가 적다. 고개 끄덕이기는 대화 상대를 흡족하게 해주는, 유대감을 확인해주는 몸짓이다.[66] 우울증 및 자살경향성 환자들은 이처럼 미묘하게 오가는 비언어 의사소통을 어려워한다. 따라서 상대방에게 자신의 시선을 맞추지 않고 생기에 찬 표정으로 대응하지 않으며 소통을 긍정하고 적극적으로 참여한다는 신호인 고개 끄덕이기 같은 몸짓도 사용하지 않는다.

사회적 고립과 단절 그리고 자살행동에 관한 연구

짐이 된다는 느낌에 관한 부분에서 나는 짐이 된다는 느낌과 자살경향성의 관계를 경험적으로 평가한 연구가 상대적으로 적은 편이라고 말한 바 있다. 좌절된 소속감의 경우는 그렇지 않다. 자살사망자들이 죽음 직전에 고립과 후퇴를 경험한다는 것은 자살과 관련한 모든 문헌을 통틀어서 가장 분명하게 확인되는 사실 중 하나다.

자살로 사망한 시인들과 다른 사유로 사망한 시인들이 죽음이 임박했을 무렵 사용한 언어를 비교한 흥미로운 연구사례가 있다.[67] 앞서 설명했던 LIWC 프로그램을 통해 텍스트를 동작동사 사용 경향, 부정적인 감정이 함축된 단어 등등의 요소들로 분리해 분석한 결과, 자살한 시인들의 경우 대인관계 단절의 악화가 암시된 데 반해 다른 사유로 사망한 시인들은 그렇지 않았다. 특히 자살한 시인들은 죽음이 가까워질수록 '우리'와 같은 대인관계 대명사를 눈에 띄게 덜 사용했다. 슈나이드먼은 스스로에게 총격을 가했다가 살아남은 한 청년의 말을 전해준다. "내 주변의 사람들은 그림자나 유령에 지나지 않았어요. 나는 그들을 의식하지 않은 채 오직 나 자신과 나의 곤경만 생각했어요. 내가 방아쇠를 당기기 오래 전, 죽음은 이미 나를 삼켜버렸던 거예요. 나는 내 안에 갇혀 있었던 거죠."[68]

나 역시 최근 LIWC 프로그램을 사용해 윌리엄 포크너William Faulkner의 소설 《음향과 분노*The Sound and the Fury*》에 등장하는 두 인물의 언어 유형 차이를 분석함으로써 자살행동과 연관된 심리적 변수들을 연구한 일이 있다. 일인칭 시점 의식의 흐름 기법으로 쓰인 이 소설 속에서 콤슨 가의 형제인 퀜틴과 제이슨은 각자 자신의 장章을 갖고 있다. 퀜틴의 장은 자살 전날의 이야기이고, 제이슨의 장은 그로부터 약 10년 후의 이야기다. 소설의 각 장은 인물의 내적 사고들, 그리고 그 사고들이 발생하는 인지적 과정을 보여준다. 따라서 포크너가 퀜틴과 제이슨의 장 사이에 배치한 시간 경과에 맞춰 심리적 변수들을 분석할 수 있으리라고 판단했다.

나는 자살이 임박한 인간의 심리를 정확히 묘사하기에 충분할 이해도를, 그러니까 1932년 《음향과 분노》가 완성됐을 당시의 자살 연구자들도 제대로 갖추지 못했을 것으로 판단되는 역량을 이 작가가 지니고 있었을지 의심이 갔다. 그런데 자살이 가까워질수록 퀜틴의 사회적 단어 사용빈도가 줄어드는 것이 발견되었다. 그에 반해 제이슨의 사회적 단어 사용빈도는 시간이 흘러도 변하지 않았다.[69] 포크너는 당시 사회 전반에 공유되지 못했던, 격렬하고 희귀한 심리 과정을 정밀하게 묘사한 것이다. 그가 얼마나 천재적인 문인이었는지를 드러내는 증거가 아닐 수 없다.

소설 밖 세계 사람들에 관한 연구도 같은 결론에 도달한다. 수백 명의 주민과 자살위험이 특히 높은 다섯 개 집단(일반 정신과 환자들과 교도소 정신과 환자 등)을 대상으로 진행한 설문조사 결과, 사회적 고립이 가장 주요한 자살관념 상관물로 나타났다(가족에 짐이 된다는 느낌 역시 주요 상관물로 나타다).[70] 그런가 하면 자신이 맡았던 환자들의 자살에 관한 정신과 의사들의 보고서를 분석한 결과 타인에게 짐이 된다는 느낌, 사회적 후퇴, 도움 거절이라는 세 가지 변수가 자살 직전 한 달 간 가장 빈번히 목격된 것으로 나타났다.[71] 도움 거절(특히 치료를 포함한 도움을 거절하는 경향)은 대인관계 단절의 한 과정으로 간주되어 왔으며, 따라서 좌절된 소속감의 한 예가 될 수 있다.[72]

코너와 동료들은 자살한 남성 알코올의존증 환자들을 대상으로 한 조사 결과, 자살 위험요소들에 독거獨居, 배우자와의 사별(최근 한두 달 사이) 등이 포함되어 있었다고 발표했다.[73] 또한 자살사망자와 기타 사유 사망자를 비교한 결과 자살사망자들은 최근 별거를 시작해 혼자 산 비율이 더 높은 것으로 나타났다.[74] 그런가 하면 자살기도자의 배우자들 역시 외로움을 자살기도의 주요인으로 지적하기도 했다.[75]

흑인 여성들을 대상으로 어린 시절 경험한 학대 유형과 자살행동 간에 존재하는 연관을 분석한 결과에 따르면, 다양한 변수 중 소외(기본적인 신뢰를 구축하고 안정적인 관계를 형성할 수 있는 능력의 결핍으로 정의했다)야말로 모든 유형의 어린 시절 학대와 훗날의 자살행동 간 연계를 확실하게 설명해주는 요인인 것으로 나타났다.[76]

결혼 상태, 부모됨, 그리고 자살경향성

사회적 고립 관련 연구가 암시하듯 미혼 상태는 자살의 인구학적 위험요소 중 하나다. 아파치Apache, 나바호Navajo, 푸에블로Pueblo 등 아메리칸인디언의 자살자 대다수가 미혼자였다.[77] 1999년 미국의 자살 통계에 따르면 이혼자 10만 명당 32.7명, 사별死別자 10만 명당 19.7명, 미혼자 10만 명당 17.8명, 기혼자 10만 명당 10.6명이 각각 자살로 사망했다.[78] 이 통계는 다양한 방식으로 해석될 수 있지만, 소속감(기혼)

이 자살의 완충재 역할을 하는 반면 좌절된 소속감(미혼)은 자살사망의 위험요소라는 시각과도 일치한다. 특히 이혼일 경우 더욱 그렇다(이혼자의 위험도는 기혼자보다 3배나 높다). 이 책이 제시하는 이론모델 관점에서 이혼한 사람의 자살률이 특히 높은 것은 이혼이 기본적인 효능감(배우자로서 실패자라는 느낌)은 물론, 기본적인 유대감(배우자뿐 아니라 배우자의 가족, 자녀, 그리고 배우자와 함께했던 친구들과의 사회적 접촉 상실)에도 영향을 미치기 때문일 것이다.

결혼상태에 대한 이 같은 통계는 사회적 통합 실패를 자살의 원천으로 보았던 뒤르켐의 영향을 받은 연구들과도 상통한다.[79] 한 예로 아이슬란드의 고등학생 4,000여 명을 대상으로 자살경향성과 가족 및 부모의 기능 관계를 분석한 연구는 가족 통합도가 높은 학생들이 자살로부터 보호받는다는 결론을 내렸다. 특히 가족의 통합(소속감) 관련 지표들은 부모의 기능 관련 지표들에 비해 자살경향성에 더 큰 영향을 미치는 것으로 나타났다.[80]

한편 자녀의 수가 많을수록 자살로부터 보호받는다는 증거가 있다. 약 100만 명의 노르웨이 여성을 대상으로 한 연구에 따르면 추적조사가 진행된 15년 동안 1,000명 이상이 자살로 사망했는데 자녀를 여섯 이상 둔 여성들은 대조표준에 비해 자살로 사망할 위험이 5분의 1에 불과했다.[81] 캐나다의 지역별 통계에서도 출생률이 높을수록 자살률이 낮은 반비례 관계가 발견되었다. 자녀 출산이 자살의 완충재로 기능할 수 있다는 주장과 일치하는 결과다.[82] 1만 8,000여 명의 자살사망자를 그와 비슷한 조건으로 제한한 37만여 명의 대조표준과 비교 분석한 덴마크의 연구는 특히 설득력이 높다. 연구에 따르면 자녀, 특히 어린 자녀를 둔 것이 자살로부터 보호해주는 기능을 하는 것으로 나타났다. 결혼상태나 정신질환 등 자살 관련 주요 변수들을 참작한 연후에도 결과는 동일했다.[83] 아쉽게도 아버지로서의 부모됨과 자살의 상관성에 관해 연구한 사례는 없는 것으로 안다.

어머니로서의 부모됨과 자살에 관해서는 임신단계로까지 확장해 연구되기도 한다. 마주크Marzuk와 동료들은 1990~1993년 사이 뉴욕에서 자살한 여성들의 검시보고서를 입수한 뒤 같은 기간 뉴욕의 여성 사망자 통계와 나이 및 인종을 맞추어 비교·분석했다. 이 기간 뉴욕에서 자살로 사망한 여성 315명 중 임신 상태였던 사람은 6명으로, 전체 뉴욕 여성 사망자의 3분의 1 수준이었다.[84] 연구진은 임신이 자살로부터 보호 역할을 한다고 결론지었다. 나아가 아기에 대한 유대감, 자신은 아기에게 꼭 필요한 존재이므로 짐이 아니라는 느낌도 중요한 원인으로 작용했을 것이라고 추정된다.

하지만 임신 자체만으로는 단절감이나 짐이 된다는 느낌에 대한 항구적인 해결책이 못 된다. 실제로 나와 동료들은 처음에 비관적이던 10대 소녀들이 임신 기간에 우울증이 약화하지만(아기나 아기 아빠와 유대가 현재의 문제들을 해결해줄 것이라는 믿음 때문에) 출산 후 다시 증상이 악화하는(아마도 출산과 연계된 제반 생리적·심리적 문제들에 더해 엄마가 되면 눈앞의 문제들이 해결되리라는 기대가 헛된 것이었음을 깨닫기 때문에) 경향을 발견했다.[85]

좌절된 소속감이 자살경향성과 관련이 있다면 쌍둥이들은 기본적으로 내재한 소속감 덕에 자살로부터 보호받지 않을까 추측해볼 수도 있다. 이 추정을 뒷받침해주는 증거가 있다. 덴마크의 주민등록 자료를 분석한 연구진은 쌍둥이의 자살 위험이 상대적으로 낮다는 사실을 발견했다. 2만 1,000여 명의 쌍둥이들은 단생아單生兒에 비해 남자는 26%, 여자는 31% 낮은 자살률을 보였다.[86] 쌍둥이의 정신질환 발병률이 단생아에 비해 약간 높다는 연구결과가 있지만, 그것은 그들만의 강한 소속감으로 인해 상쇄되지 않을까 싶다.

비교적 어린 시절에 부모를 잃는 경험은 훗날 자살 위험을 높여주는 것으로 보인다.

베링해협의 에스키모 사회를 예로 들면 조사대상 자살기도자의 과반수가 어려서 최소한 한쪽 부모를 잃었던 것으로 나타났다.[87] 유명한 자살자들로 구성된 표본의 절반쯤이 열여덟 살 이전에 최소한 부모 중 하나를 잃었다는 조사 결과도 있다.[88]

연구진은 자살로 사망한 경계성 인격장애 환자들의 기록을 역시 경계성 인격장애를 앓는 생존 환자로 이루어진 대조표준과 비교했다(기준이 매우 엄격한 비교인데, 왜냐하면 경계성 인격장애를 갖고 있다는 점만으로도 생존 대조표준의 일부는 자살 위험이 높은 상태였기 때문이다). 그 결과 자살한 환자들은 대조표준 환자들보다 부모와의 사별과 같은 어린 시절의 상실 경험을 더 많이 지녔던 것으로 나타났다.[89] 어린 시절 부모와의 사별과 훗날의 자살경향성 간 관계에 대해서는 다른 설명도 가능하다(특히 부모의 죽음이 자살이었을 경우, 유전적 요소가 개입되었을 수 있기 때문이다). 하지만 부모를 잃은 경험에서 비롯되는 소속감 약화는 분명 설득력 있는 관점이다.

이민과 자살

소속감이라는 관점에서 볼 때 부모로부터의 분리와 마찬가지로 '모국'으로부터의 분리가 자살경향성을 높일 수 있다. 1800년대 아르헨티나의 부에노스아이레스가 기록한 매우 높은 자살률은 대규모 이민이 원인인 것으로 알려졌으며, 외국에서 태어난 남성들의 자살률이 특히 높았다.[90] 거의 치명적이었던 자살기도자 153명을 비슷한 조건의 대조표준 513명과 비교한 결과, 최근 1년 사이에 거주지를 옮긴 사실과 치명적인 자살기도 사이에 밀접한 연관이 드러났다. 이주 거리 및 연락 유지의 어려움 같은 구체적 사실들 역시 영향을 미치는 것으로 나타났다.[91] 이주와 관련한 모든 측면은 단절감과 상관이 있다.

국가적 비극과 자살

중대한 국가적 위기를 맞으면 서로 단결하게 되므로 사람들 사이의 소속감도 강력해진다. 그러니 이 책의 이론모델에 따르면 국가적 위기는 명백한 부정적 측면에도 불구하고 자살률을 끌어내려야 옳다. 적어도 미국에서 발생한 주요 국가적 비극 세 가지와 관련해 이 시각을 뒷받침해줄 통계자료가 있다. 첫째, 존 F. 케네디John F. Kennedy 대통령 암살사건 직후의 자살률이다. 집계에 포함된 29개 도시에서 1963년 11월 22~30일에 보고된 자살은 한 건도 없었다. 1963년 전이나 후의 같은 기간에는 여러 건의 자살이 발생했던 사실과 대조적이다.[92] 둘째, 1986년 챌린저Challenger호 참사 직전의 2주일 동안 미국 내에서 1,212건의 자살이 발생한 데 반해 사고 직후 2주일 동안에는 그보다 적은 1,099건의 자살이 발생했다. 셋째, 2001년 9·11 테러 직후 며칠간 자살위기 전국 핫라인 전화번호인 1-800-SUICIDE에 걸려온 전화 건수가 평소의 600건에서 사상 최저인 300건 수준으로 급락했다.
 이 같은 패턴과 일치하는 또 하나의 사례는 전시戰時의 자살률 감소 현상이다.[93] 더블린Dublin과 번젤Bunzel은 이제 고전으로 받아들여지는 연구에서 전쟁에 관해 이렇게 쓰고 있다.

> 일반적 통념과 달리 전시와 같은 무질서와 혼돈의 시간은 대규모의 자살을 초래할 개인 차원의 붕괴가 늘지 않는 듯하다. 그것은 아마 예측을 불허하는 낯선 문제들, 그리고 가족과 친구라는 제한된 공동체에 대한 평시의 사소한 근심을 뛰어넘는 중대 관심사가 사람들의 주의를 사로잡아 개인의 문제와 낙담에 병적으로 골몰할 수 없게 만들기 때문일 것이다. 전쟁 중에는 개인적이거나 모호한 걱정에 골몰할 여유가 없다.[94]

그들은 미국 남북전쟁과 보불普佛전쟁 기간에 자살률이 상대적으로 낮아졌던 사실을 예로 들었다.
 1940년대 메트로폴리탄 생명보험회사의 공보를 보면 제2차 세계대전 기간 중 자살률 저하 현상이 뚜렷하게 나타난다. 1942년 공보는 "1942년 메트로폴리탄 생명보험회사 계약자들의 자살사망률은 1941년과 사실상 동일하며 한 차례의 예외를 빼면 사상 최저다. 마찬가지로 1941년 영국의 자살률은 1939년에 비해 15%, 독일은 30% 감소했다. 전시의 자살률 감소는 중립국들에서도 나타나는 일반적 현상이다. 이는 사소한 개인적 어려움쯤은 잊어버리고 국가 방어를 위한 단합에서 새로운 삶의 의미를 발견하게 만드는 강력한 경제적·심리적 타격에 기인하는 것으로 보인다."라고 설명하고 있다.

한편 전쟁이 끝난 후인 1946년의 보고서에는 "전쟁 중 하향세를 보이던 국내 자살사망률이 유럽 전승기념일을 기점으로 급격히 반등하기 시작했다."라고 적혀있다. 이렇듯 온 나라의 관심을 집중시키는 사건들은, 그것이 비극이든 아니든 국민을 단합시키는 특성으로 인해 자살률을 끌어내리는 경향이 있다.

스포츠 팬과 자살의 관계?

스포츠팀의 팬으로서 느끼는 우애와 소속감은 무시할 수 없다. 특히 그 팀이 승리했을 경우는 더욱 그렇다(대학촌에 거주하면서 그 대학이 전국대회를 석권할 때의 상황을 지켜본 사람들은 잘 안다). 그렇다면 팀의 성공이 자살률에 어떤 영향을 미치는지 알아보는 것도 흥미로울 것이다. 이 책이 제시하는 관점에서 볼 때 증대된 소속감과 낮은 자살률 사이에 모종의 연관이 있을지도 모른다는 측면에서 말이다.

놀랍게도, 응원하는 스포츠팀의 실적과 자살률 간 연관을 암시하는 연구들이 실제로 있다. 1971~1990년까지 미국 대도시지역 프로스포츠팀들의 성공과 자살률 간 관계를 조사한 연구에 따르면 팀이 플레이오프에 진출하거나 우승할 경우 해당 지역 자살률이 감소하는 현상이 나타났다.[95] 축구팀의 패배(화제가 된 1991년과 1992년 노팅엄 포리스트Nottingham Forest 팀의 패배)와 고의적인 독극물 중독 사건 간 관계를 파헤친 연구도 있었다. 대학병원의 사고 및 응급처치 기록을 분석한 결과, 연고지 팀이 패배한 직후 고의 독극물 중독사고가 폭증했다는 사실이 확인된 것이다.[96] 몬트리올 카나디엔스Montreal Canadiens 하키팀이 스탠리컵 플레이오프에서 좋은 성적을 거두는 동안 퀘벡 주민들 간에는 비공식적인 대인 접촉이 늘어날 뿐 아니라 자살률이 낮아지고, 반대로 팀이 초반에 탈락하면 대인 접촉(소속감)이 상대적으로 줄며 자살률도 상승한다는 가설을 정한 연구가 있다. 연구결과 특히 분명하게 확인된 사실 하나는 카나디엔스가 플레이오프에서 조기 탈락할 경우 젊은 퀘벡 남성들의 자살률이 올라간다는 것이었다.[97]

이처럼 팀의 저조한 성적은 자살률에 영향을 줄 수도 있다. 좋은 성적도 그럴까? 나와 제자들은 최근 스포츠와 관련된 '단합'이 낮은 자살률과 관계가 있는지를 확인하기 위해 세 가지 연구를 진행했다.[98] 첫 번째 연구에서 오하이오주 콜럼버스의 프랭클린 카운티와 플로리다주 게인스빌의 알라추아 카운티의 자살률은 해당 지역의 대학 풋볼팀들인 오하이오 스테이트 벅아이스Ohio State Buckeyes와 플로리다 게이터스Florida Gators의 최종 전국 순위와 상관관계가 있음이 밝혀졌다. 이 팀들은 지역 주민에게 뜨거운 지지를 받고 있다. 우리는 팀의 성공이 지역공동체에 미치는 영향을 고려할 때 팀의 최종 전국순위(매년 1월 초에 발표된다)와 그해의 자살률 간 연관을 예측했고, 실제로 프랭클린 카운티와 알라추아 카운티의 자살률이 해당 대학 풋볼팀의 전국순위와 연관되어 있다는 사실을 발견했다. 다시 말해서 순위가 높을수록 자살률이 낮아지는 현상이 확인된 것이다.

두 번째 연구에서 우리는 미국 아이스하키 대표팀이 예상을 깨고 강적 소련에 승리를 거둔 이른바 '빙판 위의 기적'에 관한 분석을 시도했다. 1980년 2월 22일 레이크플래시드 동계올림픽 아이스하키 결승전에서 미국이 세계 최강 소련을 제압한 놀라운 사건에 그야말로 온

나라가 들썩였다. 그로부터 22년 후 이 아이스하키 대표팀 멤버들은 2002년 솔트레이크 동계올림픽의 성화 점화자로 활약하는 영광을 안았고, 2004년에는 그들의 이야기가 〈기적Miracle〉이라는 영화로 제작되기도 했다. 승리 자체도 놀라웠지만, 당시 정치·사회적 여건으로 인해 반향이 더욱 컸다. '빙판 위의 기적'이 일어난 1980년 2월 22일은 이란 인질사태가 111일째를 맞고 소련이 아프가니스탄을 침공한 지 한 달 되던 시점이었다. 이 쾌거는 승리 자체는 물론이고 그 특별한 상징적 의미로 인해 미국인의 '단합' 효과를 불러왔음이 틀림없다. 따라서 우리는 1980년 2월 22일의 자살률이 특히 낮으리라 추정했고, 실제로 '빙판 위의 기적'이 일어난 그 날에는 1970년대와 1980년대의 그 어느 2월 22일보다 자살사망자 숫자가 적었던 것으로 확인됐다.

다만 이 같은 연구들은 스포츠 현상과 자살에 관한 기존의 문헌들과 마찬가지로, 성공의 시기에는 (단합이라기보다는) 팀의 성공에서 유발된 효능감 증대로 인해 자살률이 낮아졌을 거라는 가능성을 남긴다(국가적 재난과 관련해서는 성립되지 않는 가능성이다). 세 번째 연구에서 우리는 슈퍼볼Super Bowl(내셔널풋볼리그NFL의 최종 결승전으로, 미국 최대의 스포츠 행사로 간주된다. —옮긴이) 경기가 벌어지는 일요일 미국에서 발생하는 자살 수치를 그 전후 일요일들과 비교하는 방식으로 스포츠 영역의 문제를 직접 다루었다. 미국 인구의 약 3분의 1이 슈퍼볼 경기를 관전하는데, 대다수는 경기에 참가하는 팀의 골수 팬이 아니다. 따라서 슈퍼볼 효과를 논할 때 '대리 효능감' 설명은 설득력이 없다. 우리는 슈퍼볼 일요일의 자살률이 비교 대상 일요일들의 자살률보다 낮으리라고 추정하되, 그런 추세는 슈퍼볼이 사교모임의 계기로서 전국민의 의식에 확실히 각인된(남녀 모두 포함되는데 그것은 텔레비전 광고와 구경거리 등 경기 외적인 요소 때문이기도 하며 이런 현상은 1980년대 초중반 이후 뿌리를 내렸다) 1980년대 중반부터 시작되었을 것이라는 단서를 붙였다.[99] 조사 결과는 추정과 정확히 맞아떨어졌다.

지금까지 살펴본 세 가지 연구 중 어느 것도 그 자체로는 스포츠와 관련된 '단합'이 소속감을 증대시키고 그 결과 자살률을 낮춘다는 결정적인 증거를 제공하지 못한다. 다만 모두를 종합해볼 때 그와 같은 가설에 부합하는 수렴적 증거가 될 수는 있다. 특히 낮은 소속감과 자살경향성을 연계해주는 다양하고도 통합적인 증거들(쌍둥이, 부모, 시인, 포크너 등등)과 함께 고려한다면 더욱 그렇다.

수십 년 동안 우승을 못 해본 팀의 팬이라면 자신은 이 이론의 어디쯤에 위치하는지 궁금해질 것이다. 시카고 컵스Chicago Cubs 팬들에 관한 유명한 사례를 들어보자(나는 애틀랜타에서 자랐는데 애틀랜타 스포츠팀들의 우승 사례는 손가락으로 꼽을 정도고, 그에 비하면 시카고 사람들은 좀 나을 것이다). 컵스 때문에 시카고의 자살률이 높을 것으로 예측했을까? 그렇지 않다. 그 이유는 소속감과 관계가 있다. 컵스의 부진(이 책 초판이 나온 후인 2016년, 시카고 컵스는 월드시리즈 우승컵을 품에 안았다. 1908년 이후 무려 108년 만의 일이었다. ―편집자)은 일종의 우애를 낳았다. 컵스 팬들은 중대한 비극적 사태가 발생했을 때 보통 사람들이 그러하듯이 똘똘 뭉쳤다. 또 하나의 흥미로운 예는 보스턴 레드삭스Boson Red Sox 팀이다. 컵스 팬들과 마찬가지로 레드삭스 팬들도 기나긴 수난의 세월을 보내다 2004년 가을 레드삭스의 월드시리즈 제패라는 환희를 만끽했다(1918년 이후 86년 만에 월드시리즈 우승컵을 들어 올렸던 보스턴 레드삭스는 2007년과 2013년, 2018년에도 월드시리즈 우승을 달성했다. —편집자). 이 시기 보스턴의 자세한 자살률 통계가 발표되면 레드삭스의 우승으로 그 지역 자살률이 내려갔는지 확인해보는 것도 재미있을 것이다.

죽음에 대한 소속감

나는 자살의 궤도에 깊이 진입해 있는 사람들은 죽음을 아주 독특한 시각에서 바라본다고 말한 바 있다. 그들은 '아름다운' 또는 '우아한' 같은 언어로 죽음을 묘사하고 죽음, 파괴, 폐허 같은 개념을 삶, 생명력, 보살핌 같은 개념과 융합하는 듯하다. 이런 현상은 그가 죽음에 대한 본능적인 두려움을 잊었을 때, 다시 말해 치명적 자해 능력을 습득했을 때만 일어날 수 있다는 것이 내 견해인데, 거기에는 좌절된 소속감도 관련될 수가 있다. 사람들은 타인들과 유대를 잃으면서 죽음이라는 관념과 유대를 형성하기 시작하는 것인지도 모른다. 2장에서 소개한 실비아 플라스의 시 〈가장자리〉 및 리처드 헤클러의 자살 생존자들 인터뷰를 돌이켜보자.[100] 거기에는 타인에 대한 언급이 없다. 찾아볼 수 있는 유대감이라고는 죽음과 그 상징들에 대한 것이 전부다.

그런데 정말로 소속욕구와 자살경향성을 결합시키는 사람들이 있다. 2003년 9월 13일자 〈아시아 타임스 온라인Asia Times Online〉에 게재된 수벤드리니 카쿠치Suvendrini Kakuchi의 기사다. "일본, 자살에 익숙한 이 나라는 바야흐로 새로운 현상과 씨름하고 있다. 생면부지의 젊은 이들이 서로 자신의 자살계획을 주고받을 수 있는 사이트와 연계된,

이른바 인터넷 자살사건이 봇물 터지듯 발생하는 것이다." 기사는 이렇게 이어진다.

"가장 최근의 예는 5월, 스물네 살의 남자와 각각 스물세 살, 스무 살 된 두 여자가 어느 기차역에서 처음이자 마지막으로 만나 차를 타고 숲 지대로 가서 질식 자살한 사건이다." 일본 언론은 그들이 자살 사이트를 방문했었다고 보도했으며, 남자가 차에 남긴 유서는 그들이 단 하나의 이유로 친구가 되었음을 말해주었다. 그것은 "그냥 함께 죽고 싶었을 뿐, 다른 이유는 없다"였다. 이 책의 이론모델에 따르자면 이들은 소속욕구가 좌절되면서 죽음에의 욕망이 촉발됐다고 추정할 수 있다. 동시에 어떤 이들은 자살에서조차 누군가와 함께하고 싶어한다는 사실, 그러니까 소속욕구가 얼마나 강력한 것인지에 대한 증거이기도 하다.

존 힐케비치는 지하철 등의 철로에서 발생한 최근의 자살사건들에 관한 2004년 〈시카고 트리뷴〉 기사에서 "자살 희생자들은 거의 언제나 최후의 순간 달려오는 기관차 안을 들여다본다. 기관사의 눈을 정면으로 응시하는 그들은 어쩌면 인간과의 마지막 유대를 향해 손을 뻗는 것인지 모른다."라고 썼다. 어느 기관사는 최근의 자살사건에 관해 천천히 고개를 저으면서 "기관차가 덮치는 순간 그 사람은 눈을 들어 나를 바라봤어요."라며 이렇게 덧붙였다. "다른 기관사들한테서 (자살하는 사람들은) 우리를 쳐다본다는 말을 들어왔어요. 왜 그러는지 모르겠어요. 그러지 않으면 좋을 텐데. 그 장면이 내 머릿속에서 떠나지를 않아요. 잊으려고 애써도 잊을 수가 없어요. 참 힘들어요."

짐이 된다는 느낌과 좌절된 소속감은 어떻게 관련되어 있을까?

살고자 하는 의지에는 효능감과 유대감이라는 두 가지 심리적 조건이 필수적이라고 이 책이 제시하는 이론모델은 가정한다. 그것이 충족되면 살고자 하는 의지가 유지된다. 수많은 이론가들은 다양한 방식으로 이 가정의 여러 측면을 표현해왔다. 윌리엄 제임스는 소속감을 느끼지 않는 사람들에 대해 이렇게 썼다.

> 비통한 심정으로 자신은 세상의 영혼으로부터 완벽하게 고립되었다고 고백해야만 하는 사람들에게, (사회에 대한 기여는) 아주 쓸모없는 대체물은 아닐지 모른다. 어쨌거나 우리가 이 세상에 무엇인가를 더했다면, 비록 우리 이름을 아는 이 없다 해도, 우리가 한 그 일이 아니었다면 어떤 사람들은 지금과는 다른 식으로 살아가고 있을 것이기 때문이다. 우리는 그들의 삶을 변화시켰다. 우리는 그들과 진정한 관계를 맺고 있다. (…) 그것이 정말 우리 각자에게 아무 가치도 없는 일일까?[101]

소속감 좌절을 경험하더라도 효능감이 있다면 여전히 삶을 지탱할 수 있음을 윌리엄은 주장하는 것이다.

이 같은 효능감과 유대감에 대한 강조는 우리의 정신건강이 만족스러운 일과 사랑으로 이루어진다는 유명한 언명을 떠올리게 한다.[102] 위에서 살펴본 내용에는 효능감과 유대감이 생존의지의 주된 요소라는 가정과 일치하는 부분이 많은데, 같은 맥락에서 최근 연구사례를 하나 더 들어보자. 연구진은 미네소타 다면인격 목록MMPI: Minnesota Multiphasic Personality Inventory의 척도 몇 개를 채택, 젊은 성인 표본에 적용해 훗날의 자살사망에 대한 예측을 시도했다. 검토된 여러 척도 중에서 우울증을 겪다 자살로 사망한 사람과 우울증 없는 생존자 대조표준을 변별해주는 척도는 '자책감'과 '사회적 내향성' 단 두 가지뿐이었다. 이것들은 짐이 된다는 느낌, 그리고 낮은 소속감과 관련되어 있다.[103]

〈애틀랜타 저널 컨스티튜션Atallanta Journal-Constitution〉지는 2004년 7월 7일자에 78번과 85번 주간州間 고속도로(애틀랜타의 다운타운에서 교차된) 북향 차선 위 다리에서 투신하겠다고 위협하는 남자로 인해 교통이 마비된 사건을 보도했다. 2004년 3월부터 시작해 애틀랜타에서 여섯 번째로 발생한 공공장소에서의 자살 예고 사건이었다. 고립되고 쓸모없다는 느낌에 빠진 나머지 자살을 예고해 불과 몇 분 사이에 응급구조대의 근심 어린 시선을 받고, 나아가 대도시 교통을 일거에 정지시킴으로써 수천 명 시민에게 불편을 끼치는 이 사람들은 어떤 심리적 경험을 하는 걸까? 그러한 효과(도시에 미친 영향)가 주는 쾌감과 소속감(응급구조대의 염려)이 애초의 자살욕망을 경감시켜주는 건 아닐까 추정되기도 한다.

한편으로 애틀랜타에서 연달아 일어난 이 공공장소에서의 자살기도 사건 중 월요일에 발생한 사례가 있을지도 궁금해진다. 아마 없을 것이라는 게 내 추측이다. 왜냐하면 그 여섯 사람은 자살해서 죽고 말겠다는 굳은 결심이 선 것 같지 않기 때문이다. 일주일 중 자살사망자 수가 가장 많은 날이 월요일이다.[104] 거기에는 주말에 약물을 남용한 사람들이 월요일에 금단 증상을 보인다는 사실을 포함해 여러 이유가 있다. 하지만 짐이 된다는 느낌과 낮은 소속감으로 인해 고통받는 사람에게 월요일은 특히 더 힘든 날일 수 있다는 것은 흥미로운 추정이다. 다가오는 일주일은 자신의 능력을 시험하려 돌진하는 또 하나의 도전처럼 느껴질 수 있다. 반면 주말 동안 어떻게든 붙들어둔 소속감이 직장으로 돌아가면서 다시 또 붕괴할 수도 있기 때문이다.

그러나 짐이 된다는 느낌과 좌절된 소속감 사이의 역할 및 상호관계에 대한 몇 가지 질문이 아직도 남아있다. 가령 타인에게 짐이 된다고 느끼려면 먼저 그들과 연결되어 있다는 느낌이 선행되어야 한다는, 따라서 짐이 된다는 느낌은 소속감을 내포하지 않느냐는 반박이 제기될 수 있다. 이것은 물론 짐이 된다는 느낌과 좌절된 소속감의 동시 발생이 자살욕망의 밑바탕이 된다는 우리 관점과 상충한다. 그에 대한 답변은, 스스로 타인(가족이든 사회든)에게 짐이 된다고 느끼기 위해서는 극소량의 유대감만으로도 가능하다는 점이다. 자신을 가족 또는 사회의 구성원으로 보는 것만으로도 스스로를 짐으로 느끼기에 충분한 조건이 된다. 이 책은 일반적인 인간의 본성, 그중에서도 소속 욕구는 사실상 어느 누구라도 완전무결한 유대 부재를 경험할 수 없을 만큼 강력하다는 가정을 바탕으로 한다.

물론 단절감이 효능감에 영향을 미칠 수 있고 반대의 경우도 마찬가지다. 이를테면 낮은 효능감은 소속감을 위협할 수 있다. 관련된 연구를 예로 들어보자. 연구진은 실험 참가자에게 배우자가 자신들의 관계에 문제가 있는 것으로 느낀다고 믿게 유도했다. 그 결과, 효능감이 낮은 사람들은 관계의 친밀도를 감소시키는 행동을 한 것에 반해 효능감이 높은 사람들은 그러지 않는다는 사실이 발견되었다. 즉 낮은 효능감이 낮은 소속감을 조장한 것이다.[105]

이 책의 이론모델에 따르면 심각한 자살행동은 죽음에의 욕망을 필요로 하고 죽음에의 욕망은 짐이 된다는 느낌과 좌절된 소속감, 이 두 가지 심리상태로 구성된다. 소속감과 관련해 "이제 다리까지 걸어간다. 도중에 누군가가 내게 미소를 지어준다면, 나는 투신하지 않을 것이다."라는 유서를 남긴 남자의 예를 돌이켜보자. 남자는 투신해 목숨을 끊었다. 짐이 된다는 느낌과 관련해서, 진정한 자살기도에는 다른 사람들의 삶을 더 나은 것으로 만들어주고 싶다는 특수한 욕망이 있는 데 반해 비자살경향성 자해는 분노 표출 또는 스스로를 징벌하려는 욕망의 성격을 띤다는 사실을 기억하자. 이와 같은 예들은 좌절된 소속감과 짐이 된다는 느낌이 죽음에 대한 욕망과 직접 관련되어 있음을 입증해준다. 이 두 심리상태가 분리되어 있을 때는 죽음에의 욕망을 불어넣기에 충분하지 않지만, 동시에 일어나면 이 욕망을 촉발한다. 거기에 치명적인 자해를 가할 습득된 능력이 더해진다면 죽음에의 욕망은 심각한 자살기도 또는 자살사망을 초래할 수 있다.

4장

자살의 의미와 인구별 분포

나는 앞서 자살을 욕망하는 사람들은 그럴 능력이 있어야만 자살로 사망한다고 말했다. 또 자살할 능력이 있는 사람들은 그러기를 원해야만 자살로 사망한다. 그럴 능력이 있는 사람은 누구일까? 치명적인 자해 능력을 습득한 사람들이다. 누가 그러기를 원할까? 사랑하는 사람들에게 스스로가 짐이 된다고 느끼고, 소중한 집단이나 관계에 소속되어 있지 않다고 느끼는 사람들이다. 자살을 욕망하는 사람들은 비교적 많고, 그중 많은 수가 자살 능력을 갖추었다. 하지만 그 모든 것이 한 곳에 모인 위험지대의 사람들은 상대적으로 적다. 그 극소수가 바로 심각한 자살행동 위험이 매우 높은 사람들이다.

이 책이 제시하는 이론모델의 구성요소들은 흥미로운 상호관계를 지닌다. 짐이 된다는 느낌과 낮은 소속감의 상호관계는 이미 논의되었다. 그렇다면 습득된 자살 능력과 짐이 된다는 느낌 및 낮은 자존감 사이의 관계는 어떨까?

실제로 사회적 고립이 고통 내성을 키울 수 있다는 증거가 있다. 연구진은 한 달간 고립된 쥐의 통증 역치가 상승한다는 사실을 입증했다.[1] 감각 차단은 인간의 통증 역치 또한 상승시킨다.[2]

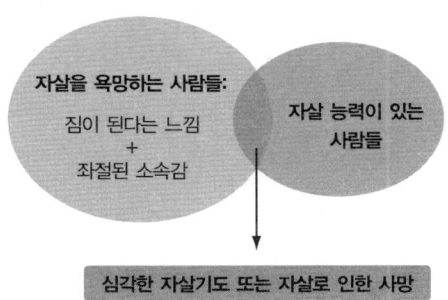

　고립이 악화하는 고통을 참아내는 능력으로 이어질 수 있듯이 통증 역치를 상승시키는 행동들은 거꾸로 고립으로 이어질 수 있다. 다시 말해 자해와 같은 도발적 행동들은 다른 사람에게 당혹감을 줄 뿐 아니라 그를 짐으로 느끼게 할 수도 있다. 한 연구에 따르면 최근 자살을 기도했던 사람들의 배우자 대다수가 환자를 보살피는 일이 부담스럽다고 응답했다.[3] 자해를 하는 사람들이 그로 인해 배척되고 짐으로 여겨진다면 그들의 소속감은 떨어지고, 짐이 된다는 느낌은 증가할 수 있다. 이렇게 이 책이 제시하는 이론모델의 구성요소들은 다양한 방식으로 서로 영향을 주고받는다. 이들 구성요소 중 어느 것이든 나머지 두 요소와 만나 심각한 자살행동 위험을 고조시키는 과정의 진입로가 될 수 있다.

　자살에 관한 설득력 있는 이론이라면 발생빈도, 자살의 동시다발과 '전염' 현상, 그리고 나이, 성별, 인종, 신경생물학적 지표, 정신질환, 약물남용, 충동성, 어린 시절 불행과의 연관 등 기존 통계에 대한 조망을 포함해야 한다.

　이 책의 이론모델은 자살 연구, 치료, 예방 분야의 해묵은 딜레마들을 해결하는 데 기여하고 나아가 자살에 관한 이해하기 힘든 사실들을 설명해줄 것이다. 이를테면, 자살의 적절한 정의는 무엇인가? 경미한 자살관념과 치명적인 자살행동은 같은 기저의 다른 지점에 위치할까, 아니면 상이한 범주의 현상일까? 같은 질문 말이다. 자살에 대한 개념 정립에 우리의 논의가 도움이 되기를 바란다.

자살행동의 정의들

길에서 이탈해 나무를 들이받고 멈춘 차 안에서 한 남자가 죽은 채 발견된다. 급하게 미끄러진 타이어 자국은 없다. 남자의 체내에서는 허용치 이내의 알코올 성분이 검출된다. 가족과 친구들은 연애 관계가 깨지고 난 후 그가 약간 낙담해 있었지만 전반적으로 잘 지냈다고 말한다. 이것은 자살일까, 아니면 사고사일까?

한 여자가 알약 반병을 삼키고는 곧바로 가족 한 명에게 그 사실을 알린다. 병원으로 실려 가 치료를 받고 회복되던 그녀는 정말 죽으려고 한 것은 아니라고 털어놓는다. 하지만 약물 과다복용 합병증으로 얼마 후 사망한다. 이것은 자살일까?

한 사춘기 소녀가 핀으로 손목 옆쪽을 찌르고 피가 살짝 나자 어머니에게 그 사실을 알린다. 이것은 다소 경미하되 자살로 사망하는 이들과 동일한 행동일까, 아니면 본질적으로 다른 것일까?

이 예들에서 볼 수 있듯 자살행동은 언제나 단순명쾌하게 정의되지 않는다. 사실 다양한 유형의 자살을 정의하고 분류하는 문제는 오래도록 풀지 못한 난제다.[4] 질문의 핵심은 자살경향성이 잠시 머물다 사라지는 경미한 자살관념에서 시작해 자살사망으로까지 이어지는 하나의 연속체인지[5] 아니면 자살경향성 유형은 범주에 따라 서로 다른 것인지(즉, 죽겠다는 의지의 표현과 함께 실행된 의학적으로 치명적인 자살기도와 경미한 자살관념은 완전히 별개인지)에 집중되었다.

이 질문에 대해 완전한 답을 제시하려면 이른바 택소메트릭스 taxometrics[6] 통계기법을 적용한 연구 프로그램이 필요하다. 이 복잡한 기법의 주된 기능은 생물학적 성별과 같은 범주적·양자택일적 현상을 온도와 같은 질적·차원적 연속체로부터 변별하는 데 있다. 안타깝게도 이 필수 연구 프로그램은 아직까지 시행되지 못하고 있다.

새로운 기법의 연구가 시행되기 전까지 이 문제들을 해결하기 위한 또 다른 접근법이 있다면 그것은 바로 이론개발일 텐데, 이 책이 제시하는 이론모델은 그런 점에서 얼마간의 전망을 제공한다. 어떤 면에서 우리 이론은 자살증상 연속체 상의 절단점을 식별해준다. 그 절단점이란 자살관념이나 자살행동이 진전되어 친숙화 및 반대과정의 단계로 진입하는 지점을 가리킨다. 이 지점은 치명적인 자해 능력 습득 정도에 따라 개인별로 차이가 있다. 그런가 하면 이 책의 이론모델은 짐이 된다는 느낌과 좌절된 소속감은 상대적으로 덜 심각한 편에 해당할 수 있다는 점에서(그것들이 자살경향성의 덜 심각한 측면인 자살욕망을 구성하기 때문에) 이 절단점이 기만적일 수 있음을 암시하기도 한다. 하지만 이 책의 이론모델에 따르면 그것들 역시 심각한 자살행동의 핵심적인 원천임에는 틀림이 없다. 요컨대 자살경향성이란 것이 경미하고 순간적인 자살관념에서부터 자살에 의한 사망까지의 연속체를 표상하는지 아니면 상이한 범주들이 존재하는지는(의학적 손상 대 자살 관념) 미래의 연구를 통해 풀어야 할 숙제다.

스스로를 죽이는 것은 무조건 자살일까

자살 정의와 관련한 또 하나의 복잡한 문제는 스스로 죽음을 초래한 것은 분명하지만 자살사망으로 분류되지 않을 수도 있는 상황에 관한 것이다. 이 문제는 2001년 9월 11일, 테러리스트들의 공격과 함께 관심의 대상이 되었다.

첫째, 세계무역센터 고층에서 뛰어내린 사람들이 있었다. 최소한 50명이 그렇게 사망한 것으로 집계되었지만 실제 수치는 200명에 가깝다고 한다.[7] 그들은 자살한 것일까?

뉴욕시 검시관은 그렇지 않다는 결론을 내렸다. 테러로 발생한 모든 죽음은 예외 없이 살인으로 분류되었다. 그들이 투신한 층에서 한 명이라도 살아남았다면 자살 요소가 있다는 주장도 가능하겠지만, 뛰어내리지 않은 사람들도 결국 다 사망했다. 추측건대 그들은 죽음이 임박했음을 깨달은 후 두 가지 죽음 중 하나를 선택했을 것이다.

또한 이 죽음에 자살 요소가 있다면, 가령 성별 등 자살의 인구학적 분포와 월드트레이드센터에서 투신한 사람들의 분포가 서로 호응해야 옳다. 이 재난으로 인한 사망자를 성별로 분류하면 남성 셋에 여성 하나꼴이다. 그날 투신으로 발생한 사망이 자살 인구분포와 일치하려면 남녀 성비가 대략 12 대 1이 되어야 한다(희생자 전체의 성비 3 대 1과 미국의 자살사망자 전체의 성비 4 대 1을 결합하면그렇다). 당시 투신사망자의 성비에 관한 구체적 통계는 없지만, 사진을 통해 성별 확인이 가능했던 희생자들 가운데 남녀 성비는 12대 1에 한참 못 미친다. 따라서 이 죽음을 자살로 분류한다는 것은 논란의 여지가 많다.

그럼에도 이들의 죽음을 두고 엄밀한 의미에서 자살이라고 주장하는 것에 대해서는 이 책이 제시하는 이론모델을 통해 대응할 수 있을 것이다. 건물 고층의 상황은 사람들에게 처연한 확률 계산을 할 수밖에 없도록 만들었다(지독하게 절박한 상황에서 가능한). 투신은 고통의 신속한 종결과 명백한 죽음을, 투신하지 않는 것은 더 고통스러운 죽음을 기다리는 대가로 주어지는 실낱같은 생존가능성을 뜻했다. 도대체 누가 이 희박한 생존가능성을 붙들고 매달릴까? 이 책의 이론을 따르자면 답은 두 개다. 투신하고 싶지만 치명적 자해 능력이 없어 실행하지 못한 사람들, 그리고 살고자 하는 의지가 매우 강한 나머지 희박한 희망을 걸고 극심한 고통과 괴로움을 무릅쓴 사람들이다.

둘째, 테러를 범한 테러리스트들이 있었다. 그들은 자살한 것일까? 1장에서 말했듯, 사전적 정의에 따르면('고의로 스스로를 죽이는 행위') 자살이 맞다. 그들은 자신의 희생이 사회의 더 큰 이익을 위한 것이라고 생각했던 듯하다. 뒤르켐이 자살에 관한 고전에서 이타적 자살이라고 이름 붙인 개념에 해당한다. 하지만 이 죽음 역시 자살로 분류하기는 어딘지 적절치 않아 보인다. 테러리스트 당사자들은 자신의 행위를 순교 혹은 성전의 희생으로 믿은 게 틀림없다.[8] 자살을 중죄로 간주하는 이슬람교의 시각을 고려하면 특히 그렇다.[9]

그럼에도 그들의 죽음을 자살로 규정하는 사람들이 있을 것이다. 그게 정말로 자살이라면 이 책의 이론모델은 그것을 어떻게 설명할까? 자살 테러범이나 폭파범들은 여러 달 혹은 심지어 여러 해에 걸친 훈련과 준비를 통해 범행단계에 이르는 것으로 보인다. 그들은 이렇게 의식적이고 주도면밀한 방식으로 치명적 행동능력을 습득한다. 그뿐 아니라 짐이 된다는 느낌과 관련된 일종의 계산이 개입된 것처럼 보이기도 한다(즉, 살아서보다 죽어서 공동체에 더 값어치 있는 존재가 된다는 것). 반면 그들의 소속감은 상당히 높았던 듯하다. 이 점은 이 책의 이론모델 관점에서 볼 때 그들의 죽음을 자살로 보기 어렵게 만드는 이유 중 하나다. 게다가 많은 이슬람교 성직자들은 순교와 자살은 별개라는 데 동의한다.[10] 여기서도 이 책의 이론모델을 적용할 수 있다. 바로 자살 테러범들은 죽음과 삶의 융합을 경험했으며, 살아서 할 수 있는 그 어떤 일보다 더 온전한 소속감을 느끼는 수단으로 죽음을 바라볼 수 있다는 해석이다. 크리스토프 로이터는 2004년 저서 《내 목숨이 무기다》에서 가족과 사회 전체의 기억 속에 남는 것이야말로(소속감) 자살 테러범들의 가장 중요한 동기일 것이라고 말한다. 앞에서 언급했듯 이란-이라크 전쟁에서는 자살 공격수들의 자기희생이 죽음과의 결혼으로 찬미되었다.

가미카제 특공대(제2차 세계대전 말기 폭탄을 탑재한 채 적함에 충돌해 자살한 일본군 조종사들.—옮긴이) 역시 이와 비슷한 맥락에서 볼 수 있다. 조종사용 '요령' 교범의 일부가 공개된 적 있는데,[11] 거기에는 이런 내용이 실려 있었다. "목표를 놓치지 않으려면 충돌 직전 잠시도 눈을 감아서는 안 된다. 두 눈을 크게 뜨고 목표를 향해 돌진하는 게 얼마나 신나는 일인지 많은 조종사가 증언할 것이다." 한편 '목표 전방 30미터'라는 제목 밑에는 "갑작스럽게 속력이 높아지는 느낌이 들 것이다. 수천 배 빨라진 기분. 마치 영화 속의 원경촬영 장면이 별안

간 클로즈업으로 바뀌어 눈 앞에 펼쳐지는 듯할 것이다."라는 내용이 있고, 이어지는 '충돌의 순간'이라는 제목 밑에는 "목표물 2~3미터 앞. 적함의 대포 총구들이 선명하게 보이고 공중을 부유하는 느낌이 드는 순간 어머니의 얼굴이 떠오를 것."이라고 적혀있다. 조종사를 독려하고 죽음에 대비시키기 위해 고안된 듯한 이 단계별 설명은 2장에서 살펴본 '결정된 계획과 준비' 개념을 상기시킨다.

가미카제 조종사들은 자살 폭파범들과 마찬가지로 자신들은 살아서보다 죽어서 공동체에 더 값어치 있는 존재가 된다는 계산을 한 듯하다. '요령' 교범에는 이 측면과 관련된 대목들이 나온다. "적을 침몰시킴으로써 우리 민족의 승리를 위한 길을 닦으라." 그리고 "삶과 죽음을 초월하라. 삶과 죽음에 대한 갖가지 잡념들을 떨쳐버릴 때 그대는 지상에서의 삶을 완전히 초월할 수 있게 된다. 그리하여 불굴의 결의로써 적을 궤멸하는 데 모든 정신을 집중할 수 있을 것이다."

가미카제 조종사들의 죽음 역시 자살 폭파범들과 마찬가지로 높은 소속감을 특징으로 하는 듯하다. 교범에는 이런 대목도 있다. "적을 향해 돌진하는 순간 온 힘을 다해 '히싸츠!'(반드시 격침한다! 필살必殺의 일본어식 발음. —옮긴이) 하고 고함 지르는 걸 잊지 말라. 그 순간 도쿄 야스쿠니 신사의 벚꽃송이들이 일제히 그대를 향해 환하게 미소지을 것이다." 이 책의 이론모델에 따르면 조종사들의 소속욕구가 죽음을 통해 충족되었다는 해석이 가능하다. 아울러 그들의 고조된 소속감은 그 죽음을 자살로 정의하지 않아야 할 이유이기도 하다.

메닝거는 이런 죽음은 자살이 아니라고 보았다. 그는 1938년 저서 《자신을 배반하는 인간》에서 "연구에 따르는 치명적 위험을 자발적으로 감수하는 과학자들, 자유를 위해 목숨을 내려놓는 애국자들, 교회의 성자들, 그 외에 사회나 사랑하는 사람들을 위해 목숨을 바치는 사람들의 영웅적 희생은 통상 자살로 간주되지 않는다."라고 썼다.[12] 자살경향성에 관한 어떤 이론도 가미카제 특공대와 같은 정의상의 난제를 쉽게 처리할 수 없는 게 사실이다. 다만 이 책의 이론모델은 다른 이론에 비해 이 복잡한 현상에 대한 이해를 좀 더 많이 제공한다는 것이 내 의견이다.

컬트교단의 집단자살을 또 다른 예로 들어보자. 가령 존스타운과 천국의 문 같은 사건에서 사람들은 자신의 목숨을 기꺼이 내놓았다. 존스타운 희생자 대다수는 교주 짐 존스의 지령에 따라 청산가리와 진정제를 탄 포도 맛 나는 음료를 마시고 죽었지만, 이 참사에서 총상이나 독극물 주사를 통해 살해된 사람들도 많았다는 사실을 기억해야 한다. 모두 39명이 사망한(사건 발생일로부터 몇 달 후에 두 명의 멤버가 추가로 자살했다) 천국의 문 사건에서 추종자들은 교주 마셜 애플화이트의 지령을 받고 보드카와 혼합한 다량의 페노바르비탈을 먹고 숨졌다. 그들은 죽은 후에 헤일-밥Hale-Bopp 혜성을 뒤따르는 우주선으로 옮겨진 뒤 고도로 진화한 존재로 영생을 누릴 것이라고 믿었다.

이 죽음들은 자살보다는 컬트교단의 교주들이 저지른 살인에 가깝다고 주장할 수도 있다. 더불어 9·11 테러 희생자들의 성비와 관련해 사용했던 논지를 존스타운과 천국의 문 희생자들에 적용해볼 수도 있다(천국의 문 사건에서는 오히려 여성 희생자가 남성보다 많았다). 그럼에도 이 죽음들이 자살로 규정된다면 이 책이 제시하는 이론모델은 그것을 어떻게 설명할 수 있을까?

먼저 치명적인 자해를 가할 수 있는 습득된 능력 관점에서 살펴보자. 존스타운에서나 천국의 문에서나 자살에 대한 수많은 토론과 노골적인 연습이 반복되었다. 2장에서 언급한 자살에 대한 정신적 연습 및 중단된 자살기도와 비슷한 측면이다. 특히 소름 끼치는 것은 존스타운의 교주 짐 존스가 추종자들에게 음료에 독이 들었다고 거짓말하고 그것을 마시게 함으로써 그들의 충성도를 시험했다는 사실이다. 존스타운 사건의 한 요인으로 친숙화 과정이 실제로 언급되기도 했다. "이렇듯 반복적인 경험을 통해 존스는 집단자살에 대한 추종자들의 민감도를 둔화시켰다."[13]

또한 두 사건의 희생자들은 상당한 고통과 도발을 감내했다. 존스타운 희생자들은 무시무시한 충성도 테스트 외에도 남아메리카 밀림지대의 폭염 속에서 일주일에 74시간씩 농장 일이나 건축 노역을 했다. 뿐만 아니라 부족한 식사량과 길고 끝없는 종교 모임에 시달렸다.[14] 그런가 하면 천국의 문 사건으로 희생된 남성 18명 중 8명이 자진하여 거세 시술을 받았던 것으로 전해진다.[15]

그렇다면 소속감은 어땠을까? 이 책의 이론모델에 근거하면 컬트교단 교도들 간의 긴밀한 유대가 자살 위험을 상쇄해야 옳지 않은가? 잘 알려지지 않은 사실이지만 컬트교단 내부의 소속감은 의외로 낮은 경우가 많다. 학대가 만연한 곳이라면 특히 그렇다.[16] 같은 집단 안에서 사람들이 어깨를 마주한 채 일하고 살고 경배하는 건 틀림없지만, 서로에 대한 유대감은 다수의 호혜적인 관계로 이어질 만큼 돈독하지 못하다. 사실 그들이 지닌 유대와 호혜성이란 희박하고 일방적이며 기만과 학대로 점철되기 십상인 지도자와의 관계에 집중되어 있다. 컬트교단에 가입하는 사람들은 평생 이어온 깊은 관계들조차 저버리는 일이 흔하다(천국의 문 멤버 중에는 입회할 때 자녀들을 버린 사례도 많았다).[17] 무능감과 관련한 측면에서는, 컬트교단에 속한 사람들은 일상적으로 엄격한 복종을 강요받기 일쑤라는 점을 들 수 있다. 컬트교단의 집단자살이 살인이 아닌 자살이라면 다른 자살이론보다는 이 책의 이론모델을 통해 더 많은 설명을 얻어낼 수 있다.

컬트교단의 집단자살과는 판이하지만 의사醫師조력자살 역시 정의하기 곤란한 경우다. "누르기만 하면 고통 없이 곧바로 죽게 해주는 작은 스위치가 팔에 달려 있다면 누구나 언젠가는 자살할 것이다."라는 로웰의 말을 떠올려보자. 이는 대다수 사람에게 죽음이 얼마나 두려운 것인지를 경시하는 관점이지만, 한편으로는 그런 '작은 스위치'조차 없이 자살하는 게 얼마나 힘든지를 역설적으로 강조한다. 의사조력자살은 아마도 그 '스위치'에 가장 가까운 것이 아닐까 한다.

이 책의 이론모델에 따르면 자살은 자살에 대한 대담성과 자살 수단의 축적(주로 친숙화 및 반대과정을 거친다), 그리고 자살에 대한 욕망(짐이 된다는 느낌과 좌절된 소속감으로 이루어진다)을 필요로 한다. 의사조력자살의 경우 어떤 면에서 수단은 이미 확보된 셈이다. 또한 오랜 기간의 평가와 상담과정을 통해 의사조력자살로 인한 죽음은 갈수록 덜 무서워지게 된다. 따라서 의사조력자살이라는 선택 자체에 능력과 대담성이 함축되어 있다고 할 수 있다.

여기에는 짐이 된다는 느낌이 관여된다는 증거도 있다. 연구진은 근위축성측색경화증ALS: Amytrophic Lateral Sclerosis(루게릭병으로도 불린다.—옮긴이) 환자 가운데 의사조력자살에 관심을 보인 이들이 그렇지 않은 경우에 비해 짐이 된다는 느낌에 더 괴로워하는 현상을 발견했다.[18] 비록 이 연구에서 짐이 된다는 느낌이나 좌절된 소속감이 정확히 측정되지는 않았지만, 호스피스hospice(말기 환자 간호시설. ―옮긴이) 환자들 가운데 죽음을 재촉하기 위해 음식물 섭취를 거부하는 이들의 주된 동기는 삶의 덧없음과 무의미함이라는 사실이 함께 발견됐다. 이런 환자들은 보통 2주 안에 사망했다. 간호사들은 그 죽음들이 평균적으로 '좋은' 죽음이었다고 말했다(극도의 고통이나 다른 불편이 비교적 적은 죽음을 의미한다).[19]

작가 캐롤라인 냅Caroline Knapp은 이런 식으로 죽었다. 그녀는 《음주: 어느 사랑 이야기Drinking: A Love Story》(1996)와 《여자들이 원하는 것What Women Want》(2003) 등 솔직하고 탁월한 회고록들을 남겼는데, 이 두 권의 책을 통해 그녀에 대해 확실히 알게 되는 두 가지 사실이 있다. 첫째는 극심한 알코올 의존증과 심각한 신경성 식욕부진증으로 인해 수많은 도발적인 경험을 했다는 것, 둘째는 알코올 의존증과 식욕부진증을 모두 극복한 데서 알 수 있듯 대단히 강인한 인간이었다는 사실이다. 그녀는 2002년 불치의 폐암 말기 진단을 받자 음식물 섭취를 거부함으로써 스스로 생을 마치기로 결심했다. 쌍둥이 언니에 따르면 이것은 주도권을 쥐기 위한 결정이었다.[20] 냅의 인생역정과 강인함을 생각하면 그녀에게 이처럼 자신의 삶을 통제할 힘이 있었다는 건 놀랄 일이 아니다.

정의하기 곤란한 또 하나의 현상으로 '준準자살'이라 불리는 것이 있다. 여러 전쟁을 취재한 종군기자를 가정해보자. 죽음의 고비를 아슬아슬하게 넘긴 것만도 수차례, 그중 몇몇은 자신의 부주의 때문이었다. 그는 군 당국이 출입금지 구역으로 정한 전장에 진입하고 적의 공격을 받아 숨진다. 이 경우 최소한 치명적인 자해를 가할 수 있는 습득된 능력은 적용할 수 있다. 그는 도발적 경험을 반복하는 동안 부상과 죽음에 익숙해졌을 것이다. 나머지 두 측면은 분명치 않다. 그는 짐이 된다는 느낌과 좌절된 소속감을 지니고 있었을까? 그에게 자살에 대한 결의가 있었다고 결론짓기에는 어딘지 불완전한 데가 있다.

이러한 맥락에서 '수동적' 자살기도 개념을 살펴볼 필요가 있다. 수동적 자살기도는 아무런 행동을 취하지 않거나 최소한도의 행동만 취함으로써 위험을 유발하는 상황을 가리킨다. 생명을 위협하는 질병에 대한 치료 거부가 좋은 예다. 주변을 살피지 않은 채 교통량이 많은 차도로 발을 내딛는 행위 역시 다른 누군가를 잠재적 타살자로 유도하는 수동적 자살기도라 할 수 있다.

나는 2장에서 자살경향성의 범주들, 다시 말해서 결정된 계획 및 준비와 자살욕망 간 차이를 강조한 바 있다. 흥미로운 사실은 수동적 자살기도는 자살욕망 범주에만 분류되는 것으로, 보다 능동적이고 단호한 자살기도와 뚜렷한 차이를 보인다. 위험에 처해 있음에도 HIV 테스트를 거부하는, 그리하여 잠재적으로 생명을 구하거나 연장하는 치료를 거부하는 사람들이 있다. 피터 캐슬스Peter Cassels는 뉴잉글랜드 지역의 동성애자 신문인 〈베이 윈도우스Bay Windows〉 2002년 6월 13일자에 이런 상황에 관한 글을 기고했다. HIV 테스트를 거부했다가 나중에 에이즈 합병증으로 사망한 한 남자의 어머니는 아들이 극심한 동성애 공포증에 시달렸고, 스스로 동성애자임을 밝히지 못했다면서 이렇게 덧붙였다. "HIV 테스트를 스스로 거부했고 동성애 공포증을 갖고 있었다는 사실을 고려해보면 내 아들의 죽음은 잠재의식 차원에서 준자살이 아니었을까 해요." 이 남자는 자신이 동성애자라는 사실을 두고 가족과 스스로에게 짐이 된다는 생각에 괴로워했으며 그것이 유대감에도 영향을 미쳤던 것으로 보인다. 그는 자살욕망은 있었지만 스스로 치명적인 자해를 가할 능력은 갖추지 못했기 때문에 HIV 테스트 거부와 같은 수동적인 수단을 대신 사용한 것일지도 모른다. 이렇듯 이 책이 제시하는 이론모델의 가장자리쯤에 위치하는 '준자살' 현상은 앞으로 더 많은 연구가 필요하다.

그에 반해 경찰에 의한 자살 현상은 다른 자살 방법들과 공통된 속성들이 많기 때문에 이 책의 이론모델 안에서 설명할 수 있다. 경찰에 의한 자살이란 자살을 원하는 사람이 경찰관을 공격적으로 도발하고 결국 경찰관이 정당방위로 그를 살해하는 경우를 말한다. 이는 자살을 원한 사람이 최종 행위자가 아니라는 점에서 수동적 자살기도 요소를 지니지만, 경찰관을 공격적으로 도발하는 행위에 그가 적극적으로 참여한다는 점에서 능동적인 요소도 발견된다. 경찰과 대치상황을 경험한 사람들을 대상으로 사망자와 생존자를 비교·조사한 결과[21] 사망자들이 과거 자살기도 횟수가 더 많았고, 치명적인 자해 능력을 지녔으며, 죽고 싶다는 욕망도 더 많이 표출했다는 사실이 밝혀졌다. 그러므로 그들은 다른 방법으로 자살하는 사람들과 비슷하게 보였다. 그들이 왜 다른 방법을 두고 경찰에 의한 자살을 선택했는지는 확실치 않다. 사실 이뿐만 아니라 자살 방법 선택 전반에 대한 체계적인 지식은 아직도 부족한 형편이다. 사법 당국 및 정부에 대한 분노로 해석할 수도 있겠지만 만족스러운 설명은 아니다.

살해 후 자살murder-suicide은 정의하기 어려운 현상이 아니다. 누군가 틀림없이 자살로 사망했기 때문이다. 하지만 왜 먼저 다른 사람을 죽였을까? 이에 관한 체계적인 통계는 거의 없는데, 아마도 상대적으로 드물게 일어나는 사건이기 때문일 것이다.[22] 전체 자살의 약 1.5%만이 살해 후 자살의 맥락에서 발생한다.[23] 살해 후 자살자들이 일반적인 자살사망자와 살인자 중 어느 쪽에 더 가까운지를 알려주는 흥미로운 연구가 있다. 그에 따르면 살해 후 자살자의 75%가 우울증을 앓고 있었으며 95%가 남성이었던 반면 일반적인 살인자들은 우울증이 없었고 절반이 여성이었다. 연구진은 살해 후 자살자들은 일반적인 살인자와 명확히 구별되는 집단이라는 결론을 내렸다.[24]

하지만 도대체 왜 자살하기 전에 다른 사람을 살해한단 말인가? 장애가 있는 배우자를 보살펴온 노년의 남성 우울증 환자들이 답이 될 수 있다. 홀로 자살한 남성들과 배우자를 살해한 뒤 자살한 남성들을 비교한 결과, 장애가 있는 배우자를 보살펴온 이들은 살해 후 자살그룹의 절반을 차지한 반면 일반 자살자 그룹에서는 장애 배우자를 둔 비율이 17%에 불과했다.[25] 우울증은 양쪽 모두에서 흔히 발견되었다. 살해 후 자살의 상당수가 장애가 있는 배우자를 보살펴야 하는 노년층 남성 우울증 환자들에 의해 발생한다. 이 사건들 중 일부는 배우자가 동반자살에 동의하는, 일종의 협정 형식을 띠기도 한다.

자살 방법에 관한 이야기

경찰에 의한 자살, 살해 후 자살 등의 현상은 자살 방법 선택이라는 일반적인 문제를 제기한다. 이 책이 제시하는 이론모델의 관점에서 본다면, 치명적인 자해 능력을 습득한 사람들은 특별히 치명적인 자살 방법을 선택해야 옳다. 실제 그렇다는 증거들이 있다. 한 예로 반복적인 자해 전력이 있는 사람들은 최초로 자해를 시도한 환자들에 비해 더욱 공격적이고 치명적인 방법을 사용하는 것으로 나타났다.[26] 또한 기분장애 및 경계성 인격장애 환자들에게 있어 과거의 자살기도 횟수는 가장 심각한 자살기도로 인해 초래될 의학적 손상 정도를 예측하게 해주는 중요 요소이기도 하다.[27] 나와 동료들은 완성된 자살 사례를 분석한 결과 짐이 된다는 느낌이 덜 치명적인 방법(약물 과다복용 등)보다는 더 치명적인 방법(스스로 가한 총상 등)을 선택하는 경향과 관련이 있다는, 이 책의 이론모델과 부합하는 현상을 발견했다.[28]

자살 방법 선택과 관련해서 두 가지 모호한 점이 있다. 첫 번째 것은 짐이 된다는 느낌에 관한 연구를 통해 확인된다. 보고서에 실린 한 연구에서 전원이 자살사망자인 조사대상 중 일부가 상대적으로 덜 치명적인 방법을 사용한 것이다. 자살 방법 선택과 죽음에 대한 의지 간 연관은 이렇듯 단순하지 않다. 사실 죽음 의지와 자살 방법 사이에는 별다른 연관이 없음을 증명한 연구들도 있다.[29]

설득력 있는 자살이론이라면 자살 방법 선택, 죽음에 대한 의지, 자살로 인한 사망의 상호관계를 부분적으로나마 해명하고, 그 상호관계에 내재하는 복잡성을 참작할 수 있어야 한다. 이 책이 제시하는 이론모델이 바로 그런 것으로, 여기서 추론할 수 있는 예측 하나는 특별히 치명적인 자살 방법을 선택하는 사람들은 사망하든 심각한 의학적 손상을 입든 상관없이 습득된 능력, 짐이 된다는 느낌, 좌절된 소속감을 동시에 지녔다고 간주할 수 있다. 반면 덜 치명적인 방법을 선택하는 사람들은 사망이나 심각한 의학적 손상이 발생할 경우에만 이 요소들을 지녔다고 간주할 수 있다는 점이다.

자살 방법 선택과 관련한 또 하나의 복잡성은 문화에 따라 현저한 차이가 나타난다는 점이다. 총기보유율이 높은 나라답게 미국에서는 총격이 가장 널리 쓰이는 방법으로 전체 자살의 55%를 차지한다. 그 다음이 목매기를 비롯한 여러 형태의 질식(20%), 독극물 중독(17%)이 뒤를 잇는다.[30] 반면 영국과 중국에서는 미국에 비해 독극물 중독이 더 흔하게 사용된다.[31] 하지만 어떤 문화권에서 어떤 자살 방법이 선택되는지를 예측하는 건 이 책이 제시하는 이론모델의 몫이 아니다. 그보다는 어떤 사람들이 심각한 자살 의지를 개발하고, 어떤 심각한 방식으로 그것을 실행하는지를 설명하려 한다. 다만 가장 드물게 선택되는 자살 방법이 가장 끔찍하다는 사실은 매우 이채롭다. 가령 전체 자살사망 사건 중 투신은 2%, 분신은 1%에 불과하다. 아마도 치명적인 자해를 가할 수 있는 능력을 개발한 사람에게조차 특수한 공포가 영향을 미쳐 자살 방법 선택을 좌우하는 것으로 보인다.

발생률

어떤 면에서 자살사망은 드물지 않다. 미국에서만 매년 3만 명이 자살로 사망하니, 대략 하루에 80명, 18분에 한 명꼴인 셈이다. 세계적으로 보면 매년 약 100만 명, 즉 40초에 한 명이 자살로 목숨을 잃는다. 이 수치는 세계 각지에서 발발하는 무력충돌로 인한 사망 건수를 합

한 것보다 높고 교통사고 사망 건수와는 비슷한 수준이다. 즉, 자살은 주요 사망원인의 하나다.[32]

하지만 또 다른 면에서 자살은 비교적 드문 현상이다. 1장에서 제시된 통계를 확장해보면, 10만 명 인구의 미국 도시에서 매년 10명이 자살로 사망하는 셈이다(사망률은 통상 인구 10만 명당 사망 건수를 기준으로 집계되는데, 미국의 자살률은 매년 10만 명당 약 10명꼴이다). 미국에서 전체 사망 건수 가운데 자살이 차지하는 비중은 1%를 조금 넘는다. 누군가가 죽었을 때 사인이 심장질환이나 암일 확률이 52%에 달한다. 미국에서 매일 자살로 사망하는 사람이 약 80명이라면 매일 심장질환으로 사망하는 사람은 약 1,900명이나 된다.

자살에 관한 많은 이론이 발생률 앞에서는 힘을 잃는다. 자살이 X라는 요인 때문에 발생한다면 그 요인이 매우 흔함에도 불구하고 자살은 덜 흔한 이유가 설명되어야 한다. 예를 들어보자. 자살에 대한 설명으로 흔히 정신질환이 제시된다. 다음 장에서 자세히 설명하겠지만, 정신질환이 자살행동에 모종의 역할을 한다는 데는 의심의 여지가 없다. 하지만 정신질환만으로는 자살에 대해 만족할 만한 설명을 제공할 수 없는데, 그것은 정신질환이 자살보다 훨씬 더 많이 존재하기 때문이다. 정신질환을 앓지만 자살하지 않는 수많은 이들은 어떻게 설명한단 말인가? 또 어떤 자살의 경우 X라는 요인이 아예 부재한다는 사실도 설명되어야 한다. 정신질환이 없는 사람이 자살로 사망할 경우, 정신질환 위주 이론으로는 이 사실이 설명되지 않는다.

이와 반대로 이 책이 제시하는 이론모델은 자살의 의생태학醫生態學과 부합한다. 비교적 적은 사람들이 치명적 자해 능력 습득 경험이나 기회를 갖고, 설사 이런 경험과 기회를 갖는다 해도 모두 같은 능력을 습득하지는 않는다. 어떤 경험들은 매우 경미해서 친숙화 과정으로 이어지지 않기 때문이다. 이처럼 치명적 자해 능력은 상대적으로 드물 뿐 아니라 습득하기도 어렵다. 짐이 된다는 느낌과 좌절된 소속감도 마찬가지다. 이 책의 이론모델에 따르면 이 셋의 결합이 심각한 자살행동의 필수조건인데, 당연하지만 더욱 드물게 발생한다.

자살률은 지역별로 고른 분포를 보이지 않는다. 자살행동에 관한 통찰력 있는 이론이라면 이 현상을 해명할 수 있어야 한다. 미국의 일부 지역은 아직도 명예문화가 지배적이라 "명예 아니면 죽음을 달라."라는 외침이 신조처럼 받들어지는 것 같다. 실제로 자살률 기준 상위 15개 주 모두 이 명예문화가 융성한 지역이다. 따라서 포괄적인 자살이론은 실추된 명예의 역할을 포함해야 한다. 이 책의 이론모델은 타인에 비추어본 개인의 지위를 강조하면서 타인에 대한 짐으로 느껴질 만큼 자신의 지위가 추락할 때 심각한 자살행동 위험이 상승한다고 제안함으로써 이 조건을 충족시킨다.

명예문화가 발달한 주의 자살률이 상대적으로 높다면, 같은 주 안에서도 명예문화가 성한 시골의 자살률이 도시에 비해 높은 식으로 지역에 따라 자살률이 달라야 한다. 나는 이 현상을 조사하기 위해 우리 플로리다주의 시골 카운티 세 개를 무작위로 선정해 도시지역인 마이애미 및 탬파 카운티와 비교해보았다. 시골 카운티로는 레이크 카운티(탬파에서 북동쪽, 반도의 중간지점에 위치하고, 2002년 인구는 23만 3,835명), 캘훈 카운티(탤러해시에서 서쪽 돌출지점에 위치하고, 2002년 인구는 1만 2,567명), 수와니 카운티(잭슨빌에서 서쪽, 돌출부와 반도의 교차점에 위치하고, 2002년 인구는 3만 6,121명)가, 도시 카운티들은 브로워드 카운티(마이애미, 2002년 인구는 170만 9,118명), 데이드 카운티(마이애미, 2002년 인구는 233만 2,599명), 힐스보로 카운티(탬파, 2002년 인구는 105만 3,864명)가 각각 선정되었다. 조사 결과 시골 카운티의 인구 10만 명당 자살사망자 수는 15명 이상인 반면, 도시 카운티의 경우 9명이 조금 넘는 것으로 나타났다.

이 결과는 1990~1997년 미국 시골지역의 남성 자살률이 10만 명당 29명이던 데 비해 도시지역의 남성 자살률은 10만 명당 17명이었다는 최근 연구와 일치하는 결과다.[33] 여성에서도 대략 비슷한 패턴이 발견되었다. 이 연구의 대표 저자는 〈애틀랜타 저널 컨스티튜션〉과의 인터뷰에서[34] 낮은 소속감을 강조하며 이렇게 말했다. "일반적으로 시골지역에서의 물리적인 고립과 한정된 사회적 교류가 원인으로 지목됩니다. 사회적 교류와 네트워킹 기회가 제한돼 있다는 거죠."

시골지역의 극심한 경제적 스트레스와 낮은 인종 다양성을 비롯해 여러 각도의 설명이 가능할 것이다. 하지만 마이애미나 탬파보다는 시골 카운티들에서 그리고 도시보다는 시골에서 명예문화가 더욱 지배적이며, 바로 그 사실이 플로리다주의 시골과 도시의 상당한 자살률 차이에 중요한 변수로 작용할지 모른다는 추측은 여전히 흥미롭다.

2001년 통계를 기준으로 자살률 상위 5개국은 리투아니아, 러시아, 벨라루스, 라트비아, 우크라이나 순이다(국가별 자살률 순위는 그 사이 많이 바뀌었다. 2024년 기준 상위 5개국은 한국, 리투아니아, 라트비아, 일본, 헝가리 순이다. ―편집자). 모두 구소련에 소속되었던 국가이며 서로 인접해 있는 이 나라들의 자살률은 실로 충격적이다. 남성 자살률은 모두 10만 명당 50명 이상이고 특히 리투아니아와 러시아는 10만 명당 70명이 넘는다. 참고로 미국의 남성 자살률은 10만 명당 17명으로, 리투아니아의 여성 자살률과 같은 수준이다.

이 나라들은 명예문화가 지배적이고, 긴 고난의 역사를 갖고 있으며(소련의 잔혹한 압제를 포함해), 소련 공산주의의 그림자에서 벗어나 독립국으로 전환하는 과정에서 국가 정체성 및 경제적 위기를 겪었다. 이 나라 국민에게서 치명적인 자해 능력(갖은 고난에 대한 친숙화를 통해 개발된다), 짐이 된다는 느낌(경제적 스트레스에서 일부 기인한다), 그리고 좌절된 소속감(사회적 통합의 압박감에서 기인한다)이 대거 발생할 것이라는 추론은 그들의 높은 자살률을 이해할 수 있는 열쇠가 된다.

인구통계

성별

미국의 경우 남성 자살률이 여성에 비해 약 4배 높은 것에 반해, 자살 시도 비율은 여성이 남성에 비해 약 3배 높은 것으로 집계돼 눈길을 끈다.[35] 이런 경향은 다른 나라에서도 비슷하게 나타나 평균적으로 여성 1명당 남성 4명이 자살로 사망하는 것으로 확인된다. 자살률 상위 5개국에 이르면 이 성비는 4.69(리투아니아)에서 6.69(벨라루스) 사이로 한층 높아진다. 남성의 치사율이 이렇게 높은 것은 물론 여성보다 남성에게서 더 자주 발견되는 폭력 성향과 관련돼 있다. 여성들이 자살을 더 자주 시도하는 대신 덜 폭력적인 방법을 사용하는 것에 반해 남성들은 정반대다. 자살로 사망한 미국 남성의 3분의 2가 총을 사용한 반면 여성의 총기 사용은 3분의 1에 불과하다. 여성 자살사망자들이 가장 흔히 사용하는 방법은 약물 과다복용 및 독극물 중독이다.[36]

남성의 자살이 더 치명적인 것은 그들이 치명적인 자해 능력을 더 많이 습득한 데서 일부 기인한다고 나는 믿는다. 남성들은 여성들보다 더 다양한 방법으로 이 능력을 습득한다. 그들은 총기나 몸싸움, 권투나 풋볼처럼 난폭한 운동과 자가 약물투입 등에 더 많이 노출되어 있으며, 의사가 될 확률도 평균적으로 더 높다. 또 남성들은 여성에 비해 소속감 확보에 어려움을 겪기도 한다. 이런 맥락에서 여성들은 남성에 비해 자기 정체성의 중요한 부분인 관계적 가치를 저버릴 확률이 낮으므로 자살사망률 역시 낮다는 주장이 제기되기도 했다.[37] 전통적인 남성 역할에 가족 부양이 포함되어 있음을 고려할 때, 좌절된 소속감 또한 여성보다 남성에게 더 문제가 될 가능성이 높다. 이를테면 가장 역할의 실패는 여성보다 남성에게 더 치명적일 수 있다.

이전 자살기도와 차후 자살기도의 관계에 대한 두 가지 이론모델의 비교 연구는 자살의 성차 이해에 도움이 될 것이다. 먼저 '특성 모델'은 자살기도가 변하지 않는 모종의 특성에 의해 미리 결정되는 것으로, 자살행동 횟수의 영향은 없다는 것이다. 반면 '점증 모델'은 자살행동 횟수가 누적될수록 다음번 자살행동 발생 가능성이 높아진다는 것으로, 고통스럽고 도발적인 다양한 경험을 통해 치명적인 자해 능력이 강화된다는 이 책의 이론모델과 닮아있다.

'특성 모델'과 '점증 모델'은 각각 충분한 데이터를 통해 뒷받침되고 있다.[38)] 이 책이 제시하는 이론모델은 현재의 자살행동이 전에 보였던 최악의 자살경향성에 근접하거나 초과하는 요소를 갖고 있을 경우에만 다음번 자살행동 발생 가능성이 상승한다고 주장한다는 점에서 개정 점증 모델이라 부르면 적절할 듯하다. 이런 경우 비로소 친숙화가 가속화되고 반대과정이 전개된다. 반면 비교적 경미한 자살경향성은 차후의 심각하고 악화된 자살행동 발생 가능성을 높이지 않는다. 이는 여성들이 경미한 자살경향성을 경험할 확률은 남성에 비해 높지만, 그것이 악화해 자살을 완성할 가능성은 남성에 비해 낮다는 경험적 사실에 대해 부분적인 설명을 제공한다.

남성의 자살 완성률이 여성에 비해 높은 현상과 관련해 중대한 예외가 있다. 중국이다. 중국 여성의 자살률은 10만 명당 14.8명으로 남성(13명)보다 높다. 유교주의의 사회적 역할, 여성을 열등한 존재로 취급하는 태도 등이 하나의 설명으로 사용되었는데,[39)] 자기효능감을 자살에 대한 완충재로 보는 이 책의 시각과 일치하는 측면이 있다.

이 책이 제시하는 이론모델과 일치하며 중국 여성의 높은 자살률 현상을 설명해주는 흥미로운 추론은 스포츠와 관련이 있다. 다른 서구 국가들과 달리 중국에서는 여성이 남성에 비해 국제 스포츠 경연장에서 훨씬 더 훌륭한 성적을 거두어왔다. 스포츠 분야에서의 성취가 중국 여성들에게 운동능력, 남자다움, 공격성 같은 윤리를 고취했고, 그 결과 여성 자살행동의 치사성이 높아졌을 수 있다는 주장이 제기된 것이다(아마 치명적인 자해를 가할 수 있는 습득된 능력을 통해).[40)] 4,000명 이상의 미국 대학생을 대상으로 진행한 설문조사 결과, 스포츠를 통해 길러진 여성의 남자다움과 공격성이 자살 위험 증가로 이어질 가능성을 암시하는 증거가 확인되었다. 격렬한 체육활동에 참가하는 여성들이 그렇지 않은 여성에 비해 자살행동을 보일 확률이 훨씬 높게 나타난 것이다.[41] 게다가 여성 운동선수들의 고통 내성이 상승한다는 증거도 발견되었는데,[42] 그로 인해 치명적 자해 능력 습득이 조장되는 것이라고 볼 수 있다. M.로치M. Roach는 2003년 저서 《스티프Stiff》에서 900~1900년대 중국에서 흔히 행해지던 관습 하나를 소개한다. "성인 자녀들에게는 (…) 자신의 살점을 도려내 회춘제를 준비함으로써 효심을 입증해야 할 의무가 있었다."[43] 그런데 이 성인 자녀들이란 대부분 며느리였고 그녀의 살점이 들어간 회춘제는 시어머니에게 바쳐졌다. 이 같은 전통이 여성들로 하여금 고의적인 자해와 고통, 부상에 익숙해지는 문화를 만들어낸 것은 아닐까 추정된다.

인종 및 민족

미국의 자살 관련 인구통계에서 눈에 띄는 점 하나는 흑인이 백인에 비해 자살을 덜 한다는 사실이다. 흑인 남성의 자살률은 10만 명당 9.8명으로 백인 남성의 자살률 19.1명에 비해 현저히 낮다. 흑인 여성과 백인 여성의 자살률은 각각 1.8명과 4.5명이다.[44] 이론가들은 이 차이를 사회적 지원과 신앙심의 맥락에서 설명했다. 다시 말해서 흑인들은 더 많은 사회적 지원을 받고 더욱 종교적이며 그로 인해 자살로부터 보호를 받는다는 논리다.[45] 평균적으로 흑인들은 백인보다 더 종교적인 것으로 나타난다.[46] 교회 출석, 기도 횟수, 신에 대한 친밀감, 자신의 영성에 대한 평가 등 척도에서 미국의 흑인들은 백인을 뛰어넘는다. 신앙심이 자살경향성에 대한 완충재가 되어준다는 증거도 있다.[47] 전국 규모의 조사에서 흑인들은 백인보다 교회에 나가고 기도하는 빈도가 더 높을 뿐 아니라 종교적 신념을 더 중시한다는 사실이 발견되었다.[48] 사회적 지원 결핍이 자살 위험요소가 된다는 사실에는 이론의 여지가 거의 없다.[49] 하지만 일부 증거에도 불구하고,[50] 흑인이 백인보다 전반적으로 더 많은 사회적 지원을 누린다는 주장은 맞지 않을 수 있다. 이 책이 제시하는 이론모델의 맥락에서 중요한 사항으로, 흑인들이 종교기관과의 접촉 및 타인의 지원을 통해 자살로부터 보호받을 수 있다는 추정은 소속욕구가 충족될 경우 자살경향성에 대한 완충재 역할을 한다는 주장과 일치한다.

흑인들의 자살과 관련해 인상적인 사실이 또 하나 있다. 바로 지난 30여 년 사이의 흑인 남성 자살률 상승인데, 이는 대부분 젊은층 남성 자살률 폭증에 기인한다. 한 예로 1980~1990년대, 열 살에서 열네 살 사이 흑인 소년들의 자살률은 무려 283%나 뛰어올랐고, 열다섯 살에서 열아홉 살 사이 흑인 사춘기 청소년의 자살률은 165% 올라갔다. 한편 흑인 남성의 자살 위험이 이처럼 급증한 것과는 대조적으로 흑인 여성의 자살률은 19% 감소했다.[51]

내 제자이자 현재 사우스캐롤라이나 대학교에서 교편을 잡고 있는 리다 워커Rheeda Walker는 흑인 남성의 자살 증가를 설명하기 위한 이론모델을 제안했다. 그녀는 하나의 문화구조에서 다른 문화구조로 이동할 때 경험하는 스트레스를 뜻하는 문화적응 스트레스라는 개념에 초점을 맞추었다. 그녀에 따르면 흑인 남성들이 특히 심한 문화적응 스트레스를 경험한다. 지난 30여 년 동안 교육과 고용 등에서 흑인 여성에 비해 흑인 남성에 대한 주류사회의 장벽이 더 많이 내려갔기 때문이다. 그녀는 이 스트레스가 자살경향성의 위험요소가 될 수 있으며, 특히 그들이 확대가족 및 교회와의 친밀한 유대라는 흑인사회의 전통적인 자살완충재를 포기할 때 더욱 그렇다고 강조했다. 젊은 흑인 성인 270명을 대상으로 한 설문조사 결과 그녀의 진단을 뒷받침하는 경험적 증거들이 발견되었다. 이 결과 역시 좌절된 소속감을 심각한 자살행동의 주요 요소로 간주하는 이 책의 시각과 일치한다.[52]

백인이었던 내 아버지는 자살로 돌아가시기 전 몇 달간 이따금 흑인 교회에 나가셨다. 확실치는 않지만 아버지는 좌절된 소속감에 시달렸고 본래 나가던 교회를 비롯해 기존의 안식처들은 아버지에게 더는 위안을 주지 못했을 것이다. 아버지는 흑인 신도들 사이의 친밀감을 감지하고는 흑인 교회에 손을 뻗으셨던 듯하다. 그것이 효과를 보지 못했다는 사실은 놀랍지 않다. 그 교회들은 아버지에게 친절했을 테지만 정작 아버지는 자신이 진정으로 거기 속한다는 느낌은 받지 못하셨으리라. 워커의 연구가 보여주듯 하나의 하위문화에서 다른 하위문화로 이동해 거기서 진정한 소속감을 느끼기는 어려운 법이다. 안타깝게도 그것은 내 아버지가 성취하기엔 너무 힘든 도전이었다.

미국 내 히스패닉Hispanics(스페인어를 사용하며 미국에 거주하는 라틴아메리카계 주민. —옮긴이) 인구의 자살률은 10만 명당 5명이다. 전국 자살률 10만 명당 10명에 비해 상당히 낮은 편이다. 확대가족과의 긴밀한 관계가 이처럼 낮은 자살률을 설명해줄 수 있다. 하지만 미국에 거주하는 히스패닉은 멕시코계, 쿠바계, 푸에르토리코계를 비롯해 여러 민족으로 구성된 매우 다양한 집단임을 명심해야 한다. 한 예로 푸에르토리코인들은 멕시코인이나 쿠바인에 비해 자살관념과 자살기도에 있어 더 높은 수치를 보인다.53) 히스패닉 내부의 다양한 집단 간 자살경향성 격차를 분석하는 연구가 더욱 필요한 실정이다.

히스패닉 내부의 하위집단 구별이 필요하듯이 아메리칸 인디언의 자살경향성과 관련해 발견된 사항들도 부족 간 차이를 고려해 인식되어야 한다. 전반적으로 아메리칸 인디언들은 미국의 다른 인종에 비해 1.5~2배 높은 자살률을 보인다. 친밀한 가족관계가 흑인과 히스패닉에게 자살의 완충재로 작용하는 것과 달리 아메리칸 인디언의 경우 그들이 겪은 곤경과 그로 인한 사회적 분열이 높은 자살률의 요인이라는 주장이 제기되기도 했다. 또 상이한 사회적 결집도가 자살률의 부족별 격차에 영향을 미칠 수도 있다. 이를테면 남서부 지역 아메리칸 인디언 문화는 북부 평야지대의 아메리칸 인디언 문화에 비해 높은 사회적 결집도를 보이며 자살률 역시 상대적으로 낮다. 이는 자살행동의 설명에 있어 소속감을 주요 요소로 강조하는 이 책의 이론 모델과 상응한다. 남서부 부족들 중에서도 사회적 결집도는 중요한 차이를 초래하는 듯하다. 한 예로 아파치족은 나바호나 푸에블로족에 비해 높은 자살률을 보이는데, 나바호와 푸에블로의 부족 내 결집도는 아파치보다 훨씬 더 높은 것으로 알려져 있다.54)

다양한 민족 집단과 문화권에 따라 짐이 된다는 느낌과 좌절된 소속감은 상이하게 나타나는 것 같다. 문화권 간 차이의 중요한 요인 한 가지는 구성원들이 스스로를 이해하는 방법에 있다. 상호의존적인 자기 이해가 지배적인 문화권(예를 들어 여러 아시아 문화권) 사람들은 스스로를 더 큰 전체의 일부로 보며 개인의 자율이나 독립을 강조하지 않는다. 자율적 자기 이해가 지배적인 문화권의 사람들은 반대 견해를 취한다. 그들은 개인의 자유 행동권과 독립을 전체보다 우선시한다. 미국은 상대적으로 자율적 자기 이해 문화가 강한 나라이다.[55] 상호의존적 자기 이해가 지배적인 문화권 안에서는 좌절된 소속감이 특히 고통스러운 반면 자율적 자기 이해가 지배적인 문화권 안에서는 짐이 된다는 느낌이 더욱 고통스러울 것이라는 추정이 가능하다. 내가 아는 한 자살경향성과 관련해 이 같은 가능성을 분석한 연구는 아직 없지만, 앞으로의 연구가 나아갈 한 방향은 될 수 있다.

한편 인종에 따라 고통 내성 정도가 다른 것으로 나타나 관심을 끈다. 만성통증 환자들을 대상으로 실험과 설문 등 다양한 방법을 써서 측정한 결과 백인 환자들이 흑인 환자보다 고통에 대한 내성이 높은 것으로 드러났다.[56] 이보다 일반적인 인구 표본을 사용한 다른 연구들 역시 동일한 결과를 얻어냈다.[57] 2장에서 높은 고통 내성이 자살행동에 영향을 줄 수 있다고 주장했는데, 이런 맥락에서 상대적으로 자살행동 위험도가 높은 백인들이 흑인들보다 높은 고통 내성을 지니고 있다는 사실은 흥미롭다.

나이

심각한 자살행동의 매우 중요한 요소로 볼테르의 표현에 따르면 '자연 최강의 본능을 뛰어넘는' 습득된 능력이란 것이 있다. 이 능력은 습득하는 데 시간과 경험이 필요하므로 나이가 들수록 증대할 것이라는 추측은 당연하다. 그러니깐 이 책의 이론모델 논리에 의하면 나이를 먹을수록 자살도 증가해야 옳다.

실제로 대다수 국가와 문화권에서 자살은 나이가 들수록 증가한다. 미국에서 자살은 예순다섯 살 이상 노인들 사이에서 가장 흔하게 발생하고,[58] 이는 사실상 자살에 관한 믿을 만한 통계가 있는 모든 나라에서 동일하게 발견되는 현상이다.[59] 사춘기 청소년의 경우 100 대 1 이상인 자살기도 대 자살사망 비율이 노년층에 이르면 4 대 1로 내려온다.[60] 나이가 들수록 자살행동의 치사성이 급격히 높아진다는 해석이 가능하다. 물론 나이는 이 책이 제시하는 이론모델의 나머지 두 요소인 짐이 된다는 느낌 및 좌절된 소속감과도 관련될 수 있다. 우리가 플로리다 주립대학교 심리학부 클리닉의 정신과 환자들을 대상으로 진행한 연구에서 짐이 된다는 느낌의 측정치는 나이와 상관이 있는 것으로 드러났다. 즉, 고령의 환자일수록 짐이 된다는 느낌을 더 많이 갖는 것으로 집계됐다(좌절된 소속감은 조사에 포함되지 않았다).

추정이지만 최근 수십 년 동안 영화·언론·비디오 게임에 묘사된 폭력, 무기사용, 약물남용 등을 통해 일반 대중은 폭력에 더욱 흔하게 노출되었을 것이다. 이렇듯 자살 능력 습득이 한결 쉬워졌다면 연령 곡선은 점차 완만해져야 한다. 다시 말해서 평균적으로 볼 때 최근 출생자들일수록 자살이 좀 더 이른 나이에 발생하기 시작해야 옳을 텐데, 실제로도 그런 듯하다.[61]

2000년 미국에서 발생한 젊은이들의 죽음을 살펴보면 자살이 세 번째 사인인 데 반해 전체 사망자를 대상으로 하면 열한 번째에 그치는 것이다.[62] 그렇다면 짐이 된다는 느낌은 사춘기 청소년들에게 어떻게 나타날 수 있을까? 이를테면 실패한 가장과 같은 상황에서만 짐이 된다는 느낌이 솟아나는 것은 아니다. 가족에 대해서든 사회에 대해서든, 스스로가 짐일 뿐이라는 느낌은 어느 나이에서든 찾아올 수 있다. 이것은 3장에서 언급한 '소모품 어린이'에 관한 관념적·경험적 연구를 통해 확인된 사실이다.[63] 짐이 된다는 느낌을 명백히 포함하는 소모품의 느낌은 젊은이들의 자살과도 연관되어 있다.[64]

자살행동은 어린 아이들에게는 드물게 나타난다. 그들이 아직 심각한 자해 능력을 습득할 경험이나 시간을 갖지 못했다는 것에 부분적인 이유가 있다. 드문 현상이지만 아주 어린 아이에게서도 이따금 자살경향성이 관찰되는 것은 사실이다. 두 살 반에서 다섯 살 사이의 자살경향성을 지닌 취학 전 아동들과 자살경향성은 없지만 심각한 정신과적 문제를 지닌 취학 전 아동을 나이, 성별, 인종, 부모의 결혼상태, 사회경제적 위치 등에 맞추어 비교한 연구가 있다. 그 결과 자살경향성을 지닌 아이는 상대 그룹 아이들에 비해 두 가지 중요한 면에서 차이를 보였다. 하나는 부상당했을 때 아프다는 표시를 하거나 우는 횟수로 판단할 수 있는(자살경향성을 지닌 아이는 훨씬 적은 횟수를 보였다) 고통 내성이 높다는 점이었고, 다른 하나는 부모가 원치 않은 아이이거나 학대 및 방치에 희생된 아이일 가능성이 높다는 사실이었다.[65] 세 살배기 아이의 자살경향성을 설명하겠다는 이론모델은 거의 없지만, 이 책이 제시하는 이론모델은 그 핵심요소들이 자살경향성을 지닌 아동과 다른 정신과 입원 아동을 변별해낼 수 있다는 점에서 취학 전 아동들에 대한 위의 조사 결과와 일치한다.

우울증이 자살경향성의 원천으로 간주되는 데에는 그럴만한 이유가 있다. 우울증은 짐이 된다는 느낌과 단절감을 악화시키기 때문이다. 하지만 우울증이 자살의 유일한 원인이라는 시각은 이미 정립된 의생태학적 사실들과 제대로 부합하지 못한다. 무엇보다 우울증은 젊은 사람들의 질병으로서, 평균 발병 연령은 스무 살 안팎이고[66] 비율이 가장 높은 연령층은 젊은 성인이다.[67] 보편적으로 젊은 사람들은 나이 든 사람보다 부정적 정서는 더 많이, 긍정적 정서는 덜 경험한다.[68] 이와 반대로 연령곡선이 약간 완만해지는 경향이 있지만 자살은 젊은층보다는 노인층에서 훨씬 더 큰 문제이다. 따라서 우울증을 자살행동의 핵심원천으로 간주하는 단순한 구조는 이 사실들을 설명하는 데 무리가 될 수밖에 없다. 반면 이 책의 이론모델은 나이와 심각한 자살행동 사이에 존재하는 연관과 조화를 이룬다.

나이가 들수록 자살행동이 증가한다는 규칙에 단 하나의 예외가 있다. 바로 젊은 성인층의 자살률이 가장 높은 아메리칸 인디언 사회이다. 아메리칸 인디언의 자살률은 전반적으로 높지만 노년층의 경우는 의외로 백인보다 낮다. 이런 경향은 노년층 아메리칸 인디언의 수동적인 수용의 태도, 그리고 노인을 존중하는 문화적 전통에 기인할 수 있다.[69] 노년층의 낮은 자살률은 이렇게 설명한다고 쳐도, 젊은이들(특히 젊은 남성들)의 자살률이 높은 이유는 무엇일까? 이 중요한 질문에 대한 연구는 턱없이 부족하지만, 소속감과 효능감이 좌절되는 경험에 젊은 성인층이 더 많이 직면하기 때문인 듯하다.

미국에서 자살 위험이 가장 높은 인구집단은 백인 노년층 남성이다. 나이, 성별, 인종과 같은 차원들을 따로 고려해도 이들이 언제나 고위험 집단으로 분류된다는 점에서 당연한 결과다. 한편 나이가 들어가는 백인 남성들이 사회적 유대관계를 보충하지 않는 성향도 중요한 요소라고 나는 믿는다. 미국 남성들, 그중에서도 특히 백인 남성들은 유년기와 사춘기 시절에 가까운 친구들을 사귈 뿐 성년기 이후에는 새로운 친구들과 깊은 관계를 형성하는 일이 드문 편이다. 여성이나 백인 이외의 남성에게서는 이런 현상이 상대적으로 덜 나타난다. 그 때문에 미국의 백인 노년층 남성들은 나이가 들고 기존의 친구 관계가 유지되지 못할 때 소속감 좌절을 느낄 가능성이 특히 높다. 성년기 이후 사귄 새 친구들을 통해 꾸준히 관계를 보충하는 다른 인구 집단만큼 완충재의 보호를 받지 못하는 것이다.

내 아버지 역시 돌아가실 무렵 이런 상황에 처하셨던 게 분명하다. 청년 시절에 맺었던 친구 관계가 이러저러한 이유로 중단되거나 퇴색한 후 아버지는 새로운 친구 관계를 형성하지 않았다. 내가 아는 사람 중에 80대까지 살다 자연사한 남자가 있는데 그는 아버지와 달랐다. 그의 추도식에서 그가 평생 유지해온 사회적 유대관계에 관해 듣고 감명을 받았다. 그는 그야말로 10년마다 새로운 친구들을 사귄 듯했고, 다소 퉁명스러운 성격이었음에도 매일 한 명 이상의 친구에게 전화를 걸어 몇 분씩 대화하는 습관을 갖고 있었다. 새 친구를 사귀고 그 관계를 유지하는 데 노력을 기울였으며, 그로부터 살아갈 힘을 얻은 듯했다. 더 많은 노년의 백인 남성들, 아니 더 많은 이들이 그렇게 살아갈 때 자살률은 내려갈 것이라고 나는 생각한다.

자살의 동시다발 및 '전염' 현상

이따금 자살이 특정 시간과 공간에 집중되어 발생하는 경우가 있다. 한 예로 학생 수 1,500명쯤 되는 어느 고등학교에서 나흘 새에 2명의 학생이 자살로 사망했다.[70] 그리고 총 18일 동안 자살사망자 2명 외에 7명의 학생이 자살을 기도했다. 이 같은 동시다발적 자살 현상에는 어떤 메커니즘이 숨어 있을까?

 이 같은 현상에 대한 하나의 설명으로 분별적 관계 형성 개념을 들 수 있다. 특히 자살에 취약한 사람들은 이를테면 약물남용처럼 공통된 자살 위험요소를 기준으로 친구나 연인관계를 맺음으로써, 무작위가 아닌 분별적 관계를 형성하곤 한다. 그 결과 동시다발적 자살을 촉발하는 특정 자극이 발생하기 훨씬 전부터 동시다발적 자살이 잠재적으로 예정되는 효과가 발생한다. 다른 구성원의 자살행동을 포함해 매우 부정적인 사건의 영향을 받을 경우, 이 집단 구성원들의 자살경향성은 한껏 고조될 수 있다.

 이 시각에 따르면 잠재성을 가진 집단은 많지만 실제 자살행동을 하는 집단은 매우 드문데 그것은 앞서 언급한 '단합' 효과에 일부 기인한다. 즉, 집단의 한 구성원이 자살을 시도하거나 자살로 사망하면 그것은 전체의 비극이 되어 사람들을 결속시키고 소속감을 증대시켜 다른 구성원의 자살행동에 대한 완충재 역할을 해준다는 것이다. 이처럼 소속감 증대는 동시다발적 자살 현상에 대한 제동 메커니즘으로도 작용한다.

 이런 논리는 경험적으로 실증하기가 매우 어렵지만 나는 실험을 통해 분별적 관계 형성 개념과 부합하는 결과를 도출해냈다. 서로를 룸메이트로 선택한 대학생들은 룸메이트를 무작위로 배정받은 학생들에 비해 서로 비슷한 자살지수를 갖고 있다는 사실이 확인된 것이다. 이는 룸메이트 관계의 스트레스로 인해 자살경향성이 비슷한 수준으로 조정된 것으로 판단된다. 이 같은 결과는 공통의 스트레스가 분별적 관계 형성을 통해 측근의 자살경향성에까지 영향을 미칠 수 있다

는 시각과 부합한다.[71]

사건보고서들도 이런 시각을 입증해준다. 런던의 한 정신과 병원에서 치료를 받던 환자들 중 한 해에 14명이 자살한 사례가 있었다. 그중 13명은 조현병과 같은 만성 정신질환에 시달렸으며, 대부분 지속적인 치료를 받고 있었다. 여기서 동시다발 자살 집단이 형성되는 데에는 불투명한 병원의 장래로 인해 자신들이 이 병원 의료진의 치료를 받을 기회가 줄어들다가 결국 차단될 것이라는 근거 있는 인식이 하나의 요인으로 작용했다(소속욕구에 대한 잠재적 타격).[72] 희생자들은 분별적으로 맺어진 관계 속에 있었고(같은 정신과 병원에서 치료를 받음으로써), 최소한 부분적으로 자살 위험요소를 공유했다(만성 정신질환 등). 다시 말해서 취약한 사람들이 한데 모였고(병원을 통해), 소속감의 위협에 직면했으며(병원의 폐쇄 가능성, 중요한 서비스 이용의 어려움, 어떤 경우에는 동료들의 자살), 양질의 사회적 지원을 받지도 못했을 수 있다(만성 정신질환자들은 높은 사회적 지원을 받지 못하기 쉽다. 주된 지원이라면 병원이었을 텐데, 그 존립마저 위협받고 있었다).

3명의 사춘기 청소년이 체결한 자살협정을 살펴보면 모두 코카인 의존증이 있었고(이 집단의 분별적 관계 형성 요인일 수 있다), 각자 서로를 유일한 소속감의 원천으로서 의존하고 있었다. 법적 문제 및 부모들로 인해 관계 해체라는 위협에 맞닥뜨렸을 때, 그것은 그들에게 유일한 소속감의 원천이 사라질 위험에 처했음을 의미하기도 했다. 이들은 자살을 결심했다.[73]

자살의 동시다발 현상과 관련해 또 하나 고려해야 할 것은 이 책이 제시하는 이론모델의 중요한 요소인 치명적 자해 능력이다. 앞서 자살에 대한 용기와 역량은 중단된 자살기도 및 다양한 형태의 정신적 연습을 통해 관념적으로 축적될 수 있음을 살펴본 바 있다.[74] 동시다발 자살 집단의 구성원들 역시 동료들과 자살에 관한 대화를 자주 나누는 동안 자살이라는 관념에 익숙해질 수 있다.

불온한 '자살옹호' 사이트ASH alt.suicide.holiday에서는 자살이 긍정적으로 받아들여지고 방문자들에게 최선의 자살 방법에 관한 조언을 한다. "대부분의 약물은 구토를 일으킨다. 예방을 위해 약 한 시간 전에 항히스타민제 한두 알을 삼켜두면 좋다."라는 독극물 중독 관련 조언이 있는가 하면, "공기가 안 통하는 큰 비닐봉지를 머리에 뒤집어쓰고 그것을 고정해줄 무엇을 목에 감는다. 이것은 확실성 90%를 99%로 높인다."라는 질식사 관련 조언도 있다. 이 사이트에서 벌어지는 일들에 많은 사람이 분노와 혐오감을 느끼는 것은 그러므로 당연하다.

이 사이트가 연루된 자살사망만 최고 24건인 것으로 밝혀졌다.[75] 1996년 앤드류 커츠Andrew Kurtz가 이 사이트에 남긴 다음과 같은 글은 분별적 관계 형성의 단면을 잘 보여준다. "이 사이트가 정말 맘에 들어요. 적어도 어딘가에 나와 똑같은 생각을 하는 사람들이 있다는 걸 알게 됐으니까요. 가끔 너무나 외로운데, 다른 사람들이 올린 글을 읽으면 기분이 좀 나아져요." 커츠는 이 글을 올리고 며칠 뒤 스스로 총격을 가해 자살했다. 그의 글은 소속욕구와 죽음에 대한 욕망의 결합을 보여주는 것으로 해석될 수도 있다. 일본의 젊은이들이 오로지 함께 죽을 목적으로 인터넷에서 서로 만났듯이, 어떤 사람들은 이 사이트에 들어와 서로의 자살경향성을 확인하며 일종의 소속감을 느낀다.

1장에서 언급했듯, 태드 프렌드의 2003년 〈뉴요커〉 기사에는 택시

요금 150달러를 내고 금문교에 가서 투신자살한 소녀의 이야기가 실려 있다. 이 소녀는 '효과적'이거나 '효과 없는' 자살 방법들에 관한 요령을 소개하는 사이트를 종종 방문했다. 이 사이트는 독극물 중독이나 약물 과다복용, 또는 손목 긋기 따위는 치명적이지 않다며 높은 곳에서 투신을 권고한다. "수면으로부터 250피트 넘는 상공에서 투신하는 것은 거의 언제나 치명적"이기 때문이다.

자살옹호 집단의 규범은 사람들을 ASH 사이트로 끌어당기고 방문자들의 자살경향성을 촉진하는 것 같다. 집단 규범과 자기공격성 사이의 관계를 평가한 실험을 예로 들자. 연구진은 반응시간 게임으로 위장한 과업 수행 중 스스로 가하는 충격을 평가하며, 선택된 충격의 강도에 따라 자기공격성이 규정되는 이른바 자기공격성 패러다임을 활용했다. 자기공격성 강도가 집단 규범의 영향을 받는다는 것을 보여주기 위해 진행한[76] 이 실험 결과, 자기공격성을 독려하는 방향으로 집단 규범이 조작되면 구성원 개개인이 스스로에게 가하는 충격의 강도가 높아진다는 사실이 드러났다.

2003년 1월 12일, 이 실험이 현실화되는 비극적 사건이 발생했다. 헬렌 케네디Helen Kennedy는 〈뉴욕 데일리 뉴스New York Daily News〉에 스물한 살 청년의 약물 과다복용 사망에 관해 보도했다.[77] 이 죽음이 특히 안타까운 것은 수많은 이들이 그 죽음을 실시간으로 목격했다는 사실에 있다. 구경꾼들이 인터넷 웹캠 중계를 통해 지켜보는 가운데 그가 숨을 거둔 것이다. 그가 처방 약과 다른 약물을 먹을 때마다 "그건 너무 적어. 더 먹어. 당신이 살아남을지 아니면 그냥 의식을 잃을지 보고 싶다고." 혹은 "꼭 카메라 앞에서 쓰러져야 돼." 같은 글들이 속속 올라왔다. 케네디는 "마약 중독자 전용 채팅방 특유의 마초적 분위기에서 (약물 과다복용으로 숨진 그는) 뭔가 보여줘야 한다고 생각한 것 같다."라고 썼다. 청년의 형 역시 "집단심리가 작용한 것 같아요."라고 의견을 표했으며 채팅방에 올라온 글들에 대해서는 "혐오스럽다"고 덧붙였다. 일부 관망객들은 상황의 중대성을 깨닫고 뒤늦게 중재를 시도했지만 소용없었다. 그 청년이 어디에 있는지 아무도 몰랐기 때문이다. 그의 시신은 다음날 이른 오후 어머니에 의해 발견되었다. 이 또한 ASH 사이트와 마찬가지로 위험한 행동을 정상으로 치부하는 집단 규범이 조장되어 사람들이 위험에 익숙해지도록 한 뒤 심각할 경우 자살사망하게 만드는 현상의 한 사례라 하겠다.

이따금 목격되는 자살의 동시 발생은 분별적 관계 형성, 좌절된 소속감, 그리고 '자살옹호' 시각을 지닌 사람들의 독려에 의한 자살 관련 용기와 역량의 축적이라는 측면에서 이해될 수 있을 것이다.

최근 내게는 바로 이 현상에 관여할 기회가 있었다. 다름 아니라 말기 환자의 공개 자살을 무대에 올리려는 록밴드 헬온어스HellOnEarth의 시도를 봉쇄하는 일에 플로리다주 세인트 피트스버그시 검사의 자문역으로 참여한 것이다. 나는 진술서에 특히 두 가지 사항을 강조했다. 첫째, 취약한 사람들은 공개 자살을 지켜본 후 더욱 대담하게 자살 계획을 세울 가능성이 있다는 점, 곧 치명적인 자해 능력의 대리 축적 가능성을 들었다. 둘째, 콘서트가 자신의 자살과 결부되어 기획된다면 말기 환자는 공개 자살을 공공연히 약속해버린 셈이 되어 마음을 바꾸기가 더욱 어려워진다는 점을 들었다. 사람들이 마지막 순간 자살에 대한 생각을 바꾸는 일이 많다는 사실을 2장에서 강조했다. 시의 입장이 관철되었다. 콘서트 취소와 함께 앞으로도 그런 표현은 할 수 없다는 판결이 내려진 것이다.

자살에 대한 무책임한 선전은 공공의 건강에 위협이 될 수 있다. 태드 프렌드는 2003년 〈뉴요커〉 기사에서 1,000번째 금문교 투신자살에 대한 대중의 열광에 관해 이렇게 썼다.

> 1995년 1,000번째 자살이 다가오자 (…) 이 지역의 한 디제이가 희생자 유가족에게 스내플 한 상자를 선물하겠노라고 약속하기에 이르렀다.

프렌드에 따르면 캘리포니아 고속도로 순찰대는 이 같은 대중의 관심을 진정시키느라 공적 집계를 997에서 중단하기로 했다.

부적절한 자살 선전의 해독을 막기 위한 별도의 언론지침이 질병통제예방센터CDC: Centers for Disease Control and Prevention, 전국 정신건강연구소National Institute of Mental Health, 미국 자살학협회American Association of Suicidology의 협력하에 제정되기도 했다. 이 지침의 권고사항에는 자살한 사람을 낭만적 또는 영웅적인 어조로 묘사하지 말 것, 자살 방법이나 장소 등 세부 사실은 되도록 제한해 보도할 것, 자살을 성공한 사람의 이해하기 힘든 행위로 묘사하지 말 것 등이 포함된다. 즉 이 지침의 취지는 자살한 사람과의 동일시를 최소화하자는 데 있다.

이 책이 제시하는 이론모델은 다층적이고 다양한 자살 관련 사실들을 설명하는 데 있어 다른 이론들보다 뛰어나다고 나는 자신한다. 컬트교단의 집단자살, 중국 여성들의 높은 자살률, 자살사망의 상대적 희소성, 자살의 동시다발 및 전염 현상과 같은 이질적인 사실들에 관해 어느 정도 설득력 있는 설명을 제공하기 때문이다. 다음 장에서는 우리 모델이 자살의 유전학 및 신경생물학에 어떻게 적용되고 양립할 수 있을지를 살펴본 뒤 충동성, 어린 시절의 불행, 정신질환과 같은 자살 위험요소들을 고찰하겠다.

5장

유전자와 정신질환이 자살행동에서 수행하는 역할

자살행동은 가족 내력이기도 하다. 이것은 유전학 및 신경생물학, 그리고 충동성처럼 유전적으로 부여된 성격과 관련이 있다. 가족은 무엇보다도 유전인자를 공유하고, 가족 환경 또한 공유한다. 어린 시절의 불행은 훗날 자살행동의 위험요소가 되는 것으로 입증되었다. 유전학, 신경생물학, 성격, 유년기의 경험은 모두 정신질환의 원인이 되며 정신질환은 무시못할 자살 위험으로 작용한다. 이 장에서 나는 이 주제들이 자살과 어떤 연관이 있는지를 검토하고 이 책의 이론모델이 그것을 어떻게 설명하는지도 살펴볼 것이다.

로버트 버튼은 1621년에 발표한 대작 《우울의 해부》에서 흑담즙을 자살의 '촉매제'라 불렀다. 거의 400년 전에 우울증과 자살에 대한 핵심 발견들을 예측했다는 점에서 버튼의 선견지명은 실로 놀랍다. 물론 자살과 관련해 '촉매제'가 있는 듯하다는 그의 판단은 옳지만 흑담즙은 아니다. 자살에 '촉매제'가 있다면 그건 세로토닌시스템이다.

세로토닌은 기분, 수면, 식욕 등과 밀접한 관계가 있는 신경전달물질이다. 하지만 단순히 신경전달물질에 관해 아는 것만으로는 세로토닌을 이해할 수 없다. 세로토닌은 세로토닌 수송체(시냅스synapse라 불리는 뉴런 세포들 사이에 전달된 세로토닌을 '재활용'해 다시 뉴런에 전달한다)와 세로토닌 수용체(시냅스로부터 세로토닌을 전달받고 신호를 방출한다) 같은 물질들의 유전 정보를 지정해주는 특정한 유전자들이 포함된 더 큰 시스템에 내장되어 있다. 수송체와 수용체, 그리고 세로토닌 자체는 모두 이 시스템의 중요한 부분들이며, 매우 정교한 방식으로 상호작용을 한다. 복잡성에도 불구하고 이 시스템이 자살에 미치는 영향은 더욱 명백해지고 있다. 세로토닌시스템 유전자들이 자살과 관련해 모종의 역할을 하는 듯하므로, 자살에 유전적 요소가 있는지를 먼저 살펴본 다음 세로토닌시스템 유전자들에 초점을 맞추기로 하자.

유전자

칼 메닝거는 1936년에 발표한 저서 《자신을 배반하는 인간》에서 자살이 유독 많이 발생한 가족을 소개한다. 다음은 그 일부다.

> 아들 다섯과 딸 둘을 둔 어느 명망 높은 가문이 있었다. 장남은 서른다섯 살에 자살했고, 막내는 우울증을 얻어 여러 차례 자살을 기도했으나 서른 살에 다른 사유로 사망했다. 셋째 아들은 큰형과 비슷한 방법으로 자살했으며, 또 다른 아들은 총격 자살을 했고, 장녀는 파티에서 독극물 중독 자살을 했다. 이로써 일곱 자녀 중 둘만 살아남았다.[1]

자살의 성비가 이 사례에서도 확인되는 게 흥미롭다. 아들의 80%

가 자살로 사망하거나 사망할 뻔했던 데 반해 딸은 50%가 자살로 사망했다. 물론 일반 남녀 자살률에 비해 엄청나게 높은 수치지만 성비가 반영되는 것만은 사실이다. 메닝거는 이렇게 덧붙인다.

자살충동이 유전된다는 강력한 과학적 증거는 없다. 이처럼 한 가족 안에 자살이 많이 발생하는 상황은 심리학적으로 설명할 수 있다는 정신분석학적 증거가 많다.

그 정신분석학적 기초란 사랑하는 사람이 죽기를 바라는 무의식적인 소망이라고 그는 믿었다. 사랑하는 사람이 자살로 사망할 때 죽음에 대한 자신의 무의식적 소망이 충족되고 동시에 죄의식의 물결이 일어 또 다른 자살로 이어질 수 있다는 논리다.

메닝거는 사실 부당할 만큼 불리한 환경에서 연구한 사람이다. 1936년 그의 책이 출판된 이후에야 방대한 양의 연구가 진행되면서 행동 전반, 특히 자살행동에 유전인자가 관련되어 있음이 분명해졌고 기존의 정신분석학적 이론들은 새로운 과학적 사고에 맞서 경쟁하기 힘들어지게 되었으니 말이다.

자살의 가족력이 자살 위험도를 높이는 상황은 두 개의 층으로 나눌 수 있다. 자살로 사망한 친척이 여럿이고 가까운 사이라면 위험도는 좀 더 높아지고 반대로 그 수가 적고 가까운 사이가 아니라면 위험도는 낮아진다. 사랑하는 사람을 자살로 잃은 사람들에게는 이 대략적인 규칙이 매우 유용할 수 있다. 바로 이 질문에 대한 답을 찾아 전국에서 내게 문의 전화를 하거나 직접 방문한 사람들이 부지기수다.

나를 찾는 이들은 주로 남편을 자살로 잃은 후 자녀들에게 유전적 위험이 있는지 알고 싶어하는 아내들이다. 위의 사례처럼 한 집안의 일곱 자녀 중 다섯이 자살하거나 자살을 기도했다는 등의 이야기는 당연히 사람들을 불안하게 만든다. 반면 전체 인구 중 자살률은 1만 명에 1명, 그러니까 0.0001에 불과하다는 말을 해주면 그들 대다수는 안심한다. 아버지가 자살한 아이의 자살 위험도는 보통 1만 명당 2명, 즉 0.0002 정도다. 어떤 경우든 1만 명에 5명 또는 0.0005를 넘지 못한다. 나 자신 아버지를 자살로 잃은 아들이라는 사실이 주는 신뢰감 때문인지 그들은 한결 마음을 놓는 것 같다.

유전자와 행동의 관계에 관한 연구에는 쌍둥이 표본이 가장 유용하다. 쌍둥이 연구는 어떤 특질과 행동에 유전적 요인이 있는지를 확인하는 데 도움을 준다. 통상 사용되는 방법은 모든 유전자를 공유하는 일란성 쌍둥이 한 쌍과 평균적으로 유전자의 반을 공유하는(일란성 쌍둥이가 아닌 모든 형제자매와 마찬가지로) 이란성 쌍둥이 한 쌍을 비교하는 것이다. 만일 유전자의 역할이 있다면 일란성 쌍둥이들은 이란성 쌍둥이에 비해 공유하는 특질 및 행동이 더 많아야 한다. 일란성 쌍둥이들은 이란성 쌍둥이와 달리 모든 유전자가 동일하기 때문이다.

한 가지 문제라면 일란성 쌍둥이의 경우 가족 환경 역시 이란성 쌍둥이에 비해 동일할 가능성이 높다는 점이다. 그들은 이란성 쌍둥이보다 동일하게 취급되는 예가 많다(같은 옷을 입혀 기르는 것 등). 더 좋은 방법은 태어나자마자 격리된 뒤 각각 다른 가정에 입양되어 성장한 쌍둥이를 연구하는 것이다. 하지만 쌍둥이로서의 출생과 입양, 훗날의 자살이라는 요소들이 한 쌍의 쌍둥이에게 모두 함께 일어날 가능성은 몹시 낮다. 따라서 입양 쌍둥이의 자살에 관한 연구는 지금껏 진행된 적 없는 것으로 안다. 그 대신 입양된 일반 형제자매의 자살에 관한 연구사례들이 있어 많은 사실을 알려준다.

쌍둥이 연구결과 13~19%의 일란성 쌍둥이가 둘 다 자살로 사망한 반면 이란성 쌍둥이가 둘 다 자살로 사망하는 비율은 1%도 되지 않았다.[2] 쌍둥이 중 하나가 자살로 사망했을 때 다른 하나가 자살로 사망할 확률이 일란성 15% 안팎이고, 이란성은 1% 미만이라는 얘기다. 전체 인구의 자살률이 0.01%임을 고려하면 사실 1%라는 수치도 매우 높다. 그러므로 15%가 얼마나 높은 수치인가는 말할 필요도 없다.

덴마크의 연구자들은 자살의 유전적 측면을 연구하기 위해 입양 기록을 사용했다. 입양된 수천 명 중 자살로 사망한 이들의 수는 57명이었다. 연구진은 이 57명과 역시 입양된 사람 중 자살하지 않고 다른 조건들이 일치하는 대조표준 57명을 상대로 그들의 생물학적 친척들 중 자살사망자가 있는지 조사했다. 그 결과 자살그룹의 친척 중 자살자 비율이 4%인 반면 대조표준의 경우 1%에도 한참 못 미쳤다.[3]

유전적 요인이 자살에 영향을 미친다는 더 많은 증거가 가족 연구를 통해 발견되었다. 100년 넘게 아미시Amish(현대문명을 거부하는 것으로 유명한 개신교의 일파로 미국의 펜실베이니아주와 캐나다 온타리오주에 주로 거주한다. ―옮긴이) 공동체를 조사한 초창기 연구를 예로 들어보자. 이 기간 동안 자살사망자는 모두 25명이었는데 그들 대다수가 단 네 개 가족에서 나왔다. 흥미로운 점은 이 네 개 가족 모두 유전적으로 자살경향성뿐 아니라 우울증에서도 높은 특성을 보였다는 사실이다. 반면 높은 우울증 지수를 보인 일부 다른 가족의 경우 자살경향성은 높지 않은 것으로 나타났다. 자살의 유전적 요인이 우울증 요인과는 별개로 존재할 수 있다는 가능성을 시사하는 결과다.[4] 이밖에 다른 연구들도 우울증을 비롯한 정신질환의 유전적 요인들과 별개로 존재하는 자살 고유의 유전적 요인들이 있다는 사실을 지적해왔다.[5] 바로 이것이 정신질환과 자살경향성 관계의 핵심포인트이다. 즉, 정신질환은 자살경향성 이해에 매우 중요한 요소이지만 그 자체로 자살경향성을 완전히 설명해주지 못한다. 나아가 정신질환과 자살경향성의 관계에 대한 지나친 단순화는 정신질환을 가진 사람 대다수가 자살을 기도하거나 자살로 사망하지 않는 이유도 설명하지 못한다.

쌍둥이와 입양 연구들을 종합해볼 때 자살행동에는 유전자가 관련되어 있다. 이제 자살행동 위험을 증대시킬 수 있는 특정한 유전자들, 자살의 '촉매제' 세로토닌시스템에 관해 살펴보기로 하자. 그중 특히 많은 관심을 모은 것은 세로토닌 수송체 유전자다. 앞서 언급했듯 신경화학적 세로토닌은 기분, 수면, 식욕에 중요한 존재이다. 세로토닌 수송체는 본질적으로 세로토닌을 재활용함으로써 시냅스 내의 세로토닌 공급을 통제하거나 시냅스 안에 더 많은 세로토닌이 '활동'하도록 하는 등의 기능을 수행한다. 우울증 치료제로 쓰이는 프로작Prozac, 졸로프트Zoloft, 팩실Paxil 등의 세로토닌 재흡수 억제제SSRI들은 바로 이 세로토닌 수송체 활동을 중단시키거나 억제하는 효과가 있다.

세로토닌 수송체의 유전 정보를 지정해주는, 다른 말로 표현하자면 '건축적 설계'를 책임지는 단 하나의 유전자는 바로 세로토닌 수송체 유전자다. 인간의 경우 이 유전자는 17번 염색체상에 위치한다. 이 유전자가 있는 구역은 이른바 '다형성'이 있는 것으로 확인되는데, 다형성이란 그저 어떤 것이 복수의 형태를 취할 수 있다는 뜻이다. 세로토닌 수송체 유전자의 경우, 유전자 서열 내부에 또 다른 유전자 구축 요소가 존재하는가 여부에 따라 두 가지 형태를 취하며, 두 가지 형태 모두 각각 그 유전자의 대립형질이라 불린다. 대립형질에 삽입물이 있으면 긴 대립형질이 되고, 없으면 짧은 대립형질이 된다.[6] 인간은 누구나 하나의 유전자에 대해 두 쌍의 사본을 갖고 있다. 그러므로 두 개의 대립형질이 이룰 수 있는 조합은 두 개의 긴 대립형질(l/l), 한 개의 긴 대립형질과 한 개의 짧은 대립형질(l/s), 그리고 두 개의 짧은 대립형질(s/s), 이렇게 세 가지가 된다.

근래 s/s 유전자형을 지닌 사람들에게서 세로토닌시스템 조절 장애가 일어날 확률이 더 높으며 그에 따른 문제도 더 많이 발생한다는 데 의견이 모이고 있다. 자살기도자 103명을 일년 간 추적조사한 최근 연구에 따르면 자살기도 횟수가 더 많은 사람들에게서 s/s형이 더 흔히 발견되었다.[7] 통계적 유의미성은 떨어지지만, 한 사후死後 검사는 기타 사유 사망자에 비해 자살사망자에게서 s/s형이 더 많이 발견되었다고 발표했다.[8] 나와 동료들 역시 자살 가족력을 가진 사람은 다른 사람들에 비해 s/s형을 갖고 있을 확률이 높다고 보고한 바 있다.[9]

이 연구는 내가 남다른 관심을 갖는 내용이다. 내 연구이기도 하려니와 나 역시 s/s 유전자형을 지녔으며 아버지를 자살로 잃었으니 자살 가족력까지 있는 연유이다. 아버지의 유전자형은 알지 못하지만 최소한 한 개의 짧은 대립형질을 갖고 계셨을 것이다. 왜냐하면 우리는 어머니와 아버지로부터 각각 한 개의 대립형질을 물려받는데, 내가 두 개의 짧은 대립형질을 지녔으니 아버지와 어머니는 최소한 한 개씩의 짧은 대립형질을 갖고 계셔야(그러니까 두 분 모두 s/s 또는 l/s 유전자형을 갖고 계셔야) 옳다. 지금 아버지의 유전자형을 확실히 알기란 불가능하다. 하지만 내 여동생들을 검사한 결과 둘 다 나처럼 s/s형이라면 아버지 또한 s/s형이었을 가능성이 높아진다. 연구결과를 고려할 때 아버지 또한 s/s 유전자형을 갖고 계셨으리란 것이 내 심증이다. 세로토닌 수송체 외에도 세로토닌시스템 유전자들은 더 있다. 전반적으로 가장 많은 관심을 끈 것은 트립토판 수산화효소TPH: tryptophan hydroxylase 유전자일 것이다. 트립토판은 세로토닌의 전구前驅물질이자 성분이다. 트립토판 수산화효소는 트립토판을 분해함으로써 세로토닌 제조 과정에서 일종의 제동시스템처럼 기능한다. 이 유전자는 11번 염색체상에 위치하며, 특히 A218C와 A779C라는 두 개의 다형성이 연구되어왔다. A와 C는 상이한 대립형질을 나타내고(세로토닌 수송체 유전자에서의 '긴 l' '짧은 s'와 비슷하게), 숫자 218과 779는 염색체상의 위치를 나타낸다. A218C 다형성과 자살행동의 연관에 대한 메타분석(기존 연구결과들의 정량분석) 결과 A218 대립형질과 높은 자살위험도 사이의 연관이 두드러졌다.[10] 반면 A779C 다형성과 자살의 관계는 상대적으로 덜 분명하다.[11] 마지막으로 살펴볼 필요가 있는 유전자는 세로토닌시스템 유전자가 아니다. COMT라 불리는 카테콜-O-메틸 전이효소catechol-O-methyltransferase는 최근에야 자살과 관련해 연구되기 시작했다. COMT는 TPH가 세로토닌과 갖는 관계와 비슷하게 도파민dopamine과 노르에피네프린norepinephrine 같은 신경화학물질들을 분해함으로써 이들 신경전달물질 시스템의 제동 메커니즘으로 기능한다. 22번 염색체상의 유전자가 COMT 활동의 유전정보를 지정하는데 이는 두 가지 변이로 일어난다. 그중 H 대립형질은 COMT 활동을 증가시키고 L 대립형질은 저하시킨다. 후보 유전자들에 관한 연구가 통상 그렇듯, 엇갈린 연구결과들이 나왔다. 어느 연구에서는 자살 위험이 높은 환자들과 대조표준 사이에 COMT 유전자형의 차이가 전혀 발견되지 않았다.[12] 그런가 하면 COMT 유전자 변이는 폭력적인 자살과만 관련이 있다고 주장하는 연구들도 있다. 한 조사 표본에서 폭력적인 자살을 기도한 사람들은 폭력적이지 않은 자살기도자 및 자살을 기도하지 않은 사람들에 비해 L 대립형질 보유 비율이 더 높게 나타났다. 반면 폭력적이지 않은 자살을 기도한 사람들과 자살을 기도하지 않은 사람들에게서는 COMT 유전자형의 차이가 전혀 없었다.[13] 이와 유사한 연구 중에 조사 결과를 성별에 따라 분류한 것이 있다. 그에 따르면 남성의 경우 자살기도 전력이 있는 사람들에게서 L 대립형질이 더 자주 발견된 반면 여성들의 경우는 그렇지 않았다. 또 L 대립형질을 지닌 남성들은 폭력적인 자살을 기도하고 전반적으로 더 여러 차례 자살을 기도할 확률이 높은 반면 여성들에게서는 이런 연관이 발견되지 않았다.[14]

요약하자면, 자살경향성에 관한 쌍둥이, 입양, 가족 연구들은 자살행동에 유전적 요소가 있음을 분명히 보여주었다. 자살경향성에 관한 유전적 위험은 정신질환 위험과 일부 개별적으로 존재하는 듯하다. 자살 위험을 전달하는 것으로 보이는 몇 가지 후보 유전자들이 확인되었다. 최소한 일부 연구에 따르면 세로토닌 수송체 유전자, TPH 유전자, COMT 유전자는 모두 자살행동과 연관이 있다. 하지만 자살행동은 복잡한 것이어서 특정 유전자로만 설명될 수 없음을 명심해야 한다.

신경생물학

자살행동과 관련해 신경생물학적 변수들 또한 세로토닌시스템에 영향을 미친다. 지금까지 발견된 사실들 중 가장 확실한 것은 5-HIAA로 불리는, 세로토닌의 주요 대사산물 5-히드록시인돌초산5-hydroxindoleacetic acid에 관한 것이다. 다시 말해서 몸이 세로토닌을 분해할 때 생기는 물질 가운데 하나인데, 자살경향성 환자의 경우 척수액의 5-HIAA 수치가 낮다는 사실이 발견되었다. 또한 5-HIAA과 도파민, 노르에피네프린 등 기타 신경전달물질들에 관한 메타분석 결과, 자살을 시도한 사람과 자살사망자의 5-HIAA 수치가 낮다는 증거가 일관되게 나타났지만 다른 대사산물의 경우에는 이런 증거를 찾아볼 수 없었다.[15] 이는 특히 세로토닌시스템이 자살경향성과 연관이 있는 반면 기타 신경전달물질 시스템은 연관이 없거나 최소한 강력한 연관은 없음을 시사한다. 후속 연구도 같은 결론에 도달해 자살기도 전력이 있는 이들의 낮은 5-HIAA 수치는 또 다른 자살기도의 예고가 된다는 사실까지 암시했다.[16]

세로토닌시스템 이상을 연구하는 또 다른 방법으로 세로토닌 분비를 자극하는 펜플루라민fenfluramine 투여법이 있다. 실험 결과를 보면 자살기도자들은 우울증 환자 대조표준에 비해 세로토닌 분비량이 일반적으로 적었다. 다시 말해 자살경향성 환자들의 세로토닌 활동은 펜플루라민이 투여된 경우에도 저조하다는 것인데, 이것이 우울증 환자들보다도 특히 자살경향성 환자들에게 적용된다는 점에 주목하자.[17] 치사성이 높은 방법으로 자살을 기도했던 사람들은 치사성이 낮은 방법으로 자살을 기도했던 사람들에 비해 뇌 안의 전전두피질prefront cortex 부위 활동이 저조하며, 이 점은 펜플루라민 투여 이후 특히 두드러지게 나타났다.[18] 전전두피질은 충동 제어와도 관련이 있다. 치사성이 높은 방법으로 자살을 기도했던 사람들은 치사성이 낮은 방법으로 자살을 기도했던 사람들에 비해 펜플루라민 투여시 세로토닌 분비량이 감소하기도 했다.[19]

자살과 관련해 세로토닌시스템의 역할을 평가하는 또 다른 방법으로 자살사망자의 사후 두뇌분석이 사용되기도 한다. 이 분야는 5-HIAA나 펜플루라민 관련 문헌만큼 명확히 정의되지 않았으며, 자살사망자와 기타 사유로 사망한 사람들 사이에 세로토닌시스템 매개변수의 중대한 차이가 발견되지 않았다는 연구결과가 나오기도 했다.[20] 하지만 사후 두뇌검사 결과 자살사망자의 전전두피질에서는 평균보다 낮은 수준의 세로토닌 수송체 결합이 발견되었다.[21] 자살사망자의 체내에서 세로토닌 수송체가 적절하게 기능하지 못하고 있었음을 보여주는 결과다. 여기서도 앞서 언급한 연구처럼 전전두피질이 자살과 관련해 중요한 뇌 부위로 확인되었다는 사실에 주목하자. 이 연구결과들은 자살에 대한 유전적 취약성이 우울증을 포함해 다른 질환에 대한 취약성과 확연히 구별된다는 점을 강조하고 있다.

수면睡眠의 각도에서 세로토닌과 자살경향성의 관계를 살펴보는 것도 매우 흥미롭다. 세로토닌은 (자살은 물론) 수면 조절에서도 중대한 역할을 담당하는 듯하다.[22] 세로토닌 분비량은 깨어있는 동안에 가장 높으며 서파徐波수면 단계에서 줄어들기 시작해 렘REM 수면 단계에 이르면 최저 수준으로 내려간다. 흥미로운 사실은 세로토닌시스템 기

능장애, 특히 세로토닌 합성량 감소가 불면을 촉진하는 것으로 추정된다는 점이다.[23]

수면 장애가 자살기도 및 자살사망과 관련되어 있음을 입증한 연구들이 있다.[24] 최초로 장기간에 걸쳐 수면과 우울증, 그리고 자살의 관계를 조사한 어느 연구에서는 13개월의 조사기간 안에 자살로 사망한 사람들에게서 특히 심각한 전면적 불면증global insomnia(이틀 이상 연속으로 경험하는 불면증. ―옮긴이)이 발견되었다고 밝혔다.[25]

반복적인 악몽에 시달린다고 응답한 우울증 환자들은 그렇지 않은 우울증 환자에 비해 자살경향성 환자로 분류될 확률이 높다.[26] 최근 핀란드에서 실시한 인상적인 연구에서도 이와 유사한 관계가 발견되었다. 이 연구를 통해 특정 시점의 악몽 빈도와 약 14년 후의 자살사망 사이에 직접적인 연관이 있다는 사실이 드러났다. 이따금 악몽을 꾼다고 응답한 사람들은 악몽을 꾸지 않는 사람에 비해 자살사망률이 57% 높았으며, 특히 자주 악몽에 시달리는 사람의 자살 위험은 급격히 증가해 악몽을 전혀 꾸지 않는 사람에 비해 자살사망률이 무려 105%나 높았다.[27]

나와 동료들은 최근 플로리다 주립대학교 심리학부 클리닉에서 심리 치료를 받는 다수의 외래환자를 대상으로 수면장애와 자살증상의 관계를 평가했다. 그 결과 불면증, 악몽 증상, 수면 관련 호흡장애는 집합적으로 자살관념의 예측요소가 되지만, 불면증이나 호흡장애와 달리 악몽 증상은 자살관념과 독자적인 연관을 꽷고 있음이 드러났다. 달리 표현하자면 악몽은 자살경향성과 뚜렷한 관련을 보인 데 반해, 불면증과 호흡장애는 악몽을 자주 꾸는 사람들이 흔히 지니는 것

이어서 관련 있는 것처럼 보일 뿐 자살경향성에 독자적인 영향을 미치지 않았다는 뜻이다.[28]

악몽과 자살경향성의 고유한 연관을 이 책의 이론모델 관점에서 고려해보면 매우 흥미롭다. 악몽, 그중에서도 자신이 예속되거나 희생되는 악몽에 시달리는 사람은 "나는 자고 있을 때조차 쓸모없고 무력한 인간이야."라는 생각을 하곤 한다. 무능감이 짐이 된다는 느낌을 포함하는 포괄적 특징이라면 악몽은 일반적인 무능감의 한 부분으로서 자살경향성과 관련되는 것일 수 있다. 나아가 악몽을 자주 꾸는 사람들은 동침하는 사람의 수면까지 방해하기 쉬워서 소속감에 영향을 줄 수도 있다. 코를 무척 심하게 곯았던(수면 관련 호흡장애의 한 증상이다) 내 아버지도 이 문제를 경험하셨던 것 같다. 우리가 실시한 연구에서 수면 관련 호흡장애 증상은 자살경향성과 독자적인 연관을 지니지 않는 것으로 드러났다. 하지만 우리는 매우 대략적인 수면 관련 호흡장애 수치를 사용했기 때문에 이 변수와 자살경향성 사이에 연관이 있다는 연구결과가 나온다 해도 놀라운 일은 아니다.

연구 문헌들이 말하는 메시지는 명료하다. 자살 위험에 대해서는 모든 신경전달물질 시스템 중에서 세로토닌시스템이 가장 중요하다. 도파민과 노르에피네프린 등의 대사산물들은 자살 위험이 있는 사람이나 그렇지 않은 사람이나 차이가 발견되지 않는다. 다만 언급할 필요가 있는 뇌시스템이 하나 더 있는데, 바로 HPA 축軸이라 불리는 시상하부-뇌하수체-부신축hypothalamic-pituitary-adrenal axis이다. 축은 우리 몸의 핵심적 '스트레스 대응' 시스템이다. 적어도 몇 분 이상 지속되는 모든 스트레스는 시상하부라는 뇌 조직의 특정 호르몬 분비를 자극하고, 이렇게 분비된 호르몬은 뇌하수체를 자극해 또 다른 호르몬 분비를 촉진한다. 이후 이 호르몬은 부신피질을 자극해 스트레스 호르몬으로 불리는 코르티솔cortisol 분비를 유도한다.

이 과정이 정상적으로 작동할 때는 몸이 스트레스에 대해 '투쟁-도주' 반응을 보인다. 하지만 스트레스가 만성적이고 심각할 경우 코르티솔이 항시 순환한다. 문제는 이 코르티솔이 시상하부와 뇌하수체에 신호를 보내 정상적인 호르몬 분비를 방해한다는 데 있다. 그리하여 시스템의 반응 강도를 떨어뜨리고 코르티솔이 과도하게 순환되도록 함으로써 결국 스트레스에 반응할 능력을 손상시키고 만다. 축의 활동을 측정하는 한 방법은 덱사메타손dexamethasore이라는 물질을 투여하는 것이다. 코르티솔과 비슷한 합성 스테로이드인 덱사메타손은 정상인의 체내에서 코르티솔 생산을 유발하는 호르몬 분비를 억제한다. 그러므로 HPA시스템이 정상적으로 작동한다면 덱사메타손이 투여될 때 이 호르몬의 양이 감소하고 코르티솔 수치도 떨어져야 옳다.

하지만 만성적 스트레스로 인해 시스템이 조절장애 상태에 들어서면 덱사메타손에 대한 민감도가 내려가고 코르티솔 분비도 억제되지 않는다. 즉, 덱사메타손을 투여해도 코르티솔 생산이 억제되지 않는다면 그것은 HPA시스템에 이상이 발생했다는 반증이다.

덱사메타손이 투여되어도 코르티솔 생산이 억제되지 않는 현상은 자살사망의 예측요소가 되기도 한다. 15년 동안 환자들을 추적조사한 연구결과, 코르티솔 생산이 기준선 미만으로 억제되지 않는 환자들은 덱사메타손에 대한 반응으로 코르티솔 분비가 억제된 환자들에 비해 자살사망 위험이 14배 높은 것으로 나타났다.[29] 이 연구들은

HPA시스템의 과잉활동과 자살행동 사이에 관련이 있음을 암시한다.

심지어 원숭이들의 자해 행동도 이와 관련이 있다. 심한 자해(주로 물어서) 습관이 있는 붉은털원숭이들은 덱사메타손에 대해 HPA시스템 조절장애 문제가 있는 인간들과 똑같이 반응했다.[30]

요약하자면, 지금까지의 신경생물학 연구는 자살경향성이 있는 사람은 그렇지 않은 사람과 비교할 때 세로토닌과 관련해 차이를 갖고 있음을 분명히 보여주었다. 이 차이들은 특히 세로토닌과 관련이 있을 뿐 다른 신경전달물질과는 관련되지 않은 것 같다. 척수액이나 펜플루라민 투여 반응에 관한 연구들은 자살을 기도하거나 자살로 사망하는 사람들의 세로토닌시스템 기능이 저하되어 있음을 암시해준다. 한편 HPA시스템이 자살경향성과 연관 있을 가능성을 제기한 연구도 있다. 흥미로운 사실은 자살경향성을 지닌 사람과 그렇지 않은 사람 사이의 세로토닌시스템 차이는 충동성이라는 인성 변수와도 관련된다는 점이다.

세로토닌시스템은 자살경향성뿐만 아니라 충동성에도 영향을 미친다. 한 예로 세로토닌 결합에 있어 자살사망자와 다른 사람들이 갖는 차이는 충동 제어기능을 수행하는 전전두피질 영역에 국한된 듯하다.[31] 세로토닌시스템 기능장애를 지닌 사람들은 다양한 충동적 행동을 할 확률이 높고 여러 도발적 경험들에 대해 덜 두려워할 수 있다.

세로토닌시스템 기능장애의 결과는 충동성과 자살경향성 외에도 부정적인 정서, 우울증, 불안과 같은 성향을 함께 포함한다. 이 책의 관점에서 말하면, 부정적 정서를 고조시키는 요소들은 짐이 된다는 느낌과 좌절된 소속감이라는 형태로 자살경향성에 영향을 미칠 수 있다.

충동성

충동적 인성특질들은 심각한 자살경향성의 위험요소로 이미 입증되었다. '충동적'이란 것이 무엇을 뜻하는지 알아보기 위해 충동성 측정 문항들을 몇 가지 살펴보면 좋다. "사람들로부터 무모한 행동이 유형이라거나 지나치게 많은 위험을 떠안는다는 말을 들은 적이 있습니까?" "난폭운전을 한 적이 있습니까?" "뜻하지 않게 (넘어지거나 타박상을 입는 등) 부상을 자주 당합니까?" "상점이나 상인으로부터 (옷이나 보석 같은) 물건을 훔친 적이 있습니까?" "옷이나 보석, 기타 물건에 충동적으로 돈을 쓴 적이 있습니까?" 이 질문들의 대부분에 "예."라고 대답했다면 당신은 충동적 인성 유형에 해당한다.

충동성은 심각한 부정적 결과들을 초래할 수 있다. 메닝거는 "충동성에 관해 말하자면 이 증상으로 인한 비참한 결과들에 관해서만 책 한 권이 쓰일 정도다. 수많은 비즈니스, 결혼 관계, 생명이 그로 인해 파괴되었다."[32]라고 썼다.

14년 동안 529명의 기분장애 환자들을 대상으로 진행한 어느 연구에서 36명의 참가자가 자살로 사망했고 120명은 자살기도 끝에 목숨을 건졌다. 자살로 사망하거나 자살을 시도한 사람과 다른 사람을 변별해주는 변수들 중 충동성이 포함되었다.[33] 폭식과 구토를 반복하는 질환인 신경성 식욕항진증 여성 환자 295명의 자살기도에 관한 연구에서는 4분의 1이 자살을 기도한 일이 있고 그중 많은 수가 여러 차례 심각한 자살기도를 했다는 사실이 밝혀졌다. 자살을 기도했던 사람들은 그렇지 않은 사람과 충동적 행동의 빈도 측면에서 차이를 보였다.[34] 이 밖에도 여러 연구가 충동성이 자살경향성과 관련되어 있음을 보여준다.

그렇다면 어떻게 관련되어 있을까? 자살에 관한 문헌들은 충동성과 자살경향성 관계의 바탕이 되는 주된 메커니즘은 '순간적 결정'으로서의 자살이라고 암시한다. 말하자면, 느닷없이 아마도 커다란 실망이나 갈등에 대한 반응으로 자살을 결정한다는 것이다.

나는 이 개념에 매우 회의적이다. 진정한 '순간적 결정' 류의 자살이 과연 있기는 한지 의심스럽다. 충동성은 죽음의 시점보다는 그 이전, 사람들이 고통과 도발에 익숙해지고 반대과정을 유도하는 경험이 진행되는 시기와 더 밀접하게 관련되어 있다(예를 들면 충동적인 사람들은 그렇지 않은 사람에 비해 술을 더 많이 마시고 사고로 부상당하기도 한다). 충동적인 사람들은 자살기도나 기타 충동적 행동들을 반복하면서 경험을 쌓고 대담해지며 자살에 대한 능력을 갖춤으로써 자신의 종말을 스스로 계획할 수 있게 되는 것이다.

커트 코베인의 죽음은 충동적이라고 간주되는 사람에 의해 계획된 자살의 분명한 사례다. 반복적인 자해를 비롯해 수많은 도발적 경험을 축적한 그의 죽음에는 충동성이 깃들어 있지만 죽음에 대한 '순간적 결정'과는 성격이 다르다. 그보다는 충동성이 죽음에 대한 두려움을 경감시키는 경험들로 그를 이끌었다고 할 수 있다.

앨버레즈도 '순간적 결정'으로서의 자살이라는 현상을 이른바 '성급한 자살'이라 부르며 회의적인 시각을 드러냈다.[35] 그는 자살을 기도했다가 살아남는 사람들은 "자살기도 직전 순간까지 그 행위를 한 번도 고려하지 않았다고 주장한다. 회복하고 나면 무엇보다도 자신이 저지른 일에 대해 창피해하고 수치심을 느끼며, 자신이 진정으로 자살경향성에 시달렸다고 시인하기를 꺼린다. (…) 그들은 자신이 느낀 절망의 위력을 부정하고, (무의식적이었을지언정) 의도적인 선택을 충동적이고 의미 없는 실수로 뒤바꿔버린다. 그들은 진심을 드러내지 않은 채 죽고 싶었던 것이다." 라고 말한다. 앨버레즈에게 '성급한 자살'이란 모조품일 뿐, 사실은 부끄러움을 감추기 위해 나중에 충동성으로 포장한 보통의 자살기도에 불과하다.

메닝거의 《자신을 배반하는 인간》은 자살행동에 관한 신문기사와 임상 일화들로 가득 차 있지만 하나의 예외를 빼고 '순간적 결정 자살'에 해당하는 사례는 없다. 그 하나의 예외는 문학 속의 사례로, 셰익스피어Shakespeare가 창조한 로미오의 자살이다.

한편 앞서 암시된 바와 같이 세로토닌시스템은 충동성 인성 유형의 바탕을 이루기도 한다. 가령 충동·불안정 인격장애를 가진 사람들, 공격성이나 방화 또는 그 밖의 폭력 전과를 가진 사람들, 그리고 파트너를 살해한 사람들은 다른 사람에 비해 척수액의 세로토닌 대사산물 수치가 상대적으로 낮다는 사실이 밝혀졌다. 그리고 폭력적인 자살을 기도한 사람들 중 충동성이 높은 것으로 확인된 쪽은 충동적이지 않은 자살기도자 대조표준에 비해 현저히 낮은 세로토닌 대사산물 수치를 갖고 있었다.[36] 충동적 자살기도자들은 충동적이지 않은 자살기도자 대조표준에 비해 세로토닌 대사산물의 혈장 수치도 낮았다.[37] 잠재적으로 치명적인 자살행동, 충동성, 그리고 세로토닌시스템 장애는 모두 서로 연관된 것으로 보인다.

펜플루라민 투여 연구도 이 결론을 뒷받침해준다. 앞서 말했듯 펜플루라민은 세로토닌 분비를 자극한다. 자살 위험이 높은 사람과 마찬가지로 충동적인 사람들 역시 펜플루라민 투여에 대해 무딘 반응을 보인다.[38] 자살기도의 치사성 및 충동적 행동과 펜플루라민 투여의 관계를 분석한 연구에 따르면, 치사성 높은 자살을 기도한 적 있으며 충동적 인성특질을 지닌 사람들이 최저 반응을 보여 세로토닌시스템 기능이 가장 저조한 것으로 나타났다.[39]

나는 충동성이 자살행동과 간접적으로 관련되어 있다고 생각한다. 이 책의 이론모델에 따르면 충동성은 도발적이고 고통스러운 경험을 촉진한다는 차원에서만 자살행동과 관련이 있다. 세로토닌시스템 장애와 자살경향성의 관계 역시 마찬가지다. 세로토닌시스템 장애가 충동성을(그리고 부정적 정서를) 일으키고 그 충동성은 도발적이고 고통스러운 경험에 노출될 가능성을 증대시킨다는 차원에서만 관련이 있다. 그리고 도발적이고 고통스러운 경험은 치명적인 자해를 가할 수 있는 습득된 능력을 심어준다고 나는 믿는다.

이 주장을 시험한 결정적인 연구는 아직 진행되지 않은 것으로 안다. 연구는 어떻게 진행될까? 두 가지 흥미로운 방법이 떠오른다.

첫 번째는 충동성, 고통스럽거나 도발적인 경험들, 그리고 자살행동을 가능한 큰 표본으로 측정하는 것이다(큰 표본이 필요한 이유는 자살행동의 상대적 희소성 때문이다. 또는 자살행동 확률이 높은 소규모의 고위험 집단을 대상으로 할 수도 있다). 아마도 충동성과 자살경향성 간에 중대한 연관이 발견될 테지만, 고통스럽거나 도발적인 경험들이 참작되고 나면 그 연관은 감소하거나 제거될 것으로 예측된다.

두 번째는 충동성 또는 고통스럽거나 도발적인 경험이 항수恒數인

표본을 조사하는 것이다. 동일한 수준의 충동성을 지닌 사람들로만 구성된 표본을 상상해보자. 이 표본에서 고통스럽거나 도발적인 경험과 자살경향성의 연관이 발견될 테지만, 이 책의 이론모델에 따르면 고통스럽거나 도발적인 경험들은 자해에 대한 두려움을 약화함으로써 자살 위험을 높이기 때문에 일어나는 결과로 충동성과는 직접 상관이 없다. 이제 고통스럽거나 도발적인 경험을 동일한 수준으로 지닌 사람들로만 구성된 표본을 상상해보자. 이 표본에서는 충동성과 자살행동의 연관이 발견되지 않을 것으로 예측된다. 고통스럽거나 도발적인 경험이 항수로 변동이 없다면, 충동성은 자살경향성의 예측요소가 될 '견인력'을 잃게 된다.

충동성은 모든 인성 차원 가운데 자살경향성과 가장 긴밀하게 연관된 것으로 인정되어왔으며 그 결과, 자살행위 자체가 충동적 결정이라는 잘못된 주장이 의심 없이 받아들여졌다. 내 생각은 다르다. 충동성과 자살경향성 사이에 중대한 연관이 있는 건 사실이지만, 그것은 충동성이 사람들로 하여금 고통과 도발에 익숙해지도록 해주기 때문에 존재할 뿐이다. 누군가 그렇게 치명적인 자해를 가할 수 있는 능력을 습득하고 여기에 죽음에 대한 욕망이 존재한다면, 고조된 자살 위험 상태에 처한다.

충동성은 또 죽음에 대한 욕망을 증대시킴으로써 자살경향성과 관련되기도 한다. 메닝거가 말했듯 충동성은 삶을 파멸시킬 수 있다. 따라서 충동성이 짐이 된다는 느낌과 좌절된 소속감을 상승시키는 경향이 있다는 사실은 놀라운 일이 아니다.

어린 시절의 불행

어린 시절의 학대와 훗날의 자살경향성 간 연관은 이제 의심이 여지가 없다. 이는 다른 변수들로 설명될 수 없는 진정한 연관이다.

물론 다른 변수들도 반드시 고려해야 한다. 한 예로 학대하는 부모를 만든 그 유전자가 아이에게는 자살경향성을 불러올 수도 있다. 대표적인 사례로 꼽힐 유전자가 바로 충동성의 바탕이 되는 유전자들일 것이다. 충동적인 부모는 아이를 학대할 확률이 더 높고, 충동적인 아이는 자살을 기도할 확률이 더 높다. 이 시나리오 아래서는 어린 시절의 학대와 훗날의 자살경향성 간에 진정한 연관이 존재하지 않는다. 대신 유전자와 인성이 부모의 학대 및 아이의 자살경향성을 높이는 메커니즘으로 작동할 뿐이다.

그러나 이런 가설은 이미 배제된 듯하다. 어린 시절의 불행과 훗날의 자살경향성 사이에 다른 변수들로 설명되지 않는 직접적인 연관이 있는 듯하기 때문이다. 한 예로 앞서 언급했듯 소모품이라는 느낌(짐이 된다는 느낌을 포함해)이 자살과 관련있음을 경험적으로 입증했다. 그리고 어린 시절에 받은 학대와 방치가 소모품이라는 느낌의 주요 원천이라는 사실도 밝혀졌다. 베링해협 지역의 에스키모에 관한 연구에서 자살기도자 표본의 대다수가 어린 시절 부모 중 한쪽을 잃은 아픔을 겪었다는 사실이 드러났다.[40] 경계성 인격장애 환자들에게서도 같은 결과가 나타났다. 자살로 사망한 경계성 인격장애 환자들은 한쪽 부모의 죽음과 같은 어린 시절의 상실 경험을 지녔을 확률이 살아있는 대조표준 경계성 인격장애 환자들에 비해 더 높았다.[41]

3장에서 말한 것처럼 부모의 방치는 사춘기 자녀의 자살관념과 자살기도에 대한 독자적인 위험요소다. 이는 정신질환 유무 등 강력한 변수를 참작한 연후에도 변함이 없다.[42] 어린 시절의 육체적 학대는 자살로 사망한 사춘기 청소년들과 다른 조건이 일치하는 대조표준을 변별해주는 요소이다.[43] 3,000명의 사춘기 쌍둥이 소녀들을 대상으로 한 연구는 어린 시절의 육체적 학대가 자살기도 전력과 가장 밀접하게 관련된 요소 중 하나임을 발견했다.[44] 알코올 의존증 환자들을 대상으로 한 연구에서도 어린 시절의 육체적 학대는 평생의 자살기도들과 관련이 있는 것으로 나타났다.[45]

이 주제에 관한 매우 설득력 있는 연구 중 무작위로 선정된 776명의 평균 연령 다섯 살 아이들이 성인이 될 때까지, 1975년을 시작으로 1983년과 1986년 그리고 마지막으로 1992년까지, 총 17년에 걸쳐 실시한 추적조사가 있다. 이 긴 시간 동안 전체표본의 95% 이상이 유지되었으니 그것만으로도 상당한 성취인 셈이다. 연구진은 공식 기록과 참가자들의 술회를 통해 학대 발생 사실을 규명했는데, 어린 시절의 학대는 사춘기와 성년기의 자살경향성에 중대한 위험요소로 작용하며 그중에서도 특히 어린 시절의 성적 학대는 가장 심각한 영향을 미친다는 사실을 발견했다. 성적 학대를 경험한 아이들이 자살기도를 반복할 확률은 대조표준보다 8배나 높은 것으로 드러났다.[46]

2장에서 말했듯 우리는 미국 성인들을 대상으로 정신질환 및 기타 관련 변수들의 발생 실태를 조사한 대규모 프로젝트 '전국 공존장애 보고서'에 수록된 데이터를 연구했는데 그 결과 역시 이와 유사했다. 분석결과 훗날의 자살경향성과 유독 긴밀한 연관을 보이는 유형의 학대들이 있었다. 어린 시절의 육체적·성적 학대가 훗날 자살행동에 미치는 영향이 엇비슷한 수준으로 두드러졌으며, 특히 성추행이나 언어 학대의 영향을 웃돌았다.

다양한 형태의 부상과 희생은 스스로를 치명적으로 해칠 능력을 심어줌으로써 심각한 자살행동의 위험을 높인다. 이런 맥락에서 육체적·성적 학대 경험은 당사자를 자해에 익숙해지도록 만들 수 있다. 특히 고통스러운 형태의 아동기 성적 학대 경험은(예를 들어 혹독하고 강제된 학대) 덜 고통스러운 형태에 비해 자살경향성과 더 깊은 연관을 갖는다는 증거가 있다.[47] 다른 한편으로 이 책의 이론모델에 따르면 치사성은 죽음에 대한 욕망과 결합해 심각한 자살행동을 낳고, 죽음에 대한 욕망은 사랑하는 사람을 비롯한 타인에게 짐이 된다는 느낌과 다른 사람들로부터 단절되고 소외된 느낌에서 비롯되는 것이다. 2장에서도 언급했듯, 어떤 형태의 학대가 됐든 치사성이나(고통과 도발에 대한 친숙화를 통해) 죽음에 대한 욕망을(짐이 된다는 느낌과 단절감의 악화를 통해) 조장하는 한 (이 책이 제시하는 이론모델에 근거할 때) 훗날의 자살행동에 대한 위험요소가 되어야 옳다. 어린 시절의 육체적·성적 학대는 고통스러운 경험일 뿐 아니라 짐이 된다는 느낌과 단절감을 내포하기 때문에 특히 큰 위험요소가 된다. 실제로 소외감 악화는 (소속감 결핍과 비슷하게) 어린 시절의 학대와 훗날의 자살행동을 가로지르는 주요한 심리적 연계라는 증거가 있다.[48]

유년기의 학대와 이후의 자해를 연결해주는 주요한 신경생물학적 메커니즘은 무엇일까? HPA 축이 관련되어 있다는 흥미로운 증거가 있다. 아이였을 때 학대를 당한 성인들은 HPA시스템 조절장애를 겪는 것으로 보인다.⁴⁹⁾ HPA시스템 오작동은 기억과 관련해 중대한 역할을 담당하는 뇌 영역인 해마hippocampus의 용적 감소를 초래하기도 한다. 과도한 양의 코르티솔 순환으로 인해 해마세포가 침식되는 것으로 보인다. 한 연구에 따르면 어린 시절 학대를 경험했으며 현재 우울증이 있는 여성들은 학대를 경험하지 않고 우울증이 있는 여성들에 비해 브레인 스캔에서 해마 크기가 작게 나타났다.⁵⁰⁾

어린 시절의 불행은 HPA 축을 손상시키고 성년기의 자살행동 위험을 높인다. 이 장 앞부분에서 HPA 장애는 훗날의 자살경향성 위험을 높일 수 있다고 말했다. 이 사실들을 종합해볼 때 어린 시절의 불행은 부분적으로 HPA시스템에 미치는 영향을 통해 훗날의 자살경향성에까지 영향을 준다고 추정할 수 있다. 바로 이것이 어린 시절의 불행이 자살에 미치는 심리적 영향의 주된 신경생물학적 근거다. 어린 시절의 불행은, 특히 양상이 심각할수록 당사자로 하여금 고통과 도발에 익숙해지도록 이끌고 스스로 쓸모없고 소외된 존재라는 느낌을 지니게 한다. 이 책이 강조하는 치명적 조합이 바로 이것이다.

정신질환

자살사망자의 약 95%가 사망 당시 정신질환을 경험한다.⁵¹⁾ 1장에서 말했듯 내 아버지는 극심한 울병과 경조병 증상이 결합된 조울병 2형을 앓고 계셨던 듯하며, 이것은 아버지의 죽음에 있어 한 역할을 담당했다. 나머지 5%에 대해서는 알려진 것이 별로 없다. 다만 전부가 아니라도 최소한 대다수는 한 가지 이상의 '하위증후군적subsyndromal' 정신질환을 경험한다고 짐작된다. 다시 말해 우울증의 여러 증상을 경험하지만 그것이 미국 정신의학협회American Psychiatric Association의 《정신질환 진단 및 통계 편람Diagnostic and Statistical Manual of Mental Disorders(DSM)》 제4판에 근거해 정식 진단을 받기에는 경미한 수준이라는 뜻이다.

여기서 《정신질환 진단 및 통계 편람》에 관해 간단히 짚고 넘어가자. 이 편람은 장점이 많지만 궁극적이고 독점적인 진리라 단언할 수는 없다. 매우 신뢰할 만하지만, 여전히 진행 중인 작업이기 때문이다. 편람이 완벽하지 않은 것은 사실이지만, 그렇다고 정신질환이란 아예 존재하지 않으며 사회적 미신의 표상일 뿐이라는 일부 학자들의 주장을 받아들여서는 안 된다. 이 개념에 대해 길게 논의할 형편은 아니므로 간단히 말하자면 이런 생각은 정신질환을 겪는 사람들뿐 아니라 그들이 사랑하는 사람들에 대한 모독이다. 사랑하는 사람이 암으로 죽어가고 있는데 누군가 잘난 체하며 "암이란 건 사실 존재하지도 않아."라고 말하는 상황을 가정해보자. 주요 정신질환을 가진 사람과 그들이 사랑하는 사람들은 바로 이런 모욕을 감수해왔다. 이 개념에 관한 또 하나의 문제는 최신 과학지식에 비추어볼 때 개연성이 대단히 부족하다는 데 있다. 시모어 케티Seymour Kety는 조현병에 관한 글에서 이 문제를 다음과 같은 간단명료한 말로 요약해놓고 있다. "조현병이 미신이라면, 강력한 유전적 요소를 지닌 미신이다."[52]

《정신질환 진단 및 통계편람》은 다섯 개의 축으로 이루어져 있는데 그중 축1과 축2가 우리의 논의와 관련이 있다. 축1은 조현병, 기분장애, 불안장애, 약물사용 장애와 같은 주요 정신질환을 다루고, 축2는 인격장애를 다룬다. 이 두 범주의 장애 중 몇 가지(예를 들면 조현병, 조울병, 주요 우울증, 불안장애의 일부, 약물사용 장애의 일부, 성격장애의 일부)는 자살 위험에 있어 모종의 역할을 담당하는 것으로 보인다. 이제 이 책이 제시하는 이론모델이 자살경향성에 대해 지니는 타당성을 몇 가지 정신질환의 맥락에서 평가해보기로 하자.

불안장애에는 공황장애, 사회공포증, 범汎불안장애, 외상후스트레스 장애, 강박장애, 특정 공포증이 포함된다. 일부 불안장애 증상들이 심각한 자살경향성과 관련되어 있다는 사실은 여러 차례 확인되었다. 한 예로 식품의약청FDA: Food and Drug Administraion의 치료결과 연구 데이터베이스 분석을 통해 불안장애와 자살 사이의 중대한 연관이 확인됐다.53) 젠 포셋Jan Fawcett과 동료들은 심한 불안이 급성 자살 위험의 중요한 신호라는 사실을 강조해서 보여준 바 있다.54)

여러 불안장애 중 자살경향성과 연계된 측면에서 가장 많은 관심을 받아온 것은 공황장애다. 공황장애는 '느닷없이' 튀어나오곤 하는 극심한 공황발작 반복을 그 증상으로 하며, 이 장애를 겪는 사람들은 지금 당장 심장마비나 기타 무시무시한 대재앙이 일어날 것이라 믿는 경우가 많다. 실제로 공황장애와 자살증상 간에 중대한 연관이 있는 것으로 보이는데,55) 그 관계는 주로 공황장애가 기분장애와 함께 발생할 때가 많다는 사실로 설명될 수 있다.56) 물론 기분장애의 맥락에서 자살경향성이 발생하는 경우도 많다.

이 책이 제시하는 이론모델의 관점에서 특히 소속욕구에 영향을 미치는 형태의 공황장애가 있다는 사실에 주목하자. 다름 아니라 광장 공포증을 동반한 공황장애이다. 이 유형의 공황장애를 겪는 사람들은 발작 때문에 집 밖으로 나가는 일이 드물고, 사회적 접촉도 극도로 위축된다. 이 책이 제시하는 이론모델의 논리에 따르자면 이 유형의 환자들은 광장 공포증이 동반되지 않은 공황장애 환자보다 자살경향성에 더 취약해야 옳다. 실제로 그와 같은 증거가 있다.[57]

약물남용장애 역시 자살경향성 위험을 높인다.[58] 이 책의 이론모델에 따르면, 이와 같은 연관은 주로 약물남용이 도발적 경험들을 조장하고 그 결과 치명적인 자해 능력을 고조시킨다는 맥락과 궤를 같이한다. 가령 2장에서 살펴본 대로 헤로인 사용자들은 동배同輩집단에 비해 자살로 사망할 확률이 14배나 높으며 자살기도 발생률도 일반 표본보다 훨씬 높다.[59]

술에 취하면 더 용감해지는 느낌이 든다는 사람들이 있다.[60] 이런 종류의 용감한 느낌은 사람에 따라 자해 감행으로 잘못 이용될 수도 있다. 이 주제에 관한 흥미로운 연구를 예로 들자. 실험 참가자 중 일부에게는 혈중알코올농도 0.10 수준의 술이 주어졌고, 다른 쪽에게는 플라시보placebo(가짜 약의 의미로 주로 쓰이는 실험용어. ―옮긴이) 술이 주어졌다. 그리고 반응시간 게임으로 위장된 과업 수행 중 스스로에게 충격을 가하도록 한 뒤 그 강도에 따른 자기공격성을 평가했다. 그 결과 술을 마신 사람들이 스스로에게 가하는 충격 강도가 더 높은 것으로 나타났다.[61]

알코올 남용이 어떻게 자해를 포함한 고통스럽고 도발적인 경험들을 조장할 수 있는지 잘 보여주는 최근 사례가 있다. 2004년 7월 13일, 〈AP통신〉은 그해 3월 맥주 15파인트pint(0.57리터에 해당하는 액량 단위.

—옮긴이)를 마신 후 친구와 실랑이가 붙은 영국의 한 남자에 관해 보도했다. 싸움이 해결되지 않았는지 남자는 집으로 가서 단短총신 산탄총을 찾아 바지 주머니에 집어넣고는 다시 술집으로 향했다. 그런데 목적지에 닿기도 전에 주머니 속의 총이 격발되었다. 남자의 변호사에 따르면 통증이 그때까지도 꽤 심하며 탄환 파편들이 사타구니 부위에 박혀 남자가 불임이 될 가능성도 있다고 했다. 설상가상 남자는 불법 총기소지 혐의로 투옥됐다. 이 경우 과음이 고통스러운 자해의 결과를 초래했다는 점에 의심의 여지가 없다.

장기간 지속되는 약물남용은 사회적 자본을 퇴화시키고(낮은 소속감으로 이어진다) 전반적인 효능감을 떨어뜨릴 수 있다(짐이 된다는 느낌이 든다). 실제로 알코올 남용과 외로움에 관한 문헌을 검토해보면 알코올 남용 환자들은 대부분의 다른 집단 구성원보다 더 외로움을 느끼는 것으로 나타난다.[62] 고체 코카인 crack-cocaine(순도가 낮은 값싼 코카인. —옮긴이) 사용자들을 대상으로 시행한 전화 인터뷰 결과, 치료 후에도 계속 약물을 사용하는 사람들은 더 낮은 자기효능감을 느끼는 것으로 확인됐다.[63] 이런 결과들은 약물남용장애의 변수와 이 책이 강조하는 짐이 된다는 느낌 및 좌절된 소속감 사이에 일치하는 점들이 더 있음을 암시한다.

2장에서 언급했듯 경계성 인격장애와 신경성 식욕부진증은 모든 정신질환 중 치사성이 가장 높으며(남성보다는 여성에게 더욱 흔함에도) 사인이 주로 자살이라는 점에서(신경성 식욕부진증도 마찬가지) 특히 관심을 끈다.[64] 경계성 인격장애는 불안정한 대인관계의 장기간 반복, 자신의 몸을 베거나 태우는 자기파괴적 행동들, 두드러진 감정적 성향 및 충동성, 공허하거나 산만한 정체감 등을 특징으로 한다.

불행하게도 일부 임상 환경에서는 이 장애를 지닌 환자들이 조작적이라는 평판을 얻고 있다. 자기파괴적 행동(예를 들면 '자살 제스처')이나 '이간질'(예를 들면 의사를 포함한 사람들을 서로 맞서게 하는 행위)을 통해 다른 사람들을 조종한다는 것이다. 이런 환자들 이야기가 나오면 눈을 위아래로 굴리며 은연중 또는 노골적으로 조롱을 섞어 비난을 늘어놓는 사람들이 있다. 이처럼 경계성 인격장애 환자들을 비하하는 의료직 종사자들이 있다. 나는 최근 한 경계성 인격장애 환자에 대한 진료기록을 읽었는데, 거기에 이렇게 적혀있었다. "이 환자는 절대로 나의 치료를 받지 않은 것임."

이런 정서에는 환자의 다수가 그저 '자살 제스처'를 보일 뿐이라는 통념이 내포되어 있다. 달리 말하면, 그들이 스스로의 몸을 베는 등 자살행동을 보이지만 정말로 자살할 의도를 가진 게 아니라 타인을 도발하거나 조종하겠다는 생각뿐이라는 것이다.

이는 사실과 다르다. 경계성 인격장애 환자들의 자살사망률은 전체의 10%에 달하고, 그들 중 50%는 최소 한 차례 이상 심각한 자살기도 경험을 했으며[65] 평균적으로 일생 세 차례 자살을 기도하는 것으로 알려져 있다.[66] 경계성 인격장애 환자의 경우 자살기도 전력 유무는 다른 집단에 비해 더욱 강력한 자살사망의 예측요소가 된다(자살로 사망한 경계성 인격장애 환자의 65%가 자살기도 경험이 있는 데 반해 자살로 사망한 주요 우울증 환자들의 경우 33%만이 자살기도 경험을 지니고 있다).[67] 경계성 인격장애 환자들은 반복적인 자해를 통해 자살행동을 연습하고, 그렇게 자살에 대한 용기와 역량을 키우는 듯하다. 또 자기 의심과 소외되고 버림받았다는 느낌은 짐이 된다는 느낌을 불어넣어 소속감을 갖는 데 어려움을 겪게 할 확률이 매우 높다. 그 결과 경계성 인격장애 환자의 자살 위험은 고조된다.

식욕부진증을 앓는 여성들은 자기 기아란 육체적 시련을 거친다. 그중에서도 폭식-구토형 증상을 겪는 환자들은 이페칵ipecac 시럽 같은 약제를 투약해 스스로 유발하는 구토와 반복적인 관장灌腸 등의 다양한 대상적代償的 노력을 해야 한다. 이 책의 이론모델에 따르면 식욕부진증이 있는 여성들은 이 같은 도발적 경험들을 통해 치명적인 자해 능력을 습득하는 것일 수 있다. 실제로 식욕부진증을 앓는 여성들은 높은 고통 역치와[68] (자살기도자들과 마찬가지로)[69] 자살률을 보인다는 증거가 있다. 섭식攝食장애를 가진 여성 240명을 대상으로 10년간 추적조사를 시행한 결과 그들의 자살률은 일반인 평균보다 58배나 높았다.[70] 사망자 전원이 식욕부진증 환자였고 식욕항진증亢進症 환자는 단 한 명도 없었다(하지만 아래를 읽어보라).

슈나이드먼의 비어트리스 사례는 식욕부진증과 자살경향성의 동시발생을 보여준다.[71] 비어트리스는 손목을 그어 기도한 자살에 관해 이렇게 썼다. "그 저녁, 고집스럽게 피가 굳어버리는 정맥들을 다시 열어젖히기를 지루하게 반복해야 했다. 나는 한 시간 이상을 끈기와 인내심을 발휘하며 내 손목을 긋고 또 그었다. 죽기 위해서 내 몸과 전투를 벌여야 한다는 건 예상치 못한 일이었고, 최선을 다한 일전 끝에 나는 나자빠졌다." 그녀는 또 이런 말도 했다. "다음 2년 동안 (…) 나는 매일 밤 잠들기 전에 자살하는 상상을 했다. 나는 죽음에 사로잡혔다. 사소한 점들까지 치밀하게 추가해가며 나 자신의 장례식을 반복적으로 연습했다." 비어트리스는 석 달간 자신의 장례식을 계획하다가 다시 손목을 그어 자살을 시도했다. 그녀는 살아남았다.

슈나이드먼은 비어트리스의 목소리로 중대한 의미가 담긴 말을 전해준다. "나는 내 몸을 통제함으로써 나 자신을 (그리고 다른 사람들을) 통제할 수 있다. 내 몸은 세상에 대해 내가 쥐고 있는 유일한 손잡이이자 수위조절기이다(내가 올렸다 내렸다 할 수 있는). 몸무게 15파운드(6.8킬로그램)를 늘리고 빼며 내 몸을 통제함으로써 나는 내 삶까지 통제할 수 있다. 삶이 너무 고통스러워진다면, 그땐 완전히 꺼버릴 수도 있다." 그녀는 먹는 일과 몸의 통제를 통해 자기보존 본능을 억누르는 능력에 다다른다. 자살경향성과 식욕부진증의 고통스럽고 도발적인 경험들을 통해 삶을 꺼버릴 수 있는 '작은 스위치'를 개발한 것이다. 그녀의 설명은 간명하다. "내게 있어 식사량 제한은 유행을 따라 날씬해지려는 게 아니라 죽음에의 소망이다."

간헐적인 폭식과 대상적 행동들을 되풀이하는 식욕부진증 여성 환자에 비해 식욕항진증 여성의 경험은 상대적으로 덜 도발적이고, 위험 역시 덜할 수 있다(이를테면 자기 기아 행위가 없거나 극단적이지 않다). 따라서 그들의 행동은 친숙화 및 반대과정으로 이어질 확률이 낮다. 하지만 식욕항진증을 가진 여성 중에서도 습관적으로 구토 행위를 반복하는 경우는 다른 사례에 비해(예를 들어 과도한 운동 등 상대적으로 덜 도발적인 경험) 자살증상을 보일 확률이 높다. 실제로 자살기도 전력은 일반 식욕항진증 여성 환자보다 구토형 식욕항진증 여성 환자에게서 더 흔히 발견된다.[72]

식욕부진증이 있는 여성과 마찬가지로 식욕항진증을 앓는 여성들 또한 고통에 대한 민감도가 낮으며, 그것은 섭식장애가 해결된 뒤까지 계속될 수 있다. 식욕항진증에서 회복한 지 일 년 이상 지난 여성들과 15명의 건강한 여성 자원자들을 비교한 연구를 예로 들자.[73] 이들은 열에 대한 내성을 측정하는 열통증 자극검사, 그리고 혈압계 팽창 압력 내성을 측정하는 최대하 압박대 검사를 받았다. 전체적으로 식욕항진증에서 회복한 여성들은 두 가지 검사 모두에서 더 높은 고통 내성을 보였다. 내가 알기로 구토형 식욕항진증 여성 환자와 일반 식욕항진증 여성 환자 간 고통 내성 차이를 측정한 연구는 없지만, 구토형 환자들이 일반 환자들에 비해 더 많은 도발을 경험했다는 점에서 고통 내성도 높을 것으로 추정된다.

식욕항진증을 앓던 여성들이 회복된 후에도 높은 고통 내성을 보인다는 사실은 잠재적으로 중요한 사실이다. 높은 고통 내성은 심각한 자해를 가할 수 있는 습득된 능력 전반과 함께 쉽게 사라지지 않는다. 이 심리적 특징들은 일단 자리를 잡고 나면 긴 시간 동안 유지된다. 다음 장에서 설명하겠지만 이 점은 자살행동의 예방 및 치료와 깊은 관련이 있다. 치명적인 자해를 가할 수 있는 습득된 능력은 이 책이 제시하는 이론모델의 다른 측면들보다 변화에 대한 저항력이 더욱 강하다. 그런 점에서 짐이 된다는 느낌과 낮은 소속감에 중점을 둔 치료 및 예방 프로그램이 좀 더 좋은 결실을 맺을 수 있다.

일반적으로 여성들의 자살사망률이 낮다는 사실을 기억하는가. 하지만 도발적인 경험을 반복하는 여성들은 이 일반 규칙의 예외다. 경계성 인격장애, 신경성 식욕부진증, 그리고 정도는 좀 낮지만 신경성 식욕항진증을 가진 여성들이 바로 그 예외에 해당한다.

자살에 관한 논의에서 기분장애를 빼놓을 수는 없다. 기분장애 환자들의 자살사망률은 주요 우울증, 조울병 1형(극심한 조병 단계와 울병 단계의 결합), 조울병 2형(경조병과 극심하고 반복적인 울병 단계의 결합) 환자들과 마찬가지로 상당히 높다.[74] 이 책이 제시하는 이론모델의 관점에서 볼 때 기분장애 환자의 높은 자살률은 과거의 자살경향성 경험 및 조병 증상과 관련된 다양한 도발적 경험들을 통해 치명적인 자해 능력을 습득한 결과라 할 수 있다. 실제로 조병 증상을 겪는 사람들은 감옥행, 싸움, 사건 사고에 연루되는 경우가 많다. 특히 기분장애는 우울증의 주된 증상이자 특징인 격심한 무능감과 사회적 고립감을 포함한다. 따라서 기분장애에 시달리는 사람들은 이 책이 제시하는 이론모델의 세 가지 주요 차원, 즉 습득된 자해 능력, 짐이 된다는 느낌, 그리고 좌절된 소속감에 취약하다.

주요 우울증의 한 형태로 비전형非典型 우울증이 있다. 이 유형의 증상에는 과다 수면, 과식, 대인관계상 거절에 대한 극도의 민감한 반응 등이 포함된다. 이 유형의 우울증이 '비전형'이라 불리는 이유는 과다 수면과 과식이 우울증 환자들에게 드문 증상이기 때문이다. 우울증 환자들은 흔히 식욕을 잃고 불면증에 시달리곤 한다. 거절 민감성 증상이란, 비판이나 거절당하는 느낌에 대한 반응이 너무 격렬해서 장기적 관계를 유지하기 어려운 상태를 가리킨다. 비전형 우울증 환자들은 거절 가능성이 두려워서 새로운 관계를 회피하고, 따라서 소속감은 그들에게 오래도록 풀리지 않는 괴로운 문제가 된다.

비전형 우울증 환자가 다른 우울증 환자에 비해 자살행동 위험이 높은지에 관해서는 의견이 엇갈린다. 한 연구에 따르면 비전형 우울증 환자들이 다른 우울증 환자들보다 더 많은 자살관념을 갖고 자살기도 횟수도 많을 뿐 아니라 발병 시기도 더 이르다.[75] 이른 발병 시기는 장애의 심각성을 가리키는 한 표식이며, 그 점만으로 비전형 우울증 환자들이 다른 사람들보다 자살경향성이 높다는 이유를 설명할 수 있을 것이다. 하지만 비전형성이 진정한 양식으로 자살증상과 관련되어 있음이 입증된다면, 이 책이 제시하는 이론모델에 근거할 때 그것은 거절 민감성으로 인해 이들이 극심한 고통을 겪는다는 사실, 즉 낮은 소속감에 일부 기인한다고 추론할 수 있다.

흥미롭게도 기분변조(정도는 낮지만 만성적인 우울증의 일종) 환자들의 자살률은 다른 우울증 환자들에 비해 낮다.[76] 역시 이 책의 이론모델 관점에서 기분변조 환자들의 무능감과 사회적 고립감이 죽음에의 욕망을 불러일으킬 만큼 심하지 않기 때문이라는 설명이 가능하다.

반사회적 인격장애는 이 책이 제시하는 이론모델의 관점에서 고려해볼 때 흥미롭다. 현 정신의학 용어 정의에 따르면 이 장애는 공격적 행동, 그리고 타인과 규칙 및 규범에 대해 충동적이고 부주의한 무시를 일삼는 장기간적 패턴이다. 하지만 정신과의사 허비 클레클리Hervey Cleckley[77]의 고전적 저술의 영향을 받은 최근 연구에 따르면 반사회적 인격장애에는 두 가지 형태가 있는데, 하나는 정서적 유리를 특징으로 하고(예를 들어 낮은 불안감, 가장되거나 깊이가 없는 감정, 죄의식 및 수치감에의 면역상태, 냉담, 사랑·친밀감·충절 능력 결핍) 다른 하나는 충동적이고 부주의하며 제어되지 않는 행동들을 특징으로 한다.

클레클리는 '사이코패스psychopath'라는 용어를 정서적 유리라는 기본 특징을 지닌 사람들에게만 사용했다. 그간의 연구에 따라 반사회성은 두 가지 유형으로 분리할 수 있다는 사실이 입증됐다.[78] 첫째 유형은 《정신질환 진단 및 통계편람》이 현재 강조하는 반사회적 행동의 우선적 요소로 간주되며, 둘째 유형은 예전 편람이 어느 정도 강조했으며 클레클리가 중점을 두는 '정서적 유리'에 호응한다. 이 연구에 따르면 두 가지 유형의 반사회적 인격을 지닌 사람들이 있는데, 그것은 정서적으로 유리된 사람들(나아가 부분적으로 바로 그 정서적 유리 사실로 인해 행동통제력이 약한 사람들), 그리고 충동적이고 공격적이며 무책임하지만 정서적으로 유리되지는 않은 사람들이다(게다가 오히려 정서적 반응이 특히 높은 사람들).

나와 동료들은 후자에 해당하는 사람들의 자살행동 경향이 높을 것이고(충동성과 높은 정서적 반응도의 결합 때문에), 정서적으로 유리된 '클레클리의 정신질환자'들은 부분적으로 낮은 정서적 반응도 때문에 그렇지 않으리라고 예측했다. 313명 재소자들을 대상으로 한 연구가 이 예측을 입증해주었다. '반사회적 행동'과 자살기도 전력이 있는 사람들과의 연관이 발견된 반면, '정서적 유리'와 자살기도 전력이 있는 사람들과의 연관은 찾을 수 없었다. 나아가 유의미한 정도는 아니었으나 도리어 부정적인 연관이 발견되었다. 또 '반사회적 행동'과 자살경향성의 연관은 부분적으로 반사회적 특징들이 부정적 감정과 충동성의 결합에 취약하기 때문에 발생한다는 사실이 발견되기도 했다.[79]

자살경향성에 관하여 이 책이 제시하는 이론모델에 따르면 정서적으로 유리된 반사회적 인성은 자살에 취약하지 않다. 그 이유는 그들의 냉담함, 그리고 친밀감 및 충절에 대한 무능력이 짐이 된다는 느낌이나 단절감으로부터 그들을 격리해주기 때문이다. 반대로 통제되지 않는 행동을 특징으로 하는 반사회적 인성의 높은 위험은 그들 자신의 부주의함으로 인해 고통 및 부상에 익숙해질 기회가 빈번하며 부정적인 감정이 짐이 된다는 느낌과 낮은 소속감을 부추길 확률을 높인다는 데 기인한다.

자살사망자 대다수는 죽음 당시 한 가지 이상의 정신질환을 경험한다. 자살행동과 유독 깊은 연관을 지닌 장애들이 존재하며, 정신질환을 가진 사람 중 상대적으로 적은 수만 자살로 사망한다는 사실을 기억하는 게 중요하다. 이 책의 이론모델은 특정한 형태의 정신질환들이 (다른 유형에 비해) 자살 능력 습득을 용이하게 하고 짐이 된다는 느낌과 좌절된 소속감을 불어넣을 확률이 높다는 증거를 제시함으로써 이 사실들을 설명해준다. 자살과 관련된 장애를 가졌으나 자살로 사망하지 않는 사람들은 그럼에도 불구하고 짐이 된다는 느낌, 낮은 소속감, 그리고 심각한 자해 능력 습득이라는 함정에 빠지지 않았던 셈이다. 특정한 정신질환은 자살 확률을 높이지만 심각한 자살경향성에 필요한 세 가지 조건이 함께 충족된다는 보장이 없다.

수태의 순간에 아기의 미래 전체가 결정되지는 않지만 전반적인 향방의 일부는 확인할 수 있다. 유전자는 세로토닌시스템을 포함한 신경생물학적 요소뿐만 아니라 충동성과 같은 인성 특징에도 영향을 미친다. 그 영향의 주된 경로는 세로토닌시스템이다. 유전학, 신경생물학, 인성은 한 개인의 인생 경험과 복잡한 방식으로 상호작용을 한다. 어린 시절의 학대와 방치를 비롯한 유년기의 불행한 경험은 특히 취약한 사람에게 있어 훗날 문제가 발생할 위험도를 높인다. 그 문제의 하나인 정신질환은 고뇌와 손상뿐 아니라 자살행동의 위험을 가중시키기도 한다.

유전자, 신경생물학, 충동성, 어린 시절의 불행, 정신질환 등 서로 이어진 여러 줄기가 한데 만나 사람들이 치명적 자해 능력을 습득할 것인지, 타인들에게 짐이 된다고 느낄 것인지, 소속감을 느끼는 데 실패할 것인지에 영향을 미칠 수 있다. 수태를 시작으로 일생에 걸쳐 생물학적으로 그리고 삶의 경험을 통해 전개되는 일련의 부정적 과정들이 최고조에 이를 때 치명적인 종점에 도달하는 것이다.

6장

위험 평가, 위기중재, 치료 그리고 예방

이론가와 연구자들은 정신병리학 이론 개발을 위해 끊임없는 노력을 기울이지만 실제 평가나 치료, 예방과 같은 단계에 이르면 이론과 응용 사이의 단절이 큰 것이 사실이다. 이런 현상은 임상환경의 기초이론이 없는 상태에서 응용이 즉각적으로 고안되기 때문에 일어난다. 하지만 반드시 나쁘기만 한 건 아니다. 임상이론에 기초하지 않은 치료법 중에도 썩 훌륭한 것들이 많은가 하면, 이론만 화려할 뿐 전혀 쓸모없는 치료법들도 있기 때문이다.

여기서 좋은 치료법의 예를 몇 가지 들어보자. 먼저 정신과 의사 제럴드 클러만Gerald Klerman이 1970년대에 동료들과 함께 개발한 대인정신요법IPT: Interpersonal Psychotherapy(대인관계를 중심으로 진행하는 심리치료법. —편집자)이 있다. 대인정신요법은 본래 우울증 치료를 목적으로 개발되었으나 지금은 다른 질환에도 널리 사용되는 현실적이고 실용적인 치료법이다. 증상이 시작될 무렵 환자가 경험하고 있는 주된 대인관계적 문제(이를테면 슬픔 또는 배우자와의 적대적 대치상태 등)를 치료할 경우 증상 완화에 도움이 된다는 것이 핵심 개념이다. 이 치료법은 한 가지의 대인관계적 문제에 집중하되 그 문제 개선이 다른 영역 개선으로 일반화될 수 있다는 믿음을 유지할 것을 권고한다.

대인정신요법이 증상을 완화시킨다는 데는 의심의 여지가 없다. 무작위로 선정된 표본을 대상으로 통제된 환경에서 실시한 임상실험들이 증명해주는 사실이다. 우간다의 시골지역에서 대인정신요법을 평가한 흥미로운 연구를 예로 들자.[1]

30개 마을이 연구 대상으로 선정되었고 마을별로 본인과 마을 사람들에 의해 우울증 증상이 있다고 간주된 남성 또는 여성들을 인터뷰했다. 토착어에는 하나의 단어로 우울증을 뜻하는 어휘가 없었으므로 인터뷰 담당자들은 우울증과 비슷한 질환으로 알려진 '요퀘키아' 또는 '오퀘쿠바지다'를 가진 사람들을 찾아야 했는데, 이 두 질환을 합하면 《정신질환 진단 및 통계편람》 제4판에 소개된 주요 우울증 증상이 망라된다. 한 마을당 우울증 증상이 가장 심한 남성이나 여성 환자들 약 8명씩 총 250명이 참가대상으로 선정되었다. 여기서 남성 환자가 선정된 15개 마을 중 8개, 그리고 여성 환자가 선정된 15개 마을 중 7개가 무작위로 심리치료에 배정되었고 나머지 마을들은 대조표준이 되었다. 다만 대조표준 마을과 선정된 마을의 환자들 모두 본인이 원할 경우 어떤 상담이든 요청할 수 있었다. 선정된 마을들은 16주 동안 매주 한 번씩 90분간의 그룹 치료를 받았다. 그룹 치료는 환자들과 같은 성(性)을 갖고 있으며 간단한 심리치료 훈련을 받은 지역 사람이 지도했다. 치료 시간마다 그룹 리더는 각 환자의 우울증 증상을 점검했고 환자들은 최근 있었던 일을 자신의 기분과 연관해 설명했다. 그러면 리더는 다른 환자들이 협력적인 논평과 제안들을 내놓게 했다. 치료는 매우 효과적이어서 심각한 우울증 비율은 치료 전

90%에서 치료 후에는 6%로 급락했다. 반면, 대조표준에 속한 사람들의 심각한 우울증 비율은 치료 전 90%에서 치료 후 55%로 내려갔을 뿐이다.

대인정신요법이 효과적이라는 사실을 보여주는 연구는 많다. 하지만 이 요법에 대한 이론은 놀라울 만큼 부족하다. 1970년대 이래 대인정신요법과 함께 우울증의 대인관계적 측면에 대한 과학적·이론적 연구들도 진행되었다.[2] 그런데 이 두 줄기는 좀처럼 교차점을 찾지 못했다. 대인정신요법이 상대적으로 이론이 결핍돼 있다는 사실은 별다른 지장이 되지 않았다. 효력이 있을 뿐 아니라 설명이 초래할 수 있는 이론상의 과실 또는 혼란을 피할 수 있다는 장점도 지녔다.

이론과 단절된 훌륭한 치료법의 두 번째 예로 심리치료의 인지행동 분석시스템CBASP: Cognitive Behavioral Analysis System of Psychotherapy을 살펴보자.[3] 이 요법은 애런 T. 벡과 앨버트 엘리스 같은 이들의 인지요법 관련 연구, 그리고 응용인지분석 분야의 연구로부터 영향을 받았다. 인지행동 분석시스템의 골자는 여러 면에서 대인정신요법과 유사하다. 치료법의 기본 개념은 특정 상황에 지속적으로 집중해 그 상황들이 자신의 목표를 이루는 쪽으로 변화하게끔 본인의 사고와 행동을 개선해나간다는 것이다. 이 치료법은 (대인정신요법과 마찬가지로) 현실적이며, 치료의 효과를 입증하는 임상실험 통계도 인상적이다.[4]

하지만 이 요법의 밑바탕이 되는 이론은 결함이 많을 뿐 아니라 치료와 별다른 관련성이 없다. 이 이론은 우울증을 지닌 사람들에 대해 안타깝고도 근거 없는 주장들을 펴는데, 예를 들면 이런 것들이다. 만성 우울증 환자는 "부정적인 세계관을 갖고 치료를 받으러 오는, 인지·정서적으로 성장이 지체된 어른아이다. 그들은 네 살에서 여섯 살 사이의 전前조작기 아이의 사고방식으로 기능한다."[5)]

터무니없는 주장이다. 만일 나 자신이 만성 우울증이 있는 성인이라면 더욱 불쾌했을 것이다. 이 불필요한 주장은 효과적이고 유용하다고 입증되어온 요법 자체와도 그다지 관련성이 없다.

벡의 인지적 이론화 작업 및 치료상의 권장사항들은 이론과 치료가 결합된 좋은 예다. 벡을 비롯해 인지적 관점에서 연구하는 많은 학자가 개발한 정신병리학 이론에 따르면 세상 속에서 자신의 역할을 이해하는 부적응적 스키마schema(과거의 반응이나 경험에 의해 생성된 생물체의 지식 또는 반응체계. —옮긴이)가 다양한 형태의 정신병리에 대한 취약성을 유발한다. 치료는 바로 이 부적응적 스키마를 교정하는 데 중점을 두고 이루어진다. 이 장에서 나는 벡을 모방해 유용하고 타당하며 생산적인 방식으로 이론과 실제를 결합하려 시도할 예정이다. 이론과 그 일화적·과학적 증거들은 앞장에서 제시한 바 있다. 이 장에서는 그 이론을 활용해 자살행동에 관한 임상적 현실을 다루고자 한다. 자살 위험 평가라는 중요한 영역부터 시작해보자.

위험 평가

자살 위험 평가에 대한 두 가지 입장을 떠올려보자. 민감형의 입장은 누군가가 자살이란 말을 입에 담기만 해도 생명을 위협하는 상황이므로 경보가 울려져야 한다는 입장이다. 반면 둔감형은 이와 정반대

방향의 오류를 범한다. 그들은 자살행동을 대수롭지 않게 여기며 잠재적 자살자가 타인의 관심을 끌기 위해 취하는 제스처 또는 교묘한 조종술쯤으로 바라본다. 따라서 이 둘 사이의 타협이 필요한데, 그것은 효율적이고 임상적으로 유용하며 과학적으로 입증된 것이어야 하고 개념적으로 이 책이 제시하는 이론모델과 일치해야 한다.

위험 평가 시스템은 자살 위험요소가 수십 개이고 그중에는 중요하지만 말단적이어서 긴박한 위험(예를 들어 격심한 흥분성 불안)과는 연관되지 않은 것들도 있다는 사실과 씨름해야만 한다. 미국 자살학협회, 미국 자살예방재단American Foundation for Suicide Prevention, 미국 심리학협회American Psychological Association 같은 기관들의 인터넷 사이트를 잠깐만 둘러봐도 '종교적 신앙의 상실' '신경전달물질' '완벽주의' '안전감 상실' 등 다양하고 미심쩍은 것들을 포함해 무려 75개의 내용이 자살 위험요소 또는 경고신호로 제시되어 있다. 시간이 무한정 남아도는 것도 아니고 임상의들이 이 모든 요소를 빠짐없이 평가하기는 불가능하며 혹 가능하다 해도 그 방대한 데이터를 정리하는 작업 또한 보통 일이 아닐 것이다.

수없이 많은 위험요소 및 경고신호 중에서 특히 중요한 것이 있을까? 그렇다면 그것을 중심으로 해서 위험평가 접근법을 결정할 수 있을 것이다. 물론 이 책이 제시하는 이론모델에 따르면 치명적인 자해를 가할 수 있는 습득된 능력, 짐이 된다는 느낌, 그리고 좌절된 소속감이 가장 강조되어야 할 요소들이다. 나와 동료들은 습득된 능력 평가에서는 한 번 이상의 자살기도 전력과 현 자살증상의 구체적 본질이라는 두 요소가 특히 중요하며 자살증상에 결정된 계획과 준비, 자살욕망이 포함되어 있는지가 확인되어야 한다고 논증한 바 있다.

　복수의 자살기도 여부가 강조되는 이유는 그것이 치명적 자해를 가할 수 있는 습득된 능력의 가장 확실한 표식이기 때문이다. 결정된 계획과 준비, 그리고 자살욕망 간의 차이도 중요하다. 결정된 계획과 준비 증상들에는 자살을 기도할 용기가 있다는 느낌, 자살을 기도할 역량이 된다는 느낌, 자살을 기도할 수단과 기회의 확보, 자살기도 계획의 구체성, 자살기도를 위한 준비, 자살관념의 지속 기간과 강도 등이 포함된다. 자살욕망 증상들에는 살아야 할 이유들, 죽음의 소망, 자살관념 발생률, 살고 싶지 않은 소망, 수동적인 자살기도, 자살기도에 대한 욕망, 죽음 또는 자살에 관해 이야기하기 등이 있다.

　결정된 계획과 준비 증상들은, 죽음에 대한 명확하고도 실행 가능한 계획을 고안하기 위해서는 대담성과 결의가 필요하다는 측면에서 그가 치명적 자해 능력을 갖추고 있다는 증거로 간주된다. 이 책의 이론모델은 또한 자살 위험 평가의 초점을 복수 자살기도자 중심에서 다양한 방법으로 치명적 자해 능력을 습득한 모든 사람에게로 넓힐 것을 제안한다. 이 능력은 반복적인 연습과 자해에 대한 노출을 통해 습득된다. 임상의들은 중단된 자살기도를 포함해 환자가 자해를 연습했을 계기를 찾아 평가해야 한다. 반복적인 수술이나 문신 및 폭력에 대한 다양한 형태의 노출, 자가 약물주사와 같은 여타 도발적인 경험들을 통해 부상에 익숙해질 수도 있다.

　이 책의 이론모델이 암시하는 또 하나의 사실은 자살욕망에 짐이 된다는 느낌과 좌절된 소속감이 포함될 때 가장 유독하다는 것이다. 전반적으로 자살욕망이 있다고 진단되면 그 기저에 짐이 된다는 느낌과 좌절된 소속감이 자리하는지를 파헤쳐봐야 한다. 결과가 그렇다면 위험이 고조된 것으로, 그렇지 않다면 중간 수준의 위험으로 평가할 수 있다. 한 가지 문제라면 짐이 된다는 느낌과 낮은 소속감은 항상 똑같은 수준에 고정돼 있지 않다는 사실이다. 이를테면 이번 주에 짐이 된다는 느낌을 경미하게 받은 사람이 다음 주 또는 그 다음 주에는 심하게 느낄 수도 있다. 어제 강한 소속감을 한껏 표출했던 사람이 이를테면 관계상의 갈등으로 인해 오늘은 단절감을 느낄 수도 있다. 그러므로 임상의들은 이전에 위험도가 낮게 평가된 환자들에 대해서도 정기적으로 위험을 감시해야 한다. 특히 중대한 핵심요소이자 유동적 변수인 짐이 된다는 느낌과 좌절된 소속감을 감시하는 데 집중할 필요가 있다.

전반적 위험 평가의 틀에서 강조되는 두 영역이 있다. 그것은 복수 자살기도 여부와 앞서 설명한 자살증상 등 두 요소이다(결정된 계획과 준비, 그리고 자살욕망). 여러 차례 자살을 기도했고 자살에 대해 결정된 계획과 준비를 갖춘 것으로 나타나는 사람들의 위험 평가는 일반적으로 다르게 진행된다. 그들의 자살 위험은 이미 고조된 상태로 간주되는데, 특히 다른 위험요소가 최소 한 가지만 더 추가되어도 매우 심각하다(예를 들어 짐이 된다는 느낌, 낮은 소속감, 현재의 약물남용, 또는 중대한 부정적 인생사 등의 하나). 자살을 기도하지도 않았고 결정된 계획과 준비를 갖춘 것으로 나타나지도 않지만 자살욕망을 지닌 사람들의 경우, 고조된 자살 위험의 문턱이 조금 상향조정된다.

이 평가방법이 활용되는 방식을 좀 더 구체적으로 설명하면 다음과 같다. 복수 자살기도 전력이 있고 여타 위험요소가 하나라도 있다면

(예를 들어 약물남용) 최소한 중간 수준의 자살 위험으로 간주된다. 복수 자살기도 전력이 없으나 결정된 계획과 준비를 했고 여타 위험요소가 하나라도 있을 때도 최소한 중간 수준의 자살 위험으로 간주된다. 복수 자살기도 전력이 없고 결정된 계획과 준비도 없으나 자살욕망을 표출하며 두 개 이상의 여타 위험요소가 있을 때 역시 최소한 중간 수준의 자살 위험으로 간주된다.

이 위험 평가 방식은 완전히 자동화된 통계적 자살예측 규칙은 아니지만 자살 위험에 관한 임상적 의사결정에서 비교적 객관적인 출발점이 되어 준다. 나는 1장에서 '게일'이라는 환자에 관해 언급한 일이 있다. 그녀는 반복적으로 재발하는 우울증에 시달렸으며 마체테 칼로 손목을 잘라내어 죽고 싶다는 자살관념을 갖고 있었는데, 그녀가 치명적인 자해를 가할 수 있는 능력을 습득한 경로는 이전의 자살행동이 아니라(한 차례도 자살을 기도한 일이 없었다) 극심한 약물남용과 관련된 여러 종류의 고통스럽고 도발적인 과거 경험을 통해서였다. 내가 그녀를 보았을 때 그녀는 몇 해 동안 약물에 손을 대지 않은 상태였으나 과거의 흔적들이 남아 있었는데, 그중 하나는 바로 치명적인 자해를 가할 수 있는 습득된 능력이었다.

나는 게일이 분명하고 구체적인 자살 계획을 가지고 있었으므로, 그리고 특히 그녀가 계획에 관해 들려주는 침착함과 대담성 때문에 그녀를 입원시키고 싶었다. 하지만 그녀는 좌절된 소속감과 짐이 된다는 느낌을 호소하지는 않았으며 바로 그 때문에 자살 위험이 특별히 높지 않았다. 오히려 게일은 아들과 유대감이 깊었으며 친구도 많았고 매우 능력 있는 여성으로서 특히 남들에게 짐이 된다고 믿을 만큼 무능감에 사로잡혔다는 증거가 없었다. 위에서 설명한 위험 평가틀은 이처럼 처리하기가 매우 난처한 상황에서 적절한 임상적 의사결정을 내릴 수 있도록 도와준다.

이와 같은 평가방법은 이 책의 이론모델과 결합될 경우 과학적·이론적 정보에 근거한 평가는 물론 비교적 표준화된 임상적 의사결정 및 활동을 가능하게 해준다. 나아가 이론과 응용의 바람직한 통합 사례이기도 하다. 이런 종류의 통합은 위기관리와 해결이라는 중요한 영역에서도 찾아볼 수 있는데, 이제 그에 관해 논의해 보자.

위기중재

게일의 사례에서 볼 수 있듯 치명적인 자해를 가할 수 있는 습득된 능력은 한번 정착하면 시간이 지난다고 해서 쉽게 사라지지 않는, 비교적 변화가 없는 성질이라고 할 수 있다. 따라서 현재 위기의 예리한 날을 좀 무뎌지게 해서 견딜 만한 정도로 만드는 것이 목적인 위기중재의 초점으로 삼기에는 적절치 않다. 다시 말해서 습득된 자해 능력은 단기간에 큰 변화를 이끌어낼 확률이 낮으므로 단기간 내의 고통 경감이라는 목표 달성에 도움을 주지 못한다.

위기중재의 초점으로 삼기에 좋은 영역은 짐이 된다는 느낌과 좌절된 소속감이다. 습득된 심각한 자해 능력과 달리 짐이 된다는 느낌과 좌절된 소속감은 좀 더 유연성이 있어서 단기 위기중재에서 효과를 거두기 수월하다. 나와 동료들은 치료에 사용 가능한 고뇌 감소 기법들을 제시한바 있다.⁶⁾ 아래 소개할 증상연결 사다리, 위기카드 작성과 같은 기법들은 극심한 부정적 정서를 다소 완화해준다.

증상연결 사다리는 파괴적인 증상과 느낌들을 목록으로 작성하는 단순한 기법이다. 환자가 가장 고통스러운 순으로 정리하면(가령 1에서 10까지의 숫자로), 그중 최상위 두세 가지 증상 및 느낌에 대한 매우 구체적인 권고가 주어진다(이를테면, 불면증에 대해서는 수면 위생, 일반적인 감정적 고뇌에 대해서는 편안한 휴식, 우울증 증상에 대해서는 유쾌한 활동 등). 이 권고들은 증상을 해결하거나 크게 변화시킬 것으로 기대한다기보다, 우선 그 위력을 완화함으로써 환자가 편안해지고 위기를 조금이나마 잘 견뎌낼 수 있게 해준다. 즉 근본적인 문제들을 해결하는 일에 돌입할 수 있는 분위기를 조성하는 게 주된 의도다.

짐이 된다는 느낌과 낮은 소속감은 항상 이 간명한 위기 해결 접근법의 주요 목표가 되어야 한다. 가령 상담의가 "환자분은 본인이 가족에게 짐이라고 느끼고 계시군요. 그런데 가족들도 그렇게 생각할까요?"나 "현재뿐만 아니라 과거를 포함해 환자분이 소속감을 느꼈던 관계와 집단들을 간단히 돌아보기로 하죠."나 "현재뿐만 아니라 과거를 포함하여 환자분이 가족과 사회에 기여하신 점들을 짚어볼까요?" 같은 질문들을 던질 수 있다. 상담의는 이 토론의 결과를 요약해 색인카드에 짧은 항목 식으로 기재한 다음, 환자에게 카드를 전해주며 집에서 이 목록을 확대하고 정리해올 것을 요청한다. 이 연습의 의도 역시 짐이 된다는 느낌과 낮은 소속감 등의 내재적인 느낌들을 완전히 제거하는 게 아니다. 환자가 위기중재를 견뎌내서 차후 진행될 근원적인 문제에 관한 치료 기술을 습득할 준비를 하도록, 그 느낌들을 약화하고 경감시키자는 데 있다.

위기카드는 위기 강도를 낮춰 좀 더 냉철한 접근법에 도달하도록 고안된 또 하나의 기법이다. 단순히 색인카드나 한 장의 종이에 적을 수 있는 간명한 위기대응 계획을 작성하는 것으로, 가령 아래와 같다.

내가 속이 상해 자살을 생각하게 될 때면, 나는 다음 단계를 밟을 것이다.
1. 치료 시간에 배운 것을 활용하여 무엇 때문에 속이 상한지 찾아내려고 노력하되, 특히 내가 남에게 짐이 된다거나 어느 곳에도 소속되어 있지 못하다는 느낌에 초점을 맞춘다.
2. 나를 괴롭히는 것에 대항해, 합리적이며 자살경향성 요소가 없는 대응 방법을 적고 검토한다.
3. 과거에 기분이 나아졌던 일들을 하려고 노력한다(가령 음악, 운동 등).
4. 자살관념이 지속되고 구체화되거나 내가 자살을 준비하고 있음이 발견되면 비상연락처에 전화를 건다(전화번호: ○○○-○○○○).
5. 내 자살행동을 제어하지 못할 것 같은 느낌이 들면 응급실에 가거나 긴급구호 신고전화를 건다.

증상연결 사다리와 치료 도중의 위기카드 작성은 치료가 진행되는 그 시점, 그 장소에서 격심한 고뇌를 조금 희석시켜 줄 수 있다. 이 두 기법의 초점은 짐이 된다는 느낌과 낮은 소속감을 경감시키는 데 맞추어야 한다. 그럼으로써 불편감을 (완전히는 아니더라도) 다소 감소시켜 뒤에서 소개할 예정인 전문적인 치료기법들을 통해 해결책을 모색할 수 있는 기초를 확보하는 것이다. 불편감이 조금만 감소해도 전반적으로 긍정적인 정서가 촉진되는데, 나와 동료들은 그것이 자살경향성 환자들의 치료효과를 높인다는 사실을 보여준 바 있다.[7]

나는 이른바 '비非자살 서약'보다 위기카드 사용을 권장한다. 비자살 서약은 환자들이 치료를 받는 기간 동안 자살을 기도하지 않겠다고 약속하는 서면동의서로, 환자와 상담의가 함께 서명한다.

내가 이것을 권장하지 않는 이유는 무엇보다 별로 효과가 없는 듯해서이다. 예를 들어보자. 미네소타주의 정신과 의사들을 대상으로 한 설문조사 결과 비자살 서약을 사용한 의사 중 40% 이상이 해당 환자가 치료 도중에 자살로 사망했거나 거의 사망할 뻔한 자살기도를 했다고 응답했다.[8] 정신과 입원환자들의 자해 사건에 관한 한 연구를 보면 서약 발효 기간 동안 오히려 자해가 더 많이 발생했다는 해석까지 가능하다.[9] 최고의 중증 환자들이 주로 이런 서약을 하도록 유도된 까닭일 수도 있겠지만, 어찌 됐든 비자살 서약의 효력에 대한 확실한 인증이 되지 못하는 것은 사실이다.

내가 비자살 서약을 사용하지 않는 또 다른 이유는 그것이 환자에게 무엇을 하지 말아야 할지를 말할 뿐, 무엇을 해야 하는지 말하지 않는다는 사실 때문이다. 그런 면에서 비자살 서약은 이 책이 제시하는 이론모델의 중대한 측면들을 무시한다. 환자들에게 자살을 기도하지 말라고 충고하는 것보다 전반적인 자살경향성이 고조되고 특히 짐이 된다는 느낌과 좌절된 소속감이 격화할 때 무엇을 해야 할지 충고하는 편이 좋은 접근법이다. 위기카드야말로 바로 그런 것이다.

윌리엄 제임스는 위기중재와 관련해 자살경향성을 가진 사람을 살도록 설득하기 위해서 우리는 "그의 마음을 병들게 한 그 악의 이름으로, 그가 포기하지 않고 전투를 마쳐줄 것을 호소할 수 있다."라고 썼다.[10] 그리고 더블린과 번젤은 1933년 발표한 저서에서 이 논점을 확장해 "계속 살겠다는 동의는 남자다움과 긍지에 바탕을 둔 체념이다."라고 썼다('남자다움'이라는, 정치적으로 부적절한 표현이 사용되고 있는데 아마도 1933년 당시에는 괜찮았던 듯하다).

이 시각은 짐이 된다는 느낌과 좌절된 소속감을 소홀히 하고 있다. 이 느낌들이 매우 격렬해지면 사람들은 긍지나 남자다움 따위와는 상관없이 그저 더는 살아가고 싶지 않아진다. 하지만 이 개념은 자해를 조장하는 바로 그 대담성을 반대 방향으로 돌려놓고 있다는 점에서 흥미롭다. 위기중재에서 항상 유용하게 활용되는 부분은 아니지만, 이 방법은 자살 결의의 방향을 전환해 (다른 사람들을 대표해) 악에 맞서 싸우도록 함으로써 낮은 소속감과 짐이 된다는 느낌을 경감시킬 수 있으므로 환자에 따라 효과를 볼 수도 있다.

위험 평가에서와 마찬가지로 이 책이 제시하는 이론모델은 위기중재 영역에서도 임상활동의 가이드가 되어준다. 특히 짐이 된다는 느낌과 좌절된 소속감에 초점을 맞추고 그 강도를 경감시키는 단기 중재는 위기 해결에 도움이 될 확률이 높다.

치료와 예방

윌리엄 제임스는 "삶을 두려워하지 말라! 삶이 살 만한 가치가 있다고 믿는다면 그 믿음이 사실을 이끌어 낼 것이다."라고 말했다.[11] 그는 진정으로 시대를 앞서간 사람이었다. 나와 동료들은 자신과 타인들 그리고 미래에 관한 부정적 사고를 교정하는 데 중점을 두는 심리치료(인지요법)가 자살행동에 대한 주요 치료법임을 확인했다.[12] 더불어 자살행동에 관한 특별한 형태의 인지요법을 개발하고 설명해냈다.

이 요법에 관한 두 가지 측면을 강조할 필요가 있다. 그 첫 번째는 부정적인 사고를 재구성하는 기법으로 우리는 그것에 ICARE라는 두문자어頭文字語 이름을 붙여주었다. 이 두문자어를 구성하는 각 철자들은 부정적인 사고를 교정하는 과정의 각 단계를 나타낸다. 'I'는 특정한 부정적 사고의 확인identification을 의미한다. 이 책이 제시하는 이론 모델의 맥락에서 짐이 된다는 느낌과 낮은 소속감과 관련된 사고들이 우선시되어야 한다.

'C'는 특정 사고와 인지 왜곡 범주 사이의 연결connection을 의미한다. 인지 왜곡의 종류는 수없이 많다. 예를 몇 가지 들면 전부 아니면 전무全無 사고방식, 파국화破局化, 긍정적인 것 깎아내리기, 과도한 일반화 등이 있다. 전부 아니면 전무 사고방식은 오직 두 개의 극단적인 범주만이 존재하는 듯 융통성 없이 상황을 바라보는 경향을 가리킨다("모두가 다 나를 사랑하지 않는다면 나는 사랑스럽지 않은 거야"). 파국화는 더 확률이 높은 결과를 고려하지 않고 매우 부정적으로 미래를 예견하는 경향을 가리킨다("나는 너무나 속이 상해서 아마 제대로 살지도 못할 거야"). 긍정적인 것 깎아내리기는 긍정적인 특질이나 경험들을 사실로 인정하지 않는 습성을 가리킨다("내가 성공한 것은 어쩌다 굴러들어온 행운 덕이었을 뿐이야"). 과도한 일반화는 일정 상황에 대한 데이터를 완전히 뛰어넘는 포괄적인 부정적 결론을 가리킨다("그 파티에서 불편했던 걸 보면 나는 사회적으로 결함이 있는 사람이야").

사고를 확인하고 그것을 인지 왜곡의 범주에 연결하는 첫 두 단계에 이은 세 번째 단계 'A'는 검증된 인지치료 기법들을 통한 특정사고 평가assessment를 의미한다. 이 기법들은 본질적으로 다음과 같은 질문들을 포함한다. 이 생각을를 뒷받침하는 객관적 증거는 무엇인가? 반대되는 증거는 무엇인가? 일어날 확률은 얼마나 되는가? 대안적 설명이 있는가? 일 년 후에도 문제가 될 것인가?

'R'은 이전 단계들에서 제시된 정보를 통해 사고를 재구성restructuring하는 단계다. 핵심 과정은 평가데이터를 활용해 그 사고에서 비롯된 인지 왜곡을 제거하는 것이다. "그 파티에서 불편했던 걸 보면 나는 사회적으로 결함이 있는 사람이야."라는 생각에 대해 "부모와 배우자로서 내가 이룬 성과는 내가 사회적으로 결함이 있는 사람이 아님을 보여준다."와 같은 평가데이터를 확보할 수 있을 것이다. 이런 사고가 범한 왜곡의 범주는 과도한 일반화이다. 그렇다면 과제는 평가데이터를 활용해 사고를 '비非일반화'시키는 것이다. 이를테면 "그 파티에서 내가 불편했던 건 그 상황에만 국한될 뿐, 한 인간으로서 나에 대해서 별로 말해주는 게 없다."와 같은 것이 되겠다.

'E'는 실행execute을 의미한다. 즉, 재구성된 사고로부터 논리적으로 흘러나오는 방식으로 행동하는 것이다. 파티에서의 사회적 불편감 사례를 통해 볼 때 이 단계는 다른 사회적 영역에서 거리낌없이 자신감을 갖고 행동하는 것, 그리고 필요하다면 특정 사회적 상황에서 찾아온 불편감의 원인을 교정하는 것 등이 포함된다.

이 책이 제시하는 이론모델의 맥락에서 짐이 된다는 느낌 및 좌절된 소속감과 관련된 사고나 주제들에 초점을 맞춰 ICARE의 기법을 적용하는 것이 중요하다. 예를 들어 "나는 사랑하는 사람들에게 짐이 된다."라는 생각은 그보다 덜 부정적인 결론을 도출했을 증거를 고려하지 않은 채 스스로에게 전면적이고 고정적인 표식을 붙이는 왜곡으로 연결될 수 있다. 평가데이터는 그가 사랑하는 사람들, 나아가 친구와 사회 전체에 기여하는 내용들을 포함할 수 있을 것이다. 이제 평가데이터를 활용해 "때때로 다른 사람에게 짐이 된다고 느끼지만 사실 나도 다양한 방식으로 기여를 하고 있어."와 같은 객관적 증거에 더 잘 부합하도록 표식을 조정하는 사고의 재구성이 이루어진다. 마지막 단계는 재구성된 이 사고로부터 논리적으로 흘러나오는 방식으로 행동하는 것이다. 이를테면 다른 사람들에게 기여함으로써 얻어지는 보람을 확인하며 짐이 된다는 느낌을 최소화하는 방식으로 노력하고 누구나 부족할 때가 있다는 사실을 받아들이는 것 등이 있겠다. 낮은 소속감과 관련해 확인된 사고로 "나는 결코 어울리지 못할 거야."가 있다. 이런 생각은 왜곡된 파국화, 즉 보다 가능성 높은 결과를 고려하지 않고 미래를 몹시 부정적으로 예측하는 것과 연결될 수 있다. 평가데이터는 그가 한때 유대감을 느꼈거나 현재 느끼고 있는 관계와 집단들을 강조할 수 있다. 이 평가데이터를 통해 사고를 비非파국화하는 방향으로 재구성하는데, 이를테면 "비록 아무 데서나 잘 어울리지는 못하더라도 사실 나는 중요한 관계와 집단들에 속해 있어."와 같은 것이다. 마지막 단계는 재구성된 사고로부터 논리적으로 흘러나오는 방식으로 행동하는 것이다. 이를테면 기존 유대관계를 더 강화하고 새로운 관계를 형성하기 위해 노력하는 것이 포함된다.

나와 동료들은 ICARE 기법 외에 부정적인 기분을 조절하기 위한, 다시 말해서 부정적인 감정을 좀 더 잘 견디고 다룰 수 있게 해줄 몇 가지 간단한 접근법을 제시하기도 했다. 사실 이 부정적인 기분을 조절하는 것이야말로 자살증상을 지닌 사람들의 취약점이다. "상황을 견딜 수 없어서서 뭔가 해야만 한다고 생각했지만 도대체 뭘 해야 할지 알 수가 없었어요." 또는 "끔찍한 마음 상태로부터 위안을 얻고 싶었어요."와 같은 자살기도자들의 호소를 통해서도 쉽게 확인될 수 있다.[13] 이와 관련한 한 연구에서 상담의들은 자살경향성 환자들이 다른 비교대상 환자들에 비해 능동적이고 건강한 기분조절 전략을 지닐 확률이 낮다고 평가하기도 했다.[14]

간단한 기분조절 기법으로 기분그래프 그리기가 있다. X축은 시간의 경과를, Y축은 부정적인 기분의 강도를 각각 나타내는 간단한 그래프로, 환자가 부정적인 기분이 가장 강렬한 시간에 연필과 종이를 잡고 앉아 통상 15분에서 20분 동안 1분에 한 번씩 기분의 강도를 표시하는 것이다. 그래프가 완성될 무렵이면 거의 대부분 부정적인 기분이 한결 나아져 있다. 기분 개선이 극적이지는 않더라도 그래프 상에 선명하게 드러나게 되고 그것만으로도 강력한 효과를 발휘한다. 단순히 자리에 앉아 그래프를 그리며 정기적으로 기분을 점검하는 것만으로도 부정적인 기분의 강도가 다소 경감된다는 것이 이 기법의 핵심 메시지이다. 부정적인 기분은 관리 불가능한 괴물이 아니라 시간이 흐르면 퇴색하는 불쾌한 상태일 뿐이다. 이 교훈을 이해한 환자들은 자해와 같은 극단적인 방법에 의존하지 않고도 부정적인 기분을 더 잘 견뎌낼 수 있게 된다. 그뿐 아니다. 환자가 그저 자리에 앉아 간단한 그래프를 그림으로써 탐지 가능한 개선이 이루어진다면, 상담의로서도 ICARE처럼 보다 완전한 기법이 적용될 경우 개선 가능성이 훨씬 높아질 수 있다는 사실을 강조할 수 있게 된다.

기분 그래프의 Y축에 표시되는 부정적 기분의 원천은 짐이 된다는 느낌 및 소속감 결핍일 확률이 높다. 환자가 장기간에 걸쳐 이 느낌들을 표시하다 보면 비교적 짧은 시간 안에 그 강도가 줄어든다는 사실을 확인할 수 있다. 지금 당장은 못 견디게 고통스럽더라도 그것이 영구적이거나 어딜 가나 쫓아오는 괴물은 아니라는 사실을 이해할 때 환자들은 자살욕망의 파도로부터 빠져나올 수 있을 만큼 무장된다.

지금까지 설명한 치료의 방향은 짐이 된다는 느낌과 좌절된 소속감에 초점을 맞춘 것들이다. 그 느낌들이 상대적으로 유동적이며 따라서 가장 저항도가 낮은 치료법이기 때문이다. 이 방법이 효과적인 이유는 자신이 남들에게 짐이 되며 소중한 관계나 집단에 소속되어 있지 않다는 환자의 관점을 체계적으로 교정해주기 때문이다. 그뿐 아니라 이 방법은 주의 깊은 관찰과 계획, 그리고 감정적 조절을 강조한다는 점에서 습득된 치명적 자해 능력의 표출이나 그것을 강화할 도발적 경험에 대한 참여를 억제하는 효과를 거둘 수 있다. 단, 그러한 효과는 자기조절 능력이 자리를 잡는 치료 후반부에나 발생한다. 이 치료법은 그러므로 환자가 이미 치명적 자해 능력을 습득했다 할지라도 자살욕망이 감퇴하면 자살행동의 개연성도 감소한다는 이론에 근거한다. 시간을 두고 ICARE와 기분조절 등을 꾸준히 연습하다 보면 자기조절 능력이 향상되고 치명적인 자해를 가할 수 있는 습득된 능력도 차츰 쇠퇴할 것이다.

자살행동의 관리에서 의약품은 어떤 역할을 할까? 지난 15년 동안 프로작, 졸로푸트, 팩실 등 흔히 처방되는 항우울제 약품들이 오히려 자살행동 위험을 높일지도 모른다는 우려가 종종 제기되었다. SSRI라 불리는 이 선택적 세로토닌 재흡수 억제제 약물들이 성인의 자살경향성 증가와 연관이 있다는 초기의 우려는 1990년대에 잦아들었으나 2004년 어린이의 우울증에 사용되는 항우울제와 관련한 우려가 다시금 고개를 들었다. 우려할 만한 근거가 있는 것이, 발표 또는 미발표 임상실험 데이터를 검토한 결과 항우울제를 복용하는 어린이 우울증 환자가 플라시보를 복용하는 어린이 우울증 환자에 비해 더 높은 자살관념과 자살행동을 보인 것으로 나타났다. 물론 다 그랬던 것은 아니고 팩실과 에펙소Effexor 등 일부만 그러했다.[15]

신기하게도 프로작은 달랐다. 매우 유사한 약품들인데도 어떤 것은 자살경향성 상승과 관련이 있고 다른 것은 그렇지 않은 이유는 무엇일까? 확답은 없으나 팩실과 이펙사(현재는 벤라팍신이라는 상표로 팔린다. ―편집자) 같은 약품들이 프로작에 비해 반감기半減期가 훨씬 짧다는 것이 이유가 될 수 있지 않을까 추측된다. 여기서 반감기란 약품의 절반이 몸을 통과하는 데 걸리는 시간을 가리킨다. 반감기가 짧은 약품들은 빠른 속도로 몸을 빠져나가기 때문에 정기적으로 복용하지 않으면 신체시스템에 충격을 주어 불안, 불면증, 흥분 등 자살경향성 상승과 관련된 반응을 일으킬 수 있다. 만일 이것이 이유라면, 항우울제가 자살경향성을 유발한다기보다 짧은 반감기로 인해 '시스템 충격' 및 자살경향성 위험을 증가시키는 항우울제들을 보다 치밀하게 관리해야 한다는 결론에 도달한다. 나는 항우울제가 어린이나 성인의 자살경향성을 높인다고 보지 않는다. 대부분의 기록은 항우울제가 무능감과 사회적 고립감 등 이 책이 제시하는 이론모델과 관련된 변수들을 완화한다는 결과를 보여주고 있다.

예방 노력 또한 이 책이 제시하는 이론모델의 세 가지 요소와 관련해 이루어질 수 있다. 치료 단계에서와 마찬가지로 예방 단계에서도 치명적인 자해를 가할 수 있는 습득된 능력에 초점을 맞추는 것은 바람직하지 않다. 그 대신 소속감과 효능감을 제고하기 위해 노력하는 것이 더 효율적일 수 있다.

우울증이나 자살경향성 때문에 입원한 3,000여 명의 환자를 대상으로 실시한 흥미로운 연구를 예로 들어보자.[16] 퇴원한 지 한 달쯤 지난 환자들에게 후속치료를 받을 의향이 있는지 물은 뒤 후속치료를 거절한 843명의 환자를 무작위로 두 그룹으로 나누었다. 한 그룹에는 5년간에 걸쳐 일 년에 네 차례씩 편지가 발송됐고, 다른 그룹에는 아무런 조치가 취해지지 않았다.

발송된 편지에는 단순히 짧은 관심 표명과 함께 환자가 필요로 한다면 언제든지 치료를 재개하겠다는 안내가 담겨 있었다. 같은 내용이 인쇄된 정형화된 편지가 아니라 환자에 따라 편지 내용이 달랐을 뿐 아니라 이전 편지에 대해 의견을 전해온 환자에게는 그에 대한 응답을 포함했으며 회신용 봉투도 동봉했다. 편지에는 예를 들면 이런 글귀를 담았다. "친애하는 ○○○선생님. 선생님이 우리 병원에 들르신 지 퍽 많은 시간이 지났군요. 건강히 지내시기를 바랍니다. 저희에게 전하실 말씀이 있으면 기쁜 마음으로 받겠습니다."[17]

퇴원 후 5년 동안 편지를 받은 환자들은 편지를 받지 않은 대조표준 환자들에 비해 자살률이 낮았던 것으로 집계됐다. 연구진은 이 원인을 소속감 증대에서 찾았다. 그들은 소속감에 관해 "나 자신이 외부에 존재하는 의미 있는 어떤 것과 연결돼 있는 느낌이자 정서적 삶을 안정시켜주는 힘 (…) 우리는 이 힘을 환자 접촉 프로그램이 성취한 여하한 자살예방 효과의 원동력으로 간주한다."라고 표현한 뒤 이렇게 덧붙였다. "(한 기존 논문은)[18] 600여 년 동안의 자살예방 방안들을 상술하며 진정으로 새로운 것이 무엇인지를 고찰한 뒤 이 개념을 다음과 같이 명확하게 제시했다. '수 세기에 걸쳐 이어진 공통적인 테마가 최소한 하나 있는데, 그것은 인간적 접촉의 제공이다. 즉 권위를 지닌 사람이든 아니든 다만 관심을 보이며 특정 시기의 가치에 걸맞은 희망의 메시지를 전달해주는 누군가로부터 얻는 위안이다.'"

이 연구에서 사용된 예방기법은 과거에 우울증이나 자살위기로 인해 입원한 적이 있는 사람들을 대상으로 한 것이었다. 그 성공이 일반 대중이나 일부 집단에 보편적으로 적용될 수 있을까? 나는 광고나 공공서비스 안내문안 작성에 재주가 없는 사람이다. 하지만 이와 관련한 공공서비스 안내문 제작 임무가 주어진다면 자살률이 높은 노년 남성 인구집단을 표적으로 삼아 "지금 있는 친구들을 지키고 새 친구를 사귀세요. 그거야말로 최고의 명약입니다."와 같은 문안을 만들고 싶다. 이렇게 말해놓고 보니 4장에서 예로 든 남성이 생각난다. 다소 퉁명스러웠지만 긴 세월 매일같이 여러 친구에게 전화 걸어 안부를 묻고 연락을 유지했던 그는 아흔 살 무렵까지 장수하다 평화롭게 세상을 떠났다. 그의 추도식장은 당연히 손님들로 붐볐다.

나는 앞에서 치명적인 자해를 가할 수 있는 습득된 능력은 예방 노력이 효과를 보기 어려운 대상이라고 했다. 하지만 예방의 기획단계에서 이 능력은 반드시 고려되어야 하는 요소다. 본의 아니게 자살 자극에 익숙해지도록 하는 것이 역효과를 부를 수 있기 때문이다. 가령 나는 환자들에게 자살사망자의 참혹한 사진들을 보여주는 '겁주기 전술'을 권장하지 않는다. 이미 위험 상태에 있는 사람들이 자살 사망이라는 관념에 한층 익숙해지도록 만들 가능성이 있기 때문이다.

의도는 좋았지만 역효과를 일으키는 바람에 우려했던 행동을 오히려 부추기는 결과를 낳는 예방 노력이 실제로도 목격된다. 대학교 1학년 여학생 표본을 대상으로 섭식장애 예방 프로그램을 평가한 연구를 예로 들어보자.[19] 중재는 섭식장애로부터 회복한 동년배들이 자신의 경험을 들려주고 섭식장애에 대한 교육적 정보를 제공하는 형태로 진행되었으며, 이 중재를 받지 못한 대조표준도 함께 평가했다. 그 결과 중재가 역효과를 일으킨 것으로 나타났다. 중재를 받은 학생들이 대조표준에 비해 섭식장애 증상이 심해진 것이다.

나는 최근 내가 일하는 클리닉에서 이런 사례를 두 눈으로 목격한 일이 있다. 자신의 몸에 불만을 갖고 있지만 명백한 섭식장애 증상은 드러나지 않았던 한 소녀가 스스로 유발하는 구토를 비롯해 섭식장애의 여러 측면을 다룬 예방용 영화를 학교에서 보았다. 소녀는 그 영화를 본 후 "혹시 저러고 나면 내 몸에 대한 느낌이 나아지는지 한번 경험해보고 싶다"는 생각이 들었다고 의료진에게 말했다. 그 후 여러 달에 걸쳐 소녀는 심각한 섭식장애를 일으켰고 하루에도 몇 번씩 억지로 구토를 했다.

자살예방 연구에서도 경미하나마 역효과 사례가 발견된 적이 있다.

학교의 자살예방 프로그램을 평가한 결과, 그 프로그램을 접한 후 여학생들은 자살 관련 지식이 강화된 반면, 남학생들은 오히려 절망감이 늘고 위기 대응력이 감소하는 역효과가 발생한 것이다.[20]

이 책이 제시하는 자살에 관한 이론모델은 임상적 설명이나 임상적 기법의 개론으로서가 아니라 자살행동에 대한 포괄적인 이론으로서 수용되어야 한다. 철저한 이론이 제공하는 이점의 하나는 임상적으로 중요하되 까다로운 주제를 명쾌하게 설명해줄 수 있다는 점이다. 그런 주제들에 대해 아무런 해답을 제시하지 못하는 이론이라면 당연히 의심해봐야 한다.

이 책이 제시하는 이론모델은 자살 위험 평가, 위기중재, 치료, 예방에 관해 많은 내용을 포함한다. 각 갈래에서는 자살을 욕망하지 않는 사람은 자살을 감행할 확률이 낮다는 통찰을 근거로 삼고 있다. 그러므로 짐이 된다는 느낌과 낮은 소속감이야말로 위험 평가에서부터 예방에 이르는 임상적 중재의 핵심 표적이 된다. 반면 치명적인 자해 능력은 중요하되 상대적으로 정체되어있는 특질이므로 위기중재나 예방보다는 주로 위험 평가와 집중적인 심리치료 단계의 표적이 된다.

7장

자살예방과 연구의 미래

이 책의 첫 장에서, 나는 자살과 관련해 내가 지닌 세 가지 연결고리를 언급했다. 자살로 돌아가신 내 아버지의 유족, 임상의, 그리고 과학자가 그것이다. 지금까지의 논의를 통해 드러났겠지만, 과학적인 이해를 위한 꾸준한 노력과 함께 예방 및 고통 경감을 목표로 하는 정진 과정을 거치면서 이제 나에게 자살이라는 주제는 주로 과학적이고 직업적인 것이 되었다.

그러나 이것은 여전히 개인적인 문제이기도 하다. 이를테면 자위행위와 손톱 물어뜯기가 자살과 관련되어 있다거나 우울증을 지닌 사람을 '인지·정서적으로 성장이 지체된 어른아이'로 규정하는 등의 왜곡된 정보와 터무니없는 주장을 대할 때, 그것은 개인적이다. 내일이고 모레고 매일같이 전 세계 2,500개 가정이 우리 가족이 견뎌내야 했던 일들을 겪게 되리라는 현실을 떠올릴 때, 그것은 개인적이다. 번개로 인한 사망이나 금문교 위의 자전거 사고 사망을 예방하기 위해 수고를 아끼지 않는 사람들이 자살로 인한 죽음에는 침묵하는 것을 볼 때, 그것은 개인적이다.

그리고 가족과 친구들이 내 눈을 들여다보며 내 아버지의 죽음에 대해 진심 어린 연민과 애도를 표했을 때 (또 어떤 사람들은 그러지 않았을 때) 그것은 개인적인 것이었고 지금도 여전히 그렇다. 사랑하는 사람을 자살로 잃은 이들에 대한 지원이라는 이 중요한 문제와 관련해, 나는 이 책의 이론모델이 몇 가지 통찰을 제시한다고 생각한다. 이 책에 대한 나의 가장 큰 희망은 사람들이 이 책을 읽은 후 자살로 인한 죽음을 제대로 이해하게 되는 것이다. 그 모든 비극과 충격과 고통에도 불구하고, 사람들이 자살로 사망하는 데에는 심장병이나 암으로 사망하는 것과 마찬가지로 이해와 교정이 필요한 여러 이유가 있다. 이 책의 이론모델은 짐이 된다는 느낌과 소속감이 낮다는 느낌을 강조한다. 유가족들로서는 사랑하는 사람이 이런 느낌에 시달리다 자살했다는 사실을 인정하기가 고통스러울 것이다. 하지만 그건 유가족의 탓이 아니라 그가 지녔던 느낌이었음을 이해하는 것이 중요하다.

자살이라는 비극이 내포하는 특별한 성질 한 가지를 들면 바로 이 점이다. 이 느낌들은 치명적이지만 적절한 치료로 교정될 수 있는 것들이었다(바로 앞 장에서 설명했다). 나는 자살로 인한 죽음이 다른 사유로 인한 죽음과 달리 이해될 수 없거나 수치스러운 것이 아니라 고통스럽고 충격적인 특성을 가진 비극으로 받아들여져야 한다고 믿는다. 하지만 암은 종류에 따라 현재의 의술로는 죽음으로의 경로를 되돌리기가 불가능한 데 반해 자살의 경우 그 경로를 충분히 되돌릴 수 있음에도 그러지 못하는 상황이 너무도 많다는 사실이야말로 더할 수 없이 끔찍한 비극이다.

이 책의 이론모델이 사랑하는 이를 자살로 잃은 사람과 그들을 돕고 싶은 이들에게 몇 가지 통찰을 전해주지만, 사실 상식보다 더 효과적인 것은 없다. 내 충고는 짐 삼촌과 내 고등학교 동창들처럼 행동하라는 것이다. 그러니까, 옳은 행동을 하라는 것. 유가족의 눈을 들여다보며 애도와 연민을 표하고 그들 곁에 머물며 도와주고 최대한 자주 안부를 확인하는 것이다. 사랑하는 이를 잃은 보통 사람에게 하듯 행동하는 것이다. 신뢰할 만한 정보, 교육자료, 상조그룹 등에 관해 알아보고 싶다면 미국 자살학협회www.suicidology.org와 미국 자살예방재단www.afsp.org 사이트를 추천한다. 거짓말, 주제를 피해 돌아가기, 속닥거림 같은 건 금물이다. 그리고 만일 자살에 대해 여타 죽음과는 다르다는, 내가 보기에 잘못된 신념을 갖고 있다 하더라도 연민의 깊이가 더하면 더했지 덜해서는 안 될 것이다.

    나는 자살에 대한 내 개인적인 측면과 과학을 결합해 이 책의 이론모델을 구축했다. 내 아버지는 일반 대중이 자살사망자와 결부시키는 특질들을 많이 갖지 않으셨다. 마음이 여리거나 소극적이지 않았고, 감정이 폭발하거나 분노를 터뜨리는 경향도 없었으며, 약물남용 습성도 없었다. 이따금 우울증에 시달리셨지만, 전반적으로 낙관적이고 희망적인 성품이었다. 아버지는 조울병 2형을 갖고 계셨지만 아마도 이 질환을 앓는 환자 중 기능 및 성취라는 측면에서는 상위 1~2%에, 증상의 강도 측면에서는 하위 절반에 속하셨을 것으로 짐작된다. 조울병 2형 환자 100명의 차트를 앞에 놓고 앞으로 수년 내에 그들 중 10명이 자살로 사망한다는 가정하에 증상 및 기능에 근거해 각 환자의 자살행동 위험도를 추정한다고 할 때, 내 아버지를 자살사망 확률이 가장 높은 10명 아니 50명 안에 포함시킬 사람은 거의 없을 것이다.

그런데 아버지는 자살로 돌아가셨다. 어째서일까?

지금쯤이면 내 답은 확실해져야 한다. 아버지는 평생에 걸쳐 치명적인 자해 능력 습득을 조장하는 경험들, 그리고 부상들을 겪어내셨다. 첫 장에서 그중 몇 가지가 언급되었는데, 지금 두 가지가 더 생각난다. 1940년대 후반, 아버지는 허리케인에서 살아남으셨다. 아버지가 계시던 콘크리트 블록 건물의 벽을 뚫고 비바람이 몰아쳤다는 이야기를 당신이 내게 들려주신 일이 있었고, 나중에 삼촌도 비슷한 이야기를 들려주셨다. 1989년에는 내 콩팥 한쪽에 이상이 생겨 제거수술을 받아야 했다. 아버지는 내가 회복하는 동안 몇 시간이고, 다른 누구보다도 오래, 내 병실에 함께 계셨다. 이것은 아버지의 자상한 면모를 드러내는 동시에 고통과 괴로움(아들의 것까지도)에 대한 내성을 반증해준다고 나는 생각한다. 이 모든 경험을 종합해볼 때 아버지가 어떻게 치명적 자해 능력을 개발하셨는지는 쉽게 이해할 수 있다. 그것에 익숙해질 기회가 잦았던 것이다. 아버지는 내가 만나본 어느 누구보다 고통 앞에서 냉정을 잃지 않는 분이셨다.

이 경우 자살은 하나의 선택지가 되며, 그것은 죽음에 대한 욕망이 있을 때 가능해진다. 내 아버지의 경우 직업적인 정체성, 결혼관계, 그리고 교회로부터 멀어져가는 과정에서 죽음에 대한 욕망이 자리 잡은 것으로 짐작된다. 아버지는 흑인 교회 출석과 같은 예에서 볼 수 있듯 나름의 대상책代償策을 강구하셨지만 그것으로는 부족했다. 아버지에게 필요했던 것은 새 친구들을 깊이 사귀는 것, 그리고 직업적인 정체성을 재구축하는 노력을 감당하는 것이었다. 하지만 많은 남성, 특히 50대 이상 대다수 남성에게 그러하듯 아버지에게 그것은 매우 어려운 일이었다. 바로 이것이야말로 그 세대가 자살 위험이 가장 높은 인구집단으로 부상한 주요 원인이라고 나는 믿는다.

물론 이 책이 제시하는 이론모델은 내 아버지에게만 국한된 것이 아니다. 세 가지 단순한 개념을 사용해 전 세계의 다양한 문화권에서 일어나는 모든 자살을 설명하는 포괄적이고 간결한 이론으로 활용한다는 취지하에 구축된 것이다. 나는 사실들을 설명하는 데 그치지 않고 새로운 개념 제시를 통해 새로운 이해를 도출하고자 노력했다. 가령 두려움의 침식과 그에 수반되는 치명적인 자해 능력은 죽음을 생명력과 보살핌이라는 주제와 융합시키려는 자살경향성과 만나 또 다른 심리적 과정을 촉발할 수 있다는 분석 등이다. 사람들은 죽음에 대한 통상적인 두려움과 혐오감을 잃어버린 후에만 죽음을 (아이러니하게도) 효능감 및 소속감과 관련지어 해석할 수 있게 된다. 죽음을 욕망할 뿐 아니라 두려워하지 않게 된 사람들만이 죽음을 통해 자신의 소속감 및 효능감 욕구를 충족시킬 것이라고 믿는다. 과거의 연구자와 이론가들은 자살을 생각하는 사람들에게서 발견되는 죽음에의 매혹이라는 현상에 관해 설명했다. 이 책의 이론모델은 그 현상이 발생하는 조건과 원인을 구체적으로 규명한다.

앞으로 나아가야 할 방향

이 책의 이론모델은 아직 대답되지 않은 질문들을 통해 미래 연구가 나아갈 몇 가지 방향을 지적해준다. 예를 들면 이런 것들이다. 자해의 보상적 특질들은 그것이 반복될수록 실제로 증가하는가? 효능감과 유대감을 삶에 대한 의지의 2대 요소로 간주하는 시각이 납득할 만한 것인가? 치명적이고 지속적인 형태의 짐이 된다는 느낌과 단절감은 그보다 덜 유독하고 보다 일시적인 형태의 것과 어떻게 구별되는가? 상호의존적 자기이해가 보편적인 문화에서는 단절감이 짐이 된다는 느낌보다 더 고통스러우며, 반대로 자율적이고 개인주의적 자기이해가 발달한 문화에서는 짐이 된다는 느낌이 단절감보다 더 고통스러울까? 친숙화와 반대과정을 유발하는 자해 및 여타 도발적 행동들은 정확히 어떤 것들일까? 인지적 민감화와 인지적 파괴의 메커니즘은 친숙화 및 반대과정과 호응하는가?

미래 연구가 나아갈 방향들은 더 있다. 기초적이면서도 매우 중요한 것으로 이 책이 제시하는 세 가지 요소들에 대한 측정기법을 개발하는 일이 필요하다. 신뢰할 만하고 타당한 자기보고서 및 임상의의 측정은 이 이론모델의 연구에 큰 도움이 될 것이다(임상적 위험 평가에도 도움이 될 것이다). 나와 제자들은 이미 이 과제에 착수했다. 실험 참가자들에게 이 세 가지 요소의 평가를 위해 준비된 문항에 대해서 1부터 5까지 숫자를 선택하도록 하는데, 소속감 관련 문항들로는 "요즘 나는 다른 사람들과 유대를 이루고 있다."와 "요즘 나는 사회적 상황에서 국외자가 된 듯 느끼곤 한다."(역으로 채점된다) 그리고 "요즘 나는 나를 아껴주는 사람들과 자주 교류한다."가 있다. 짐이 된다는 느낌 관련 문항들로는 "나는 사회에 보답한다."(역으로 채점된다)와 "내가 아끼는 사람들은 내가 없으면 더 나은 삶을 살 것이다." 그리고 "나는 내 삶 속의 사람들을 실망시켰다."가 있다. 마지막으로 치명적인 자해를 가할 수 있는 습득된 능력 관련 문항들로는 "대부분의 사람들이 두려워하는 것들이 나는 전혀 두렵지 않다."와 "나는 부상이 염려되어 어떤 상황들은(특정한 운동 경기 같은 것) 피한다."(역으로 채점된다) 그리고 "나는 대부분의 사람들보다 고통을 훨씬 더 잘 견딘다."가 있다.

습득된 자해 능력, 짐이 된다는 느낌, 좌절된 소속감을 기본으로 장기간에 걸쳐 평가하되 특히 짐이 된다는 느낌의 변화와 자살행동 전개를 주기적으로 점검하는 연구가 진행된다면 매우 효과적일 것이다. 이러한 연구에서 짐이 된다는 느낌과 좌절된 소속감의 결합을 통해 자살욕망 증가를 예측하되, 습득된 자해 능력이 없는 한 결정된 계획과 준비요소 증가는 없을 것이라는 추정이 가능하다.

유독한 형태의 짐이 된다는 느낌과 좌절된 소속감이 생기는 다양한 조건과 과정 역시 연구할 가치가 있다. 이미 말했듯 한 요소는 다른 요소를 촉발시킬 수 있으며, 도발적 경험과 행동은(예를 들어 반복적인 자해) 그 악화의 바탕이 될 수 있다(예를 들어 따돌림을 통해서). 주기적으로 재발하는 만성적 정신질환들 역시 소속감 및 효능감에 심각한 위협을 줄 가능성이 있다.

이 책이 제시하는 이론모델의 논리를 따르자면 다양한 수단을 통해(특히 고의적 부상) 심각한 자해 능력을 습득한 이들에게서는 다른 사람들과 눈에 띄게 다른 점들이 발견되어야 한다. 앞서 언급했듯 분명한 차이점들이 존재한다는 사실을 입증하는 데이터가 있다. 신경생물학 분야에서 이 주제에 관한 추가연구가 실시되면 흥미로울 것이다. 또한 습득된 자해 능력에 관한 신경생리학과 신경해부학 측면의 연구도 필요하다. 자기공명영상MRI: magnetic resonance imaging이나 그 밖의 스캐닝 기술을 활용해 자해 능력을 습득한 사람과 그렇지 않은 사람을 비교해보면 관련된 뇌의 활동 및 영역을 구체적으로 확인할 수 있을 것이다(가령, 충동성과 관련된 영역인 배측전전두피질에서 진행되는 세로토닌 관련 작용).[1] 앞서 설명했듯 스스로에게 가하는 충격을 분석하는[2] 자기공격성 패러다임은 특히 습득된 자해 능력이란 측면에서 이 책이 제시하는 이론모델 테스트에 효과적으로 적용될 수 있다. 많은 도발적 행동 전력을 가진 사람은 다른 사람에 비해 스스로에게 더 강한 충격을 가할 것이라는 예측이 가능하다.

심리적 검시檢屍 연구 또한 이 책이 제시하는 이론모델의 테스트에 유용할 것이다. 이 연구는 최근 자살로 사망한 사람들에 대해 친척들과 상세한 인터뷰를 하고 문서를 검토하는 식으로 진행된다. 이 책이 강조하는 세 가지 변수들 즉 습득된 자해 능력, 짐이 된다는 느낌, 그리고 낮은 소속감이 이 모든 연구에서 확연히 드러나야만 한다. 심리적 검시결과, 자살사망자들에게서 이 변수들 중 한 가지 이상의 증거가 나타나지 않는다면 이 책의 이론모델에 중대한 도전이 될 것이다.

나처럼 자살을 연구하는 이론가와 과학자들은 왜 이 분야를 선택했느냐는 질문을 자주 받는다. 병적이고 우울한 주제가 아니냐는 뜻일 터이다.

내가 이 질문에 어떤 대답을 할 것인지는 이제 짐작이 될 듯하다. 내 아버지와 내 가족, 그리고 다른 수백만 명의 사람들이 겪어온 고통을 예방하고 경감하기 위해 일하는 상황에서 우울이란 가당치 않다. 단지 그것만으로도 자살을 연구할 충분한 이유가 내게는 있다.

이유는 또 있다. 예술가와 작가들은 이미 오래전부터 정상적으로 기능하지 못한 채 소멸해가는 것들이 긍정적이고 선한 것을 포함한 인간 본성에 대해 말해줄 수 있다는 사실을 이해했다. 자살위기와 같은 극단적 상태와 조건들은, 자살경향성을 경험한 사람은 물론 일반적인 인간 본성을 조명해줄 수 있는 잠재력을 지닌다. 기능 장애가 없었다면 드러나지 않았을 심리적 현상들이 있다. 사고로 기억을 잃은 사람들에 관한 연구는 정상적인 기억 과정에 대한 이해에 크게 기여했다. 마찬가지로 왜 어떤 사람은 자신의 삶을 끝내고 싶어하는가에 대한 이해는 일반적인 인간 본성 이해에 도움을 줄 것이 틀림없다. 어디엔가 소속되고, 어떻게든 사회에 기여하고픈 욕구는 인간으로서 존재하는 데 필수적인 부분이다.

거의 300년 전, 볼테르는 카토의 자살을 묘사하면서 이 책이 제시하는 이론모델의 측면들을 미리 보여주었다. 볼테르의 언명을 이렇게 바꿔보면 어떨까? 자살행동에 대한 두려움이 없으며 효능감과 유대감이란 면에서 살아야 할 의미를 찾지 못하는 사람만이 자연 최강의 본능을 뛰어넘을 수 있다.

이 책은 어떤 사람들로 하여금 치명적인 자해 능력을 습득하게 하고 또 그것을 사용하지 않을 이유를 찾을 수 없도록 하는 그 비극적인 메커니즘을 설명한다.

| 에필로그 |

이 책의 마지막 장을 쓰던 어느 날 나는 아버지를 꿈에서 보았다. 아버지가 돌아가신 지 거의 14년이 되던 시점이었고, 공교롭게도 편집자에게 원고를 넘기기로 한 2004년 8월 1일이 정확히 14주기 기일이었다. 14년이 지났지만 나는 아직도 꿈에서 아버지를 만나곤 한다. 가장 최근 꿈에서 아버지와 나는 내가 태어났고 아버지가 돌아가신 애틀랜타에 있었다. 우리는 아직 완공되지 않은 건물을 함께 바라보면서 지금도 이미 멋진 이 건물이 완공되고 나면 더욱 멋지겠다는 생각을 했다. 내게 이 꿈은 나의 개인적·직업적 삶이 구축되어가는 모습을 아버지가 보고 나누고 즐겨주실 수 있다면 하는 동경을 의미한다.

내 신념에 따르면 그것은 어떤 식으로도 현실화될 수 없는 일이다. 아버지는 돌아가셨고 현세는 물론 내세에서도 아버지를 다시 볼 수 없다는 것이 내 생각이다. 이런 생각은 사랑하는 사람을 잃은 누구에게나 고통스러운 것이지만, 그 상실이 자살이었다면 이 책에서 제시한 이유들로 인해 더욱 처절할 수 있다. 아버지가 지상에서의 마지막 순간들을 어느 주차장에 세워놓은 자동차의 뒷좌석에 앉은 채 혼자 보내셨다는 것이 슬프다.

아버지가 자신은 사랑하는 사람들과 세상 모두로부터 버려졌다는 (잘못된) 생각을 안고 돌아가셨다는 것이 슬프다. 어머니와 여동생들과 내가 아버지에게 무슨 일이 일어났는지 알 수 없어 괴로워하다 진실을 발견하고 더욱 괴로웠던 것이 슬프다. 한 가닥 의식이 남아 있던 마지막 순간, 아버지가 뒤늦게 그 결정을 뉘우치셨을지 모른다는 생각을 하면 몸서리가 쳐진다. 그리고 아버지가 작별인사도 없이 떠나셨다는 것이 회한이 된다.

이 모든 고통을 잘 알기에, 내세에 대한 온갖 입장들이 왜 그리 많으며 또 그것이 사람들에게 어떤 위로가 되는지 나는 충분히 이해한다. 나야 그런 의견들 그리고 그로 인한 위로가 환상일 뿐이라고 믿지만, (제대로 된 과학자라면 그래야 하듯) 내 생각이 틀릴 수 있다는 것도 안다. 만일 내 생각이 틀린 것이라면, 내세에서는 아버지가 조지아주 레이니어 호수의 보트 위에서 할아버지랑 짐 삼촌이랑 함께 농어 낚시를 하셨으면 좋겠다. 물이 잔잔하고 농어들이 미끼를 연신 물어대면 좋겠고, 당장은 아니더라도 세월이 좀 흐르고 나면 나도 맥주와 미끼를 더 들고 와 합류할 것임을 아버지와 할아버지와 짐 삼촌이 알고 계셨으면 좋겠다.

| 감사의 말 |

나는 교수지만 색감과 디자인이 맞아떨어지는 가구 세트는 물론 어떤 가구든 사무실에 있어야 할 필요를 못 느낀다. 사실 생각해보면 사무실 자체도 별로 필요한 것 같지 않다. 말하자면 이 책은 우리 집 앞마당에서 써도 무방했을 텐데, 나는 컴퓨터 앞에 나란히 앉아 환호성과 탄식을 번갈아 내뱉고 간혹 서로에게 소리도 지르는 두 아들로부터 불과 3피트 떨어진 거리에서 이 책을 썼다. 또한 나 혼자 반대했다가 가족투표에서 3 대 1로 지는 바람에 어쩔 수 없이 입양하고 났더니 가족이 되자마자 나를 최고의 인간 친구로 찍은 고양이를 무릎 위에 앉힌 채 교정 작업을 했다. 아버지의 경험에서 비롯된 결과일지 모르는데 나는 물질적인 것들을 경멸하는 경향이 있는 반면, 참되고 유덕하고 자애로운 사상과 그것을 배양하는 인간관계적·심리적 환경을 깊이 사랑한다.

이러한 맥락에서 인간관계적으로 그리고 심리적으로 책에 도움을 준 두 기관에 감사를 드린다.

먼저 플로리다주 탤러해시의 플로리다 주립대학교 심리학부다. 탤러해시에 산 지 이제 8년이 되는데, 간혹 "탤러해시는 뉴욕이 아니잖아."와 같은 말들을 듣곤 한다. 그러면 나는 "천만다행이지."하고 대답한다(뉴욕 시민들을 불쾌하게 할 마음은 없다). 가식 없고 울창하고 따뜻한(비단 날씨만이 아니다) 탤러해시가 얼마나 감사한지 모른다. 플로리다 주립대학교 심리학부 또한 그와 똑같은 특질들을 갖고 있다. 다양한 사상들이 우거져 성장하고 인간관계도 따뜻하다. 학술기관임에도 가식이나 인간관계상의 불필요한 자극이 없는데, 이 점은 특히 성공적인 학부로서 타의 추종을 불허한다.

이 자리에서 여러 방식으로 크게 도움을 준 동료들과 대학원생 제자들의 이름을 들어 감사의 뜻을 전하고 싶다. 내 박사과정 학생들(졸업했거나 아직 수학 중인)은 끊임없는 의견 제기를 통해 내 생각을 정련할 수 있게 도와주었다. 그들의 이름은 레베카 버너트, 제시카 브라운, 켈리 쿠크로비츠, 질 데노마, 케이티 고든, 대니얼 홀러, 케이티 메릴, 마리솔 페레스, 제레미 페티트, 나디아 스텔레크트, 킴 반 오던, 자크 볼즈, 리다 워커, 폴루소 윌리엄스, 리키 윈게이트, 트레이시 위트이다.

플로리다 주립대학교의 다른 박사과정 학생들도 적극적인 참여를 통해 큰 도움이 되어주었다. 그들의 이름은 안드레아 번스, 키아라 크로머, 키스 도노휴, 킴 드리스콜, 젠 미닉스, 모린 라이언스 리어던, 로레인 라이첼, 칼라 레퍼, 에들린 베로나, 브래드 화이트이다. 플로리다 주립대학교의 동료들도 많은 지원을 제공했다. 그들의 이름은 엘

렌 벌러, 롭 콘트레라스, 존 코리건, 앤더스 에릭슨, 돈 포스, 프랭크 존슨, 닐 주몬빌, 재닛 키스트너, 존 메이너, 다이앤 타이스, 릭 와그너이다. 그리고 특히 플로리다 주립대학교에서 나와 가장 가까운 동료이자 절친한 친구들이기도 한 로이 바우마이스터, 나탈리 색스-에릭슨, 브래드 슈미트에게 깊이 감사한다.

두 번째는 심리적으로 특별한 도움을 준 존 사이먼 구겐하임 기념 재단John Simon Guggenheim Memorial Foundation이다. 지성인의 삶을 살고자 하며 모든 학문 분야에서 탁월한 것을 동경하고 존중하는 교수로서 구겐하임 장학연구원으로 선정된다는 것은 견줄 데 없는 격려의 원천이자 책임감을 일깨워주는 영예였다. 이 책을 통해 전달되는 내 음성이 이따금 지나친 자신감에 차 있는 듯하다면 미리 용서를 구한다. 어쩌면 그것은 구겐하임의 인정과 관계가 있는 것일지도 모른다. 물론 구겐하임 재단에 내 죄를 뒤집어씌울 생각은 전혀 없다. 내 삶을 더 나은 것으로 변화시켜준 영광에 깊이 감사드릴 따름이다.

내게 친절을 베풀어준 사람들은 더 있다. 린 에이브럼슨, 애런 T. 벡, 짐 코인, 피트레윈 손은 아무런 조건 없이 나를 비롯해 많은 이들에게 어떻게 젊은 동료들을 독려할 것인가에 대한 귀감이 되어주었다. 데이비드 러드와 래니 버먼은 미국 자살학협회가 주최하는 훌륭한 회의에 나를 여러 차례 초청해 주었을 뿐 아니라, 2004년 4월에는 이 책에 실린 개념들을 주제로 기조연설을 할 기회까지 주었다. 연설 직후 가졌던 질문 및 토론시간을 통해 나는 매우 귀한 통찰과 도움을 얻을 수 있었다. 나는 또한 이 주제를 갖고 노스다코타 의과대학, 조지아 대학교, 애틀랜타의 질병통제예방센터에서 강연하면서 많은 격려와 더 깊은 생각을 불러일으키는 반응을 얻어냈다. 자살 연구에 관한 내 사고와 연구 대부분은 데이비드 러드와의 협력을 통해 이루어졌다. 그에게 특별한 감사를 전한다. 그 밖에 이 책에 소개된 개념들 개발에 있어 여러 가지 방식으로 나를 도와준 사람들로 줄리아나 배거트, 스티브 비치, 실라 커런, 마티 프랭클린, 토드 헤더튼, 배리 크라코우, 리치 맥널리, 매트 노크, 에이노아 오타멘디, 데이브 스코트, 캐런 와그너, 마크 와인가드너, 스티브 원덜리치가 있다.

하버드 대학교 출판사의 엘리자베스 놀은 평판 그대로 탁월함과 부드러운 엄격함을 갖춘 편집자였다.

마지막으로 내 어머니와 여동생들에게 "우리 모두 그 고통을 겪어야 했다는 게 정말 가슴 아플 뿐이야."라고 말해주고 싶다. 내 사랑하는 아내 그라시엘라 마키나에게는 "Te amo mi amor, siempre."('영원히, 내 사랑 당신을 사랑해.'라는 뜻의 스페인어 표현. —옮긴이)라고 말해주고 싶다. 그리고 이 책을 떠나보내야 할 이 순간, 아들 말라키와 지키를 재우며 늘 하는 말이 떠오른다. "너희들을 사랑하고, 너희들이 자랑스럽고, 너희들의 아빠여서 나는 행복하다." 진심이다.

| 주석 |

프롤로그 아버지를 잃다

1) Ranger & Calhoun (1990).
2) Shneidman (1996), p. 15.
3) Menninger (1936), p. 13.
4) Ibid., p. 14

1장 자살에 관해 우리가 아는 것과 모르는 것

1) Kellerman (1989), pp. 113-114.
2) Zanarini et al. (2003).
3) Lewinsohn et al. (2003).
4) Alvarez (1971), p. 167.
5) Joiner (1999).
6) Ibid. (2003)
7) Menninger (1936).
8) Sullivan (1953)
9) Mennerger (1936), p. 61.
10) Ibid., p. 62
11) Ibid., pp. 209-210.
12) Shneidman (1996), p.4.
13) Ibid. (1985).
14) p. 20.
15) Shneidman (1996), p. 13.
16) 예를 들어, Beck et al. (1990).

17) Ibid. (1985).
18) Ibid. (1990)
19) Beck (1996).
20) Joiner & Rudd (2000)와 함께; Joiner et al. (2000).
21) Baumeister (1990).
22) Sheneidman (1996), p. 58.
23) 예를 들어, Linehan (1993).
24) Kirby (2002), p. 119.

2장 치명적인 자해를 가할 수 있는 능력의 습득

1) p. 78.
2) Shneidman (1996), p. 3.
3) Menninger (1936). p. 23.
4) Ibid, p. 66.
5) Alvarez (1971), p. 158 참조.
6) Ibid., p. 72.
7) Ibid., p. 78.
8) This American Life, National Public Radio, Producer Ira Grass, 2003년 5월 11일자.
9) Knipfel (2000), pp. 13, 33.
10) Heckler (1994), p. 127.
11) Shneidman (1996), p.133.
12) Rachman (1989).
13) Shneidman (1996), p. 133.
14) Menninger (1936), p. 23.
15) Sullivan (1953), pp. 48-49.
16) Menninger (1936), p.64.
17) Reidel (2003).
18) Menninger (1936), p. 52.
19) Mariani (1999).
20) Alvarez (1971).

21) Meehl (1973), pp. 278-280.
22) Shneidman (1996), p. 42.
23) Soloman (1980).
24) Alvarez (1971), p. 108.
25) Rudd, Joiner, & Rajab (1996).
26) Forman et al. (2003); Gispert et al. (1987); Lewinsohn, Rohde, & Seeley Stein et al. (1998a).
27) Cavanagh, Owens, & Johnstone (1999).
28) Brown et al. (2000); 함께 Esposito, Wpirito, Boergers, & Donaldson (2003) 참고할 것.
29) Boradmanetal.(1999).
30) Master et al. (2002); Fawcett et al. (1990) 유사한 연구로 Nordstroem et(1995) 참고할 것.
31) Joiner et al.
32) Mullen, Martin, Anderson, Romans, & Herbison (1993); Stepakoff (1998).
33) Glowinski et al. (2001).
34) O'Conner, Sheehy, & O;Conner (2000)
35) Pierce (1981).
36) Soloff et al. (2000); Soloff et al. (1994).
37) p,269.
38) Dhossche, Snell, & Larder (2000).
39) Menninger (1936).
40) Rosenthal et al. (1972).
41) Veale et al. (1996); Phillops et al. (1993).
42) p. 183.
43) Whitlock 7 Broadhurst (1969).
44) Conner et al. (2001).
45) Brent et al. (1994).
46) Conner et al. (2003); DuRand et al. (1995).
47) Darke& Ross(2002).
48) Kidd & Ross (2002).

49) Yates, MacKenzie, Pennbridge, & Swoffoed (1991)
50) Gunderson (1984); Keel et al. (2003).
51) Menninger (1936), p. 69.
52) Ibid., p. 203
53) Lindeman et al. (1996).
54) Ibid.
55) Grassi et al. (2001).
56) Lewinsohn, 더불어 Rohde, &Seeley (1996)도 좋은 사례다.
57) Cross (2001). Knipfel (1999)도 유사한 현상 설명함.
58) Orbach et al. (1996a, 1996b).
59) Ibid. (1997).
60) Ibid. (2002).
61) Rosenthal & Rosenthal (1984).
62) Levine et al. (1995).
63) Russ et al. (1999).
64) Nock et al. (2004).
65) Seguin et al. (1996).
66) 예를 들어, Beck, Kovacs, & Weissnam (1979).
67) Joiner,Rudd,&Rajab(1997).
68) Joiner et al. (1997).
69) Joiner et al. (2003).
70) de Moore & Robertson (1998).
71) Williams.
72) Pennebakers, & Joiner (2005).
73) Pennebaker, Frandis, & Booth (2001).
74) Isometsae & Francis, & Booth (2001).
75) Shneidman (1996), p. 75.
76) Cross (2001).
77) Colapinto (2000), p. 75.
78) Motto &Bostrom (1990).
79) Barberetal.(1998).

80) Beck (1996).
81) Joiner & Rudd (2000); Joiner et al. (2000).
82) Killias, van Kesteren, & Rinelisbacher (2001).
83) Lester (1999).
84) Brent et al. (2000).
85) p. 85.
86) Snow (2002) 수감된 사람들의 주요 자해 동기 연구; Haliburn (2000) 일반인을 대상으로 한 유사 연구결과 내용.
87) Kemperman, Russ, &Shearin (1997).
88) 비슷한 연구가 Stone & Hokanson (1969)에 의해 일찍이 시행되었다.
89) American Psychiatric Association (1994); Brown et al. (2002) 참조.
90) Brain, Haines, & Williams (2002).
91) Shneidman (1996), p. 37.
92) Alvarez (1971), p. 47.
93) Heckler (1994).
94) p 48.
95) p. 239.
96) Shneidman (1996), p. 7.

3장 죽음에의 욕망

1) Murray (1938).
2) Shneidman (1996).
3) Shneidman (1996) 미출간 보고서 중 p. 19.
4) Ibid., p. 25.
5) Baumeister & Leary (1995), p.497.
6) de Botton (2004).
7) Cohen (1998). 8)
8) Seligman & Maier (1967).
9) Seligman (1974).
10) Kaplan et al. (1994).
11) Levey et al. (2002).

12) Maris와 Berman, &Silverman(2000)의 언급.
13) Leighton &Hughes (1955).
14) Dublin & Bunzel (1933), p.240.
15) Alvarez (1971), pp. 73-74.
16) Counts (1980).
17) New Yorker(2003,10월)에 수록된 Tad Friend의 언급 인용.
18) Shneidman (1996), pp. 14-15.
19) Ibid., p. 94.
20) Heckler (1994), p. 64.
21) Alvarez (1971), p. 153.
22) Segrin (2003)을 비롯한 자료 참조할 것.
23) 예를 들어, Lewinsihn et al. (1980).
24) 예를 들어, Perez et al. (2001).
25) Segrin (1992).
26) Talavera, Saiz-Ruiz, & Garcia-Toro (1994).
27) Hautzinger, Linden, & Hoffman (1982).
28) Hinchliffe et al) (1977).
29) Segrin & Flora (1998).
30) Jacobson & Anderson (1982).
31) DeCatanzaro (1991).
32) Brown, Dahlen, Mills, Rick, & Biblarz (1999).
33) Joiner et al. (2001).
34) DeCatanzaro (1995).
35) Brown, Comtois, & Linehan (2002).
36) Filiberti et al. (2001).
37) Motto & Bostrom (1990).
38) O'Reily, Truant, & Donaldson (1990).
39) Neuringer (1974).
40) Brown & Vinokur (2003).
41) Woznica & Shapiro (1990); Sabbath (1968) 참고할 것.
42) Ortach, Gross, & Glaubman (1981).

43) Kaslow et al. (2001).
44) Motto & Bostrom (1990)에서도 자살경향성과 물적 자원 사이의 연관성을 다루고 있다.
45) Gargas (1932), p. 697.
46) Kennedy, Iveson, & Hill (1999).
47) Lester & Yang (1992).
48) Burr, Hartman, & Matteson (1999).
49) 예를 들어, Boradman et al's (1999)에서도 경제적 어려움으로 인해 자살한 다양한 사례가 소개된다.
50) DeCatanzarl (1991).
51) Shneidman (1996), 뒤표지 문안 참조.
52) Sullivan (1953), pp. 24-25.
53) MxAllister, Roitberg, & Weldon (1990).
54) Poulin (1992).
55) O'Connor (1978).
56) Andrade (1996).
57) Person & Karpman (1943).
58) Magne-Ingvar & Oejehagen (1999).
59) Dublin &Bunzel (1933).
60) Eisenberger, Lieberman, & Williams (2003).
61) Hoyer & Lund (1993).
62) Shneidman (1996), pp. 14-15.
63) Colapinto (2000), p. 102.
64) Ibis., p. 127.
65) 예를 들어, Kazdin et al. (1985).
66) Troisi & Moles (1999).
67) Stirman & Pennebaker (2001).
68) Shneidman (1996), p. 12.
69) Williams & Joiner (2004).
70) DeCatanzaro (1995).
71) O'Reilly, Truant, & Donaldson (1990).

72) Rudd, Joiner, & Rajab (1995).
73) Conner, Duberstein, & Oejehagen (1999).
74) Boardman et al. (1999).
75) Mahne-Ingvar & Oejehagen (1999).
76) Twomey,Kaslow.&Croft(2000).
77) Van Winkler 7 May (1993).
78) Mclntosh (2002).
79) Dukheim (1897).
80) Tholindsson & Bjarnason (1998).
81) Hoyer & Lund (1993).
82) Leenaars & Lester (1999).
83) Qin & Mortensen (2003).
84) Marzuk et al. (1998).
85) Wagner et al. (1998).
86) Tomassini et al. (2003)
87) Gregory (1994).
88) Lester (1998).
89) Lkelsberg, Eikeseth, & Dahl (1991).
90) Yampey (1967).
91) Potter et al. (2001).
92) Biller (1977).
93) Rokcewicz (1971).
94) Dublin & Bunzel (1933), p. 110.
95) Fernquist (2000).
96) Steels (1994).
97) Trovato (1998).
98) Joiner, Van Orden, Hollar.
99) Kanner (2003).
100) Heckler (2003).
101) Dublin & Bunzel의 The Letters of Willam James에서 인용.
102) Freud (1929/1989).

103) Yen & Siegler (2003).

104) Maldonado 7 Kraus (1991).

105) Murray et al. (2002).

4장 자살의 의미와 인구별 분포

1) Coudereau et al. (1997).

2) Barabasz (1981).

3) Magne-Ingvar & Oejehagen (199).

4) Shneidman & Faberow (1961); 이 사례를 다룬 또 다른 글로 O'Carroll et al을 참조할 것.

5) Lewinsohn, Rohde, & Seeley (1996)은 이 같은 견해에 관해에 관한 증거를 제공한다.

6) Schmidt, Kotov, & Joiner (2004); Waller &Meehl (1998).

7) Cauchon &Moore (2002).

8) Post (2002).

9) Kamal & Lowenthal (2002).

10) Kelsay (2002).

11) Axell & Kase (2002).

12) p. 79.

13) Dickerson (2001).

14) Ibid.

15) Robinson (2001).

16) Hochman (1990).

17) Robinson (2001).

18) Ganzini et al. (2002).

19) Ibid. (2003).

20) 2004년 4월 1일자 The Appian에 실린 David Meadow의 글 The Studentof the Harvard Graduate School of Education.

21) Lord (2000).

22) Cohen, Llorente, &Eisendorfer (1998).

23) Nock& Marzuk (1999).

24) Rosenbaum (1990).
25) Malphurs, Eisendirfer, & Connor (2000).
26) O'Connor, Sheehy, & O'Connor (2000).
27) Soloff et al. (2000).
28) Joiner et al. (2002, Study 2).
29) 예를 들면, Eaton & Reynolds (1985).
30) Mclntosh (2002).
31) Ibid.
32) Ibid.
33) Singh & Siahpush (2002).
34) June 28, 2002.
35) Mclntosh (2002).
36) Ibid.
37) Kaplan & Klein (1989).
38) Clark et al. (1989).
39) Kok (1988); Person (1995).
40) Zhang (2000).
41) Brown & Blanton (2002).
42) Manning &Fillingim (2002).
43) p. 233.
44) McIntosh (2002).
45) Gibbs (1997).
46) Hunt &Hunt (2001).
47) Nisbet et al. (2000).
48) Taylor et al. (1996).
49) 예를들면, Boardmanetal. (1999).
50) Snowden (2001).
51) 국립상해예방대책센터National Center for Injury Prevention and Control의 통계자료.
52) Walker (2002).
53) Ungemack & Guarnaccia (1998).

54) Van Winkle & May (1993); May (1987).
55) Markus & Kitayama (1991).
56) Cdwards et al. (2001).
57) Woodrow et al. (1972).
58) McIntosh (2002).
59) Cutright & Fernquist (2001).
60) Hendin (1982).
61) Cutright & Fernquist (2001).
62) McIntosh (2002).
63) Sabbath (1969).
64) Woznica & Shapiro (1990).
65) Rosenthal & Rosenthal (1984).
66) American Psychiatric Association (1994).
67) Blazer, Kessler, McGonagle, & Swartz (1994).
68) Mroczek (2001).
69) McIntosh (1983-1984).
70) Brent et al. (1989).
71) Joiner (2003).
72) Haw (1994).
73) Ryabik, Schreiner, & Elam (1995).
74) Barber와 그 동료들의 언급 (1998).
75) Scheeres (2003).
76) Berman & Walley (2003); Sloan, Berman, & Mae (2003).
77) 2003년 2월 1일자 이슈 보도.

5장 유전자와 정신질환이 자살행동에서 수행하는 역할
1) p. 53.
2) Roy (1992).
3) Kety (1986).
4) Egeland & Sussex (1985).
5) Statham et al. (1998).

6) Lesch et al. (1996).
7) Court et al. (2004).
8) Mann et al. (2000).
9) Joiner, Johnson, & Soderstrom (2002).
10) Rujescu et al. (2003a).
11) 예를 들면, Bennett et al. (2000); Pooley et al. (2003).
12) Russ et al. (2000).
13) Rujescu et al. (2003b).
14) Nolan et al. (2000).
15) Lester (1995).
16) Asberg (1997).
17) Coccaro et al. (1989); Correa et al. (2000); Duval et al. (2001).
18) Oquendo et al. (2003).
19) Correa et al. (2000); Malone et al. (1996).
20) Arango et al. (2001); Du et al. (1999).
21) Mann et al. (2000).
22) Singareddy & Balon (2001).
23) Ursin (2002).
24) Sabo et al. (1990); Tuvey et al. (2002).
25) Fawcett et al. (1990).
26) Agargun et al. (1998).
27) Tanskanen et al. (2001).
28) Bernert et al. (1989).
29) Coryell & Schlesser (2001).
30) Tiefenbacher et al. (2004).
31) Mann et al. (2000).
32) Menninger et al. (2002).
33) Maser et al. (2002).
34) Corcos wt al. (2002).
35) Alverez (1971), p. 155.
36) Cremniter et al. (2002).

37) Spreux-Varoquaux et al. (2001).

38) Sher et al. (2003).

39) Malone et al. (1996).

40) Gregory (1994).

41) Kjelsberg, Eikeseth, & Dahl (1991).

42) King et al. (2001).

43) Brent et al. (1994).

44) Glowinski et al. (2001).

45) Roy (2003); 우울증이 있는 여성을 대상으로 한 McHolm, MacMillan, &Jamieson (2003)의 연구 및 경제력이 약한 아프리카계 미국 여성들을 대상으로 한 Anderson et al. (2002)의 연구에서도 비슷한 결과가 나타났다.

46) Brown et al. (1999); Soloff와 동료들(2002)이 어린 시절 성적 학대 경험으로 인해 자살을 기도했던 경계성 인격장애 여성들을 대상으로 진행한 조사에서도 유사한 결과가 나타났다.

47) Mullen et al. (1993); Stepakoff (1998).

48) Twomey et al. (2000).

49) Newport et al. (2004).

50) Vythilingam et al. (2002).

51) Cavanagh et al. (2003).

52) Kety (1974), p. 961.

53) Khan et al. (2002).

54) 예를 들면, Bush, Fawcett, & Jacobs (2003).

55) Weissman et al. (1989).

56) Schmidt, Woolaway-Bickel, & Jacobs. (2003).

57) Cox et al. (1994); Schmidt, Woolaway-Nickel, & Bates (2000).

58) American Psychiatric Association (1994).

59) Darke & Ross (2002).

60) Wall, Wekerle, & Bissonnette (2000).

61) McCloskey & Berman (2003).

62) Akerlind & Hoernquist (1992).

63) Coon, Pena, & Illich (1998).

64) Gunderson (1984); Keel et al. (2003).
65) Gunderson (1984).
66) Soloff et al. (1994).
67) Stone, Hurt, & Stone (1987).
68) Raymond et al. (1999).
69) Orbach et al. (1996a, 1996b).
70) Herzog et al. (2000).
71) Shneidman (1996), p. 76.
72) Favaro & Santonastaso(1997).
73) Stein et al. (2003).
74) Vieta et al) (1997).
75) Matza et al. (2003).
76) Spalletta et al. (1996).
77) Cleckley (1941).
78) Hare (1991).
79) Verona, Patrick, & Joiner (2001).

6장 위험평가, 위기중재, 치료 그리고 예방

1) Bokton et al. (2003).
2) joiner & Chyne (1999).
3) McCullough (2000).
4) Keller et al. (2000).
5) McCullough (2002), p. 246.
6) Rudd, Joiner, & Rajab (2000).
7) Joiner et al. (2001).
8) Kroll (2001).
9) Drew (2001).
10) Dublin & Bunzel (1933), p. 235 인용.
11) Ibid, p. 236 인용.
12) Rudd, Joiner, & Rajab (2000).
13) DeCAtanzaro (2001), p. 90 인용.

14) Westen et al. (1997).
15) Jureidini et al. (2004).
16) Motto & Bostrom (2001).
17) Ibid., p. 829.
18) Morgan (1989).
19) Mann et al. (1997).
20) Overholser et al. (1989).

7장 자살 예방과 연구의 미래
1) Oquendo et al. (2003).
2) Berman과 동료들이 그러했듯(가령, Berman & Walley, 2003).

| 참고문헌 |

Agargun, M. Y., Cilli, A. S., Kara, H., Tarhan, N., Kincir, F., & Oz, H. (1998). 주요 우울증 환자들의 반복적이고 무서운 꿈과 자살행동. *Comprehensive Psychiatry*, 39, 198-202.

Akertlend, I., & Hoernquist, J. O. (1992). 외로움과 알코올 남용: 상호작용의 증거 검토. *Social Science & Medicine*, 34, 405-414.

Alvarez, A. (1971). *The savage god: A study of suicide*. New York: Norton.

American Psychiatric Association. (1994). *Diagnostic and statistical manual of mental disorders*, 4th ed. Washington, D.C.: American Psychiatric Association.

Anderson, P. L., Tiro, J. A., Price, A. W., Bender, M. A., & Kaslow, N. J. (2002). 어린 시절의 정서적·육체적·성적 학대가 저소득 흑인 여성들의 자살기도에 미치는 부가적 영향. *Suicide & Life-Threatening Behavior*, 32, 131-138.

Andrade, M. C. B. (1996). 호주 붉은등거미에서 발견된 수컷 희생의 성적 선택. *Science*, 271, 70-72.

Arango,, V., Underwood, M. D., Boldrini, M., Tamir, H., Kassir, S. A., et al. (2001). 우울증 자살 희생자들의 뇌간에서의 세로토닌 1A 수용체, 세로토닌 수송체 결합, 세로토닌 수송체 mRNA의 표현. *Neuropsychopharmacology*, 25, 892-903.

Asberg, M. (1997). 신경전달물질과 자살행동: 뇌척수액 연구의 증거. *Annals of the New York Academy of Science*, 836, 158-181.

Axell, A., & Kase, H. (2002). *Kamikaze: Japan's suicide gods*. New York: Longman Publishing Group.

Barabasz, A. F. (1981). 남극에서의 격리가 미친 영향: 뇌파와 피부 전기전도와 통제된 실험실 내 감각 제한의 영향: 최면성, 고통 내성, 뇌파와 피부 전기전도. *EEG Research Project*, 35-sup-36, pp. 1-172. University of Canterbury, New Zealand.

Barber, M. E., Marzuk, P. M., Leon, A. C., & Portera, L. (1998). 중단된 자살기도: 자살행동의 새로운 유형. *American Journal of Psychiatry*, 155, 385- 389.

Bartels, S. J., Coakley, E., Oxman, T. E., Constantino, G., Oslin, D., Chen, H., Zubritsky, C., Cheal, K., Durai, U., Gallo, J. J., Llorente, M., & Sanchez, H. (2002). 우울증, 불안, 알코올 의존증 위험에 놓인 노년층 초기 치료 환자들의 자살 및 죽음 관념, and at-risk alcohol use. *American Journal of Geriatric Psychiatry*, 10, 417-427.

Baumeister, R. F. (1990). 자신으로부터 도피로서의 자살. *Psychological Review*, 97, 90-113. (1996). Evil. New York: W. H. Freeman.

Baumeister, R. F., Campbell, J. D., Krueger, J. I., & Vohs, K. D. (2003). 높은 자존감이 더 나은 성취, 대인관계의 성공, 행복, 또는 건강한 생활양식을 가져오는가? *Psychological Science in the Public Interest*, 4, 1-44.

Baumeister, R. F., & Leary, M. R. (1995). 소속의 욕구: 근본적인 인간의 동기로서 대인관계적 애착에 대한 욕망. *Psychological Bulletin*, 117, 497- 529.

Beck, A. T. (1996). 믿을 수 없다: 방법, 인성, 정신병리학의 이론. In P. M. Salkovskis (Ed.), *Frontiers of cognitive therapy*, pp. 1-25. New York: Guilford.

Beck, A. T., Brown, G., Berchick, R. J., & Stewart, B. L. (1990). 절망과 자살 귀결의 관계: 정신과 외래환자의 응답. *American Journal of Psychiatry*, 147, 190-195.

Beck, A. T., Kovacs, M., & Weissman, M. (1979). 자살의도의 평가: 자살관념을 위한 척도. *Journal of Consulting & Clinical Psychology*, 47, 343-352.

Beck, A. T., Steer, R., Kovacs, M., & Garrison, B. (1985). 절망과 자살 귀결: 자살관념 입원환자들의 10년간 추적연구. *American Journal of Psychiatry*, 142, 559- 563. 자살 희생자들의 트립토판 수산화효소 다형성. Psychiatric 10, 13-17.

Berman, M. E., & Walley, J. C. (2003). 자기공격적 행동의 모방: 전염 가설의 실험적 연구. *Journal of Applied Social Psychology*, 33, 1036-1057.

Bernert, R., Joiner, T., Cukrowicz, K., Schmidt, N. B., & Krakow, B. (in press). 자살 경향성과 수면장애: 악몽과 자살관념 사이의 독립적인 연관. *Sleep*.

Biller, O. A. (1977). 존 F. 케네디 대통령 암살과 관련된 자살. *Suicide & Life-*

Threatening Behavior, 7, 40-44.

Blazer, D. G., Kessler, R. C., McGonagle, K. A., & Swartz, M. S. (1994). 전국주민 표본의 주요 우울증 빈도와 분포: 전국 공존장애 보고서. *Americanof Journal of Psychiatry*, 151, 979-986.

Boardman, A. P., Grimbaldeston, A. H., Handley, C., Jones, P. W., & Willmott, S. (1999). 노스스태퍼드셔 자살 연구: 건강한 구역의 환자-대조군 연구. *Psychological Medicine*, 29, 27-33.

Bolton, P., Bass, J., Neugebauer, R., Verdeli, H., Clougherty, K. F., Wickamaratne P., Speelman, L., Ndogoni, L., & Weissman, M. (2003). 우간다 시골지역의 우울증 환자들에 대한 집단 대인정신요법. *Journal of the American Medical Association*, 289, 3117-3124.

Brain, K. L., Haines, J., & Williams, C. L. (2002). 반복적인 자기절단의 정신생리학. *Archives of Suicide Research*, 6, 199-2 10.

Brent, D. A., Baugher, M., Birmaher, B., Kolko, D. J., & Bridge, J. (2000). 사춘기 청소년 우울증 임상실험에 참가한 가정에 대한 총기 제거 권고의 수용. *Journal of the American Academy of Child & Adolescent Psychiatry*, 39, 1220-1226.

Brent, D. A., Johnson, B. A., Perper, J. A., & Connolly, J. (1994). 사춘기 청소년들의 성격장애, 인성특질, 충동적 폭력, 그리고 완성된 자살. *Journal of the American Academy of Child and Adolescent Psychiatry*, 33, 1080- 1086.

Brent, D. A., Kerr, M. M., Goldstein, C., & Bozigar, J. (1989). 어느 고등학교에서 발생한 자살 및 자살행동의 급증. *Journal of the American Academy of Child & Adolescent Psychiatry*, 28, 918-924.

Bron, B., Strack, M., & Rudolph, G. (1991). 어린 시절의 상실 경험과 자살기도: 주요 우울증, 기분변조 또는 적응장애 환자들의 우울 상태의 의미. *Journal of Affective Disorders*, 23, 165-172.

Brown, D. R., & Blanton, C. J. (2002). 대학생들의 신체적 활동, 운동경기 참여와 자살행동. *Medicine & Science in Sports & Exercise*, 34, 1087-1096.

Brown, G., Beck, A. T., Steer, R., & Grisham, J. (2000). 정신과 외래환자들의 자살 위험요소들: 20년간의 추적연구. *Journal of Consulting & Clinical Psychology*, 68, 371-377.

Brown, G. L., Ebert, M. H., Geyer, P. F., Jimerson, D. C., Klein, W. J., Bunney, W. E.,

& Goodwin, F. K. (1982). 공격성, 자살, 세로토닌: 뇌척수액 아민 대사산물과의 관계. *American Journal of Psychiatry*, 139, 741-746.

Brown, J., Cohen, P., Johnson, J., & Smailes, E. M. (1999). 어린 시절의 학대와 방치: 사춘기 및 초기 성년기의 우울증 및 자살경향성에 미치는 구체적 영향. *Journal of the American Academy of Child & Adolescent Psychiatry*, 38, 1490-1496.

Brown, M. Z., Comtois, K. A., & Linehan, M. M. (2002). 경계성 인격장애 여성 환자들의 자살기도 및 비자살경향성 자해의 원인. *Journal of Abnormal Psychology*, 111, 198-202.

Brown, R. M., Dahlen, E., Mills, C., Rick, J., & Biblarz, A. (1999). 자기보존과 자기파괴의 진화론적 모델 평가. *Suicide & Life-Threatening Behavior*, 29, 58-71.

Brown, S. L., & Vinokur, A. D. (2003). 자살관념과 자살의 위험요소들 간 상호작용: 우울증, 건강문제, 사랑하는 사람으로부터의 지원 및 비판의 역할. *American Journal of Community Psychology*.

Burr, J., Hartman, J., & Matteson, D. (1999). 미국 대도시지역의 흑인 자살: 인종적 불평등과 사회적 통합-규제 가설의 검토. *Social Forces*, 77, 1049- 1080.

Busch, K. A., Fawcett, J., & Jacobs, D. G. (2003). 입원환자 자살의 임상적 상관관계. *Journal of Clinical Psychiatry*, 64, 14-19.

Catanzaro, S. (2000). 기분조절과 자살행동. In T. Joiner & M. D. Rudd (Eds.), *Suicide science* (pp. 81-103). Boston: Kluwer.

Cauchon D., & Moore, M. (2002, Sept. 2). 절망이 불러온 끔찍한 결정. *USA Today* [On-line]. Available: http://www.usatoday.com/news/ sept11/2002-09-02-jumper-x.htm [May 31, 2003].

Cavanagh, J. T. 0., Carson, A. J., Sharpe, M., & Lawrie, S. M. (2003). 자살의 심리학적 검시 연구: 체계적 검토. *Psychological Medicine*, 33, 395-405.

Cavanagh„ J. T. 0., Owens, D. G. C., & Johnstone, E. C. (1999). 스코틀랜드 남동부의 자살과 결론이 나지 않은 죽음. 심리학적 검시방법을 사용한 환자-대조표준 연구. *Psychological Medicine*, 29, 1141-1149.

Cherpitel, C. J. (1993). 알코올, 부상, 무모한 행동: 전국 표본 데이터. *Alcoholism: Clinical & Experimental Research*, 17, 762766.

Clark, D. C., Gibbons, R. D., Fawcett, J., & Scheftner, W. A. (1989). 자살기도가 차

후의 자살기도를 예기하는 메커니즘은 무엇인가? 수학적 모델. *Journal of Abnormal Psychology*, 98, 42-49.

Cleckley, H. (1941). *The mask of sanity*. St. Louis, Mo.: Mosby Co.

Coccaro, E. F., Siever, L. J., Klar, H. M., Maurer, G., et al. (1989). 정서장애 및 인격 장애 환자들의 세로토닌 연구: 자살행동 및 충동적·공격적 행동과의 상관관계. *Archives of General Psychiatry*, 46, 587-599.

Cohen, D. (1998). 문화, 사회구조, 그리고 폭력의 패턴. *Journal of Personality & Social Psychology*, 75, 408-419.

Cohen, D., Llorente, M., & Eisendorfer, C. (1998). 노년층의 살해 후 자살. *American Journal of Psychiatry*, 155, 390-396.

Colapinto, J. (2000). As nature made him. New York: Harper Collins.

Conner, K. R., Cox, C., Duberstein, P. R., Tian, L., Nisbett, P. A., & Conwell, (2001). 폭력, 알코올, 그리고 완성된 자살: 환자-대조군 연구. *American Journal of Psychiatry*, 158, 1701-1705.

Conner, K. R., Duberstein, P. R., & Conwell, Y. (1999). 알코올의존증 남성들의 완성된 자살과 관련된 요소들의 연령 패턴. *American Journal on Addictions*, 312-318.

Conner, K. R., Duberstein, P. R., Conwell, Y., & Caine, E. D. (2003). 반응적 공격성과 자살: 이론과 증거. *Aggression & Violent Behavior*, 8, 413-432.

Coon, G., Pena, D., & Illich, P. (1998). 자기 효능감과 약물남용: 간단한 전화 인터뷰를 통한 평가. *Journal of Substance Abuse Treatment*, 15, 385-391.

Corcos, M., Taieeb, O., Benoit-Lamy, S., Paterniti, S., Jeammet, P., & Flament, M. F. (2002). 신경성 식욕항진증 여성들의 자살기도: 빈도와 특징. *Acta Scandinavica Scandinavica*, 106, 381-386.

Correa, H., Duval, F., Mokrani, M-C., Bailey, P., Tremeau, F., et al. (2000). 우울증 환자들의 d-펜플루라민에 대한 프롤락틴 반응과 자살행동. *Psychiatry Research*, 93, 189-199.

Coryell, W., & Schlesser, M. (2001). 덱사메타손 억제 테스트와 자살 예측. *American Journal of Psychiatry*, 158, 748-753.

Coudereau, J-P., Monier, C., Bourre, J-M., & Frances, H. (1997). 고통 역치 및 모르핀의 상이한 효과들에 대한 격리의 영향. *Progress in Neuro Psychopharmacology*

& *Biological Psychiatry*, 21, 997-1018.

Counts, D. A. (1980). 맞서 싸워서는 안 된다: 자살과 칼리아이 여성들. *American Ethnologist* 7, 332-35 1.

Courtet, P., Picot, M.-C., Bellivier, F., Torres, S., Jollant, F., et al. (2004). 후속 자살기도의 단기적 위험에 세로토닌 수송체 유전자가 연관되어 있을 수 있다. *Biological Psychiatry*, 55, 46-51.

Cox, B. J., Direnfeld, D. M., Swinson, R. P., & Norton, G. R. (1994). 공황장애와 사회적 공황의 자살관념과 자살기도. *American Journal of Psychiatry*, 151, 882-887.

Cremniter, D., Jamain, S., Kollenbach, K., Alvarez, J.-C., Lecrubier, Y., et al. (1999) 충동적인 폭력적 자살기도자들의 뇌척수액 5-HIAA 수치는 비충동적인 폭력적 자살기도자 및 대조표준 집단에 비해 낮다. *Biological Psychiatry*, 45, 1572-1579.

Cross, C. R. (2001). *Heavier than heaven: A biography of Kurt Cobai*n. New York: Hyperion.

Cutright, P., & Fernquist, R. M. (2001). 남성 자살률의 연령 구조: 20개 선진국의 측정 및 분석, 1955-1994. *Social Science Research*, 30, 627-640.

Darke, S., & Ross, J. (2002). 헤로인 사용자들의 자살: 자살률, 위험요소 및 방법. *Addiction*, 97, 1383-1394.

de Botton, A. (2004). *Status anxiety*. New York: Pantheon Books.

DeCatanzaro, D. (1991). 자기보존의 진화론적 한계. *Ethology & Sociobiology*, 13-28. (1995). 번식상 지위, 가족 간 상호작용, 그리고 자살관념: 일반 대중 및 고위험 집단의 설문조사. *Ethology & Sociobiology*, 16, 385-394.

de Moore, G. M., & Robertson, A. R. (1998). 고의적 자해 18년 후의 자살: 추적연구. In R. J. Kosky, H. S. Eshkevari, R. D. Goldney, & R. Hassan (eds.), *Suicide prevention*: The global context, pp. 7985. New York: Plenum Press.

Dhossche, D., Snell, K. S., & Larder, S. (2000). 젊은 자살 희생자들의 위험도 표식으로서의 문신에 대한 환자-대조군 연구. *Journal of Affective Disorders*, 59, 165-168.

Dickerson, T. (2001). People's Temple (Jonestown). 조지아 대학교 종교 운동 사이트. http://religiousmovements.lib.virginia.edu/ nrms/Jonestwn.html.

Drew, B. L. (2001). 정신과 입원환자들의 자해행동과 비자살서약. *Archives of Psychiatric Nursing*, 15, 99-106.

Du, L., Faludi, G., Palkovits, M., Demeter, E., Bakish, D., et al. (1999). 우울증 자살 희생자들에게서 세로토닌 수송체 유전자의 긴 대립형질이 발견되는 빈도. *Biological Psychiatry*, 46, 196-201.

Dublin, L. I., & Bunzel, B. (1933). *To be or not to be*. New York: Harrison & Robert Haas.

DuRand, C. J., Burtka, G. J., Haycox, J. A., & Smith, J. A. (1995). 한 주요 도시감옥의 자살 사반세기사: 지역 정신건강에 미치는 영향. *American of Psychiatry*, 152, 1077-1080.

Durkheim, E. (1897). *Le suicide*: Etude de socologie. Paris: F. Alcan.

Duval, F., Mokrani, M.-C., Correa, H., Bailey, P., Valdebenito, M., et al. (2001) 주요 우울증 환자들에서 d-펜플루라민에 대한 호르몬 반응에 HPA 축 과다활동이 영향을 미치지 않는다는 사실: 자살행동의 발병학상 의미. *Psychoneuroendocrinology*, 26, 521-537.

Eaton, P., & Reynolds, P. (1985). 응급실의 자살기도자들. *Canadian Journal of Psychiatry*, 30, 582-585.

Edwards, R. R., Doleys, D. M., Fillingim, R. B., & Lowery, D. (2001). 고통 내성의 인종 간 격차: 만성 통증 환자들에 대한 임상적 의미. *Psychosomatic Medicine*, 63, 316-323.

Egeland, J., & Sussex, J. (1985). 자살과 정서장애에 대한 가족적 원인. *Journal of the American Medical Association*, 254, 915-918.

Eisenberger, N. I., Lieberman, M. D., & Williams, K. D. (2003). 거절은 아픈가? 사회적 배제의 fMRI 연구. *Science*, 302, 290-292.

Esposito, C., Spirito, A., Boergers, J., & Donaldson, D. (2003). 여러 차례 자살을 기도한 사춘기 청소년들의 정서적·행동적·인지적 기능. *Suicide & Life-Threatening Behavior*, 33, 389-399.

Favaro, A., & Santonastaso, P. (1997). 섭식장애의 자살경향성: 임상적·심리학적 상관관계. *Acta Psychiatrica Scandinavica*, 95, 508-514.

Fawcett, J., Scheftner, W., Fogg, L., Clark, D. C., Young, M. A., Hedeker, D., & Gibbons, R. (1990). 주요 정서장애의 시간 관련 자살 예측요소. *American*

Journal of Psychiatry, 147, 1189-1194.

Fernquist, R. M. (2000). 프로스포츠, 자살, 살인율의 종합분석: 30대 미국 대도시지역, 1971-1990. *Aggression & Violent Behavior*, 5, 329-341.

Filiberti, A., Ripamonti, C., Totis, A., Ventafridda, V., De Conno, F., Contiero, P., & Tamburini, M. (2001). 가정 간병 프로그램 중도에 자살을 기도한 말기 암환자들의 특징. *Journal of Pain & Symptom Management*, 22, 544-553.

Forman, E. M., Berk, M. S., Henriques, G. R., Brown, G. K., & Beck, A. T. (2004). 심각한 정신질환의 행동적 표식으로서 복수 자살기도 전력. *American Journal of Psychiatry*, 161, 437-443.

Freud, S. (1929/1989). *Civilization and its discontents*. New York: W.W. Norton.

Ganzini, L., Goy, E. R., Miller, L., Harvath, T. A., Jackson, A., & Delorit, M. A. (2003). 죽음을 앞당기기 위해 음식 섭취를 거부하는 호스피스 환자들에 대한 간호사들의 경험. *New England Journal of Medicine*, 349, 359-365.

Ganzini, L., Silveira, M. J., & Johnston, W. S. (2002). 오리건주와 워싱턴주 루게릭병 환자들 사이에 최후의 몇 달 동안 행해진 조력자살의 예측요소와 이해의 상관관계. *Journal of Pain & Symptom Management*, 24, 312- 317.

Gargas, S. (1932). 네덜란드의 자살 실태 *American Journal of Sociology*, 37, 697-713.

Gibbs, J. T. (1997). 미 흑인들의 자살: 문화적 역설. *Suicide and Life-Threatening Behavior*, 27, 68-79.

Gispert, M., Davis, M. S., Marsh, L., & Wheeler, K. (1987). 사춘기 청소년들의 반복적 자살기도 예측요소. *Hospital & Community Psychiatry*, 38, 390- 393.

Glowinski, A. L., Bucholz, K. K., Nelson, E. C., Fu, Q., Madden, P., Reich, W., & Heath, A. C. (2001). 사춘기 쌍둥이 여성 표본의 자살기도. *Journal of the American Academy of Child & Adolescent Psychiatry*, 40, 1300- 1307.

Grassi, L., Mondardini, D., Pavanati, M., Sighinolfi, L., Serra, A., & Ghinelli, F. (2001). HIV 감염 후의 자살 개연성과 심리적 질병: HIV-혈청반응 양성, C형간염바이러스-혈청반응 양성, HIV/C형간염바이러스-혈청반응 양성의 주사약물 사용자들. *Journal of Affective Disorders*, 64, 195-202.

Gregory R. J. (1994). 자살을 기도하는 알래스카 서부지역 에스키모들의 슬픔과 상실. *American Journal of Psychiatry*, 151, 1815-1816.

Gunderson, D. (1984). 《경계성 인격장애》. Washington, D.C.: *American Psychiatric Press.*

Haliburn, J. (2000). 사춘기 청소년 자살기도의 이유들. *Journal of the American Academy of Child & Adolescent Psychiatry*, 39, 13-14.

Hare, R. D. (1991). The Hare Psychopathy *Checklist-revised*. Toronto: Multi-Health Systems.

Hautzinger, M., Linden, M., & Hoffman, N. (1982). 배우자가 우울증이 있는 경우와 그렇지 않은 경우의 고뇌에 빠진 커플들: 언어 교류의 분석. *Journal of Behavior Therapy & Experimental Psychiatry*, 13, 307-314.

Haw, C. M. (1994). 런던 정신과의 자살 동시다발 사건. *Suicide & Life- Threatening Behavior*, 24, 256-266.

Hawton, K., Clements, A., Sakarovitch, C., Simkin, S., & Decks, J. J. (2001). 의사들의 자살: 잉글랜드와 웨일스 의사들의 성별, 연공, 분야에 따른 위험도 연구, 1979-1995. *Journal of Epidemiology & Community Health*, 55, 296-300.

He, Z.-X., & Lester, D. (1998). 중국 본토인의 자살 방법들. *Death Studies*, 22, 571-579.

Heckler, R. (1994). *Waking up, alive*. New York: Grosset/Putnam.

Hendin, H. (1982). *Suicide in America*. New York: Norton.

Herzog, D. B., Greenwood, D. N., Dorer, D., Flores, A., Ekeblad, E., Richards, A., Blais, M., & Keller, M. (2000). 섭식장애의 사망률: 서술적 연구. *International Journal of Eating Disorders*, 28, 20-26.

Hinchliffe, M. K., Vaughan, P. W., Hooper, D., & Roberts, F. J. (1977). 우울한 결혼: 우울증의 상호작용에 관한 탐구: II. 표현성. *British Journal of Medical Psychology*, 50, 125-142.

Hochman, J. (1990). 기적, 신비, 그리고 권위: 컬트 세뇌의 삼극. *Psychiatric Annal* 20, 179-184.

Hoyer, G., & Lund, E. (1993). 부부 사이에 자녀가 있는지 여부와 관련해서 살펴본 여성들의 자살. *Archives of General Psychiatry*, 50, 134-137.

Hunt, L. L. & Hunt, M. O. (2001). 인종, 지역, 그리고 종교 참여: 백인과 흑인의 비교 연구. *Social Forces*, 80, 605-631.

Isometsae, E. T., & Loennqvist, J. K. (1998). 완성된 자살 이전의 자살기도들.

British Journal of Psychiatry, 173, 531-535.

Jacobson, N. S., & Anderson, E. (1982). 대학생들의 대인관계 기술 부족과 우울증: 자신을 털어놓는 시점의 결과에 대한 분석. *Behavior Therapy*, 13, 271-282

Joiner, Jr., T. E. (1999). 자살의 동시발생과 전염. *Current Directions in Psychological Science*, 8, 89-92. (2000). 우울증과 자살의 대인관계적 측면들. 미국 심리학협회 연례회의에서 발표된 보고서. Washington, D.C. (2003). 대학생 룸메이트들의 분별적 관계 형성과 관계 공유 스트레스의 한 기능으로서 자살증상의 '전염.' *Journal of Adolescence*, 26, 495-504.

Joiner, T., Conwell, Y., Fitzpatrick, K., Witte, T., Schmidt, N. B., Berlin, M.,M., & Rudd, M. D. (2005). 과거와 현재의 자살경향성이 '주방 싱크대만 빼고 모든 것이' 분산된 후에도 관련을 유지하는 현상에 대한 네 가지 연구들. *Journal of Abnormal Psychology*, 114, 291-303.

Joiner, T., & Coyne, J. C. (1999). 《우울증의 상호작용적 본질》. Washington, D.C.: American Psychological Association.

Joiner, T., Johnson, F., & Soderstrom, K. (2002). 세로토닌 수송체 유전자 다형성과 완성된 자살 및 자살기도 사이의 연관. *Suicide & Life-Threatening Behavior*, 32, 329-332.

Joiner, Jr., T. E., Pettit, J. W., Perez, M., Burns, A. B., Gencoz, T., Gencoz, F., & Rudd, M. D. (2001). 긍정적인 감정이 자살경향성을 가진 성인들의 문제 대처 자세에 영향을 미칠 수 있나? *Professional Psychology: Research & Practice*, 32, 507-512.

Joiner, T., Pettit, J. W., Walker, R. L., Voelz, Z. R., Cruz, J., Rudd, M. D., & Lester, D. (2002). 짐이 된다는 느낌과 자살경향성: 자살기도자들과 자살 사망자들의 유서들에 대한 두 가지 연구. *Journal of Social & Clinical Psychology*, 21, 531-545.

Joiner, T., & Rudd, M. D. (2000). 과거의 자살기도 및 부정적인 인생사의 기능으로서의 자살위기의 강도 및 지속기간. *Journal of Consulting & Clinical Psychology*, 68, 909-916.

Joiner, Jr., T. E., Rudd, M. D., & Rajab, M. H. (1997). 자살경향성을 가진 성인들의 자살관념 척도변화: 자살경향성 요소와 임상 및 진단지표와의 관계. *Journal of Abnormal Psychology*, 106, 260-265.

Joiner, Jr., T. E., Rudd, M. D., Rouleau, M., & Wagner, K. D. (2000). 청년 입원환자들의 자살위기 변수는 과거 자살기도 여부에 따라 격차가 있다. *Journal of the American Academy of Child and Adolescent Psychiatry*, 39, 876-880.

Joiner, T., & Schmidt, N. B. (2002). 택소메트릭 기법은 진단법을 개선할 수 있다. In L. Bender & M. Malik (Eds.), *Rethinking the DSM: A psychological perpective*, pp. 107-120. Washington, D.C.: American Psychological Association.

Joiner, Jr., T. E., Steer, R. A., Brown, G., Beck, A. T., Pettit, J. W., & Rudd, M. D. (2003). 최악 시점의 자살 계획: 과거의 자살기도와 자살사망이라는 결말을 예측하게 해주는 자살경향성 차원. *Behaviour Research & Therapy*, 41, 1469-1480.

Joiner, T., Van Orden, K., & Hollar, D. (in press). 벅아이스, 게이터스, 슈퍼볼 일요일, 그리고 빙판 위의 기적: '단결'은 자살률 저하와 관련이 있다. *Journal of Social and Clinical Psychology*.

Joiner, T., Walker, R., Rudd, M. D., & Jobes, D. (1999). 자살경향성의 외래환자 평가의 과학화 및 일상화. suicidality. *Professional Psychology: Research & Practice*, 30, 447-453.

Jureidini, J. N., Doecke, C. J., Mansfield, P., Haby, M., Menkes, D., & Tonkin, A. (2004). 어린이와 사춘기 청소년들에 대한 항우울제의 효능 및 안전성. *British Medical Journal*, 328, 879-883.

Kamal, Z., & Lowenthal, K. M. (2002). 영국의 젊은 이슬람교 및 힌두교 신자들의 자살 신념. *Mental Health, Religion & Culture*, 5, 111-118.

Kanner, B. (2003). *The Super Bowl of advertising: How the commercials won the game*. New York: Bloomberg Press.

Kaplan, A. G., & Klein, R. B. (1989). 여성과 자살. In D. H. Jacobs & H. N. Brown (Eds.), *Suicide: Understanding and responding*, pp. 257-282. Madison, Conn.: International Universities Press.

Kaplan, R. M., Ries, A. L., Prewitt, L. M., & Eakin, E. (1994). 자기 효능감 기대치는 만성 폐색성 폐질환 환자들의 생존률을 예측해준다. *Health Psychology*, 13, 366-368.

Kaslow, N. J., Thompson, M. P., Okun, A., Price, A., Young, S., Bender, M.,

Wyckoff, S., Twomey, H., Goldin, J., & Parker, R. (2002). 학대받은 미 흑인 여성들의 자살행동에 대한 위험 및 보호 요소들. *Journal of Consulting & Clinical Psychology*, 70, 311-319.

Kazdin, A. E., Sherick, R. B., Esveldt-Dawson, K., & Rancurello, M. D. (1985). 비언어 행동 및 아동 우울증. *Journal of the American Academy of Child Psychiatry*, 24, 303-309.

Keel, P. K., Dorer, D. J., Eddy, K. T., Franko, D., Charatan, D. L., & Herzog, B. (2003). 섭식장애 사망률의 예측요소들. *Archives of General Psychiatry*, 60, 179-183.

Keller, M., McCullough, J., Klein, D., Arnow, B., Dunner, D., Gelenberg, A. J. Markowitz, J., Nemeroff, C., Russell, J., Trivedi, M. H., & Zajecka, J. (2000). 네파조돈, 심리치료의 인지행동 분석시스템, 그리고 만성 우울증 치료를 위한 양자의 결합. *New England Journal of Medicine*, 342, 1462- 1470.

Kellerman, J. (1989). *Silent partner*. New York: Bantam Books. Kelsay,

Kelsay, J. (2002). 자살 폭파범들. *The Christian Century*, 119, 22-26.

Kemperman, I., Russ, M. J., & Shearin, E. (1997). 경계성 인격장애 환자의 자해행동과 기분조절. *Journal of Personality Disorders*, 11, 146-157.

Kennedy, H. G., Iveson, R. C. Y., & Hill, O. (1999). 폭력, 살인, 자살: 강한 상관관계와 구역에 따른 커다란 격차. *British Journal of Psychiatry*, 175, 462-466.

Kety, S. (1974). 합리화에서 이성으로. *American Journal of Psychiatry*, 131, 957-963, (1986). 자살의 유전적 요소들. In A. Roy (Ed.), *Suicide*. Baltimore: Williams and Wilkins.

Khan, A., Leventhal, R. M., Khan, S., & Brown, W. A. (2002). 불안장애 환자들의 자살 위험: 식품의약청 데이터베이스의 메타분석. *Journal of Affective Disorders*, 69, 183-190.

Kidd, S. A., & Kral, M. J. (2002). 노숙 청소년들의 자살과 매춘: 질적 분석. *Adolescence*, 37, 411-430.

Killias, M., van Kesteren, J., & Rindlisbacher, M. (2001). 21개국의 총, 폭력범죄, 자살 실태. *Canadian Journal of Criminology*, 43, 429-448.

King, R. A., Schwab-Stone, M., Flisher, A. J., Greenwald, S., Kramer, R. A., Goodman, S. H., Lahey, B. B., Shaffer, D., & Gould, M. S. (2001). 젊은이들의

자살기도와 자살관념의 심리사회적 및 위험 행동의 상관관계. *Journal of the American Academy of Child & Adolescent Psychiatry*, 40, 837-846

Kirby, D. (2002). *What is a book?* Athens, GA: University of Georgia Press.

Kjelsberg, E., Eikeseth, P. H., & Dahl, A. A. (1991). 경계성 인격장애 환자들의 자살 및 예측요소들. *Acta Psychiatrica Scandinavica*, 84, 283-287.

Knipfel, J. (1999). *Slackjaw: A memoir*. New York: Berkley Books.

Knipfel, J. (2000). *Quitting the Nairobi Trio*. New York: Berkley Books.

Kok, L-p. (1988). 싱가포르의 인종, 종교, 그리고 여성 자살. *Social Psychiatry & Epidemiology*, 23, 236-239.

Kroll, J. (2000). 미네소타주 정신과 의사들의 비자살 서약 활용. *American Journal of Psychiatry*, 157, 1684-1686.

Leenaars, A. A., & Lester, D. (1999). 캐나다 행정구역들의 내부적 통합과 자살. *Crisis*, 20, 59-63.

Leighton, A. H., & Hughes, C. C. (1955). 에스키모의 자살 패턴에 관한 기록. *Southwestern Journal of Anthropology*, 11, 327-338.

Lesch, K.-P., Bengel, D., Heils, A., Sabol, S. Z., Greenberg, B. D., Petri, S., Benjamin, J., Muller, C. R., Hamer, D. H., Murphy, D. L. (1996). 불안 관련 특질과 세로토닌 수송체 유전자 조절 영역의 연관. *Science*, 274, 1527-1531.

Lester, D. (1992). 청소년 자살예방을 위한 주별 발안들: 그 효과의 증거. *Social Psychiatry & Psychiatric Epidemiology*, 27, 75-77. (1995). 자살경향성 환자 뇌척수액 내의 신경전달물질 대사산물: 메타분석. *Pharmacopsychiatry*, 28, 45-50. (1998). 유명 자살사건을 통한 상실의 경험. *Psychological Reports*, 82, 1090. (1999). 어린이들의 총기 관련 사망과 가정 내 보유 총기. *European Journal of Psychiatry*, 13, 157-159.

Lester, D., & Heim, N. (1992). 유서의 성별 격차. *Perceptual & Motor Skills*, 75, 582.

Lester, D., & Yang, B. (1992). 노년층 자살률의 사회경제적 상관관계. *Suicide & Life-Threatening Behavior*, 22, 36-47.

Levine, A. D., Abramovich, Y., Stein, D., & Newman, M. (1995). 실험적 '자살 경험'에 대한 자살기도자, 자살 고려자, 비자살경향성 환자들 사이의 심리 학적 반응 격차. Paper presented at Israel Association of Suicidology Conference, Tel-Aviv, Israel.

Levy, B. R., Slade, M. D., Kunkel, S. R., & Kasl, S. V. (2002). 노화에 대한 긍정적 자기인식으로 인한 수명 연장. *Journal of Personality & Social Psychology*, 83, 261-270.

Lewinsohn, P. M., Mischel, W., Chaplin, W., & Barton, R. (1980). 사회적 능력과 우울증: 환각적 자기인식의 역할. *Journal of Abnormal Psychology*, 89, 203-212.

Lewinsohn, P. M., Pettit, J. W., Joiner, T., & Seeley, J. R. (2003). 사춘기 청소년들과 젊은 성인층의 주요 우울장애의 증상적 표현. *Journal of Abnormal Psychology*, 112, 244-252.

Lewinsohn, P. M., Rohde, P., & Seeley, J. (1996). 사춘기 청소년들의 자살관념과 자살기도: 발생률, 위험요소, 임상적 의미. *Clinical Psychology: Science & Practice*, 3, 25-46.

Lindeman, S., Laeaerae, E., Hakko, H., & Loennqvist, J. (1996). 의사 자살률의 성별 격차에 대한 체계적 검토. *British Journal of Psychiatry*, 168, 274- 279.

Linehan, M. M. (1993). 《경계성 인격장애의 인지행동 치료》. New York: *Guilford Press*.

Lord, V. B. (2000). 경찰관 조력 자살. *Criminal Justice & Behavior*, 27, 401-419.

Magne-Ingvar, U., & Oejehagen, A. (1999). 자살기도자들의 배우자: 급성 정신과 상담시 그들의 견해. *Social Psychiatry & Psychiatric Epidemiology*, 34, 73-79.

Maldonado, G., & Kraus, J. F. (1991). 시간, 요일, 달, 월령에 따른 자살 발생률 격차. *Suicide & Life-Threatening Behavior*, 21, 174-187.

Malone, K. M., Corbitt, E. M., Li, S., & Mann, J. J. (1996). 펜플루라민에 대한 프롤락틴 반응과 주요 우울증 환자들의 자살기도 치사성. *British Journal of Psychiatry*, 168, 324-329.

Malphurs, J. E., Eisendorfer, C., & Cohen, D. (2001). 노년층 남성들의 살해 후 자살과 자살에 대한 선례 비교. *American Journal of Geriatric Psychiatry*, 9, 49-57.

Mann, J. J., Brent, D. A., & Arango, V. (2001). 자살 및 자살기도의 신경생물학 및 유전학: 세로토닌시스템 중심 연구. *Neuropsychopharmacology*, 24, 467-477/

Mann, J. J., Huang, Y-y., Underwood, M. D., Kassir, S. A., Oppenheim, S., T. M.,

Dwork, A. J., & Arango, V. (2000). 주요 우울증 환자 및 자살자들의 세로토닌 수송체 유전자 촉진자다형성(5-HTTLPR)과 전전두피질 결합. *Archives of General Psychiatry*, 57, 729-738.

Mann, J. J., Malone, K. M., Sweeney, J. A., Brown, R. P., Linnoila, M., Stanley, B., & Stanley, M. (1996). 우울증 입원환자들의 자살기도 특징과 뇌척수액 아민 대사산물. *Neuropsychopharmacology*, 15, 576-586.

Mann, T., Nolen-Hoeksema, S., Huang, K., Burgard, D., Wright, A., & Hanson, K. (1997). 두 번의 중재는 한 번의 중재보다 못한가? 여자 대학생들의 섭식장애 예방을 위한 첫 번째와 두 번째 공동 노력. *Health Psychology*, 16, 215-225.

Manning, E. L., & Fillingim, R. B. (2002). 운동능력 및 성별이 통증 반응 실험에 미치는 영향. *Journal of Pain*, 3, 421-428.

Mariani, P. (1999). The broken tower: *The life of Hart Crane*. New York: Norton.

Maris, R., Berman, A., & Silverman, M. (2000). *Comprehensive textbook of suicidology*. New York: Guilford Press.

Markus, H. R., & Kitayama, S. (1991). 문화와 자아: 인지, 감정, 동기의 의미. *Psychological Review*, 98, 224-253.

Marzuk, P., Tardiff, K., Leon, A. C., & Hirsch, C. (1997). 임신 기간 중 자살 위험도의 저하. *American Journal of Psychiatry*, 154, 122-123.

Maser, J., Akiskal, H., Schettler, P., Scheftner, W., Mueller, T., Endicott, J., Solomon, D., & Clayton, P. (2002). 기질로 치명적이거나 거의 치명적인 자살행동을 보일 정서장애 환자들을 식별할 수 있는가? 14년간의 추적연구. *Suicide & Life-Threatening Behavior*, 32, 10-32.

Matza, L., Revicki, D., Davidson, J. R., & Stewart, J. (2003). 전국 공존장애 보고서에 나타난 비전형적 우울증: 분류, 설명, 그리고 결과. *Archives of General General Psychiatry*, 60, 817-826.

May, P. (1987). 아메리칸 인디언 젊은이들의 자살 및 자기파괴적 행동. *American Indian & Alaska Native Mental Health Research*, 1, 52-69.

McAllister, M., Roitberg, B., & Weldon, K. L. (1990). 진딧물의 적응적 자살: 대가 민감형 결정. *Animal Behaviour*, 40, 167-175.

McCloskey, M. S., & Berman, M. E. (2003). 주취와 자기공격적 행동. *Journal of Abnormal Psychology*, 112, 306-311.

McCullough, J. P. (2000). *Treatment for chronic depression: Cognitive behavioral analysis system of psychotherapy*. New York: Guilford Press.

McCullough, J. P., Jr. (2002). 만성 우울증의 치료: 심리치료의 인지행동 분석 시스템(CBASP). *Journal of Psychotherapy Integration*, 13, 241-263.

McHolm, A. E, MacMillan, H. L., & Jamieson, E. (2003). 우울증 여성 환자들의 어린 시절 육체적 학대와 자살경향성의 관계: 주민 표본으로부터의 결과. *American Journal of Psychiatry*, 160, 933-938.

McIntosh, J. L. (2002). *U.S.A. suicide statistics for the year 1999: Overheads and a presentation guide*. Washington, D.C.: American Association of Suicidology.

Meehl, P. (1973). 내가 사례 회의에 참석하지 않는 이유. *In Psychodiagnosis: selected papers*, pp. 225-302. Minneapolis: University of Minnesota Press.

Menninger, K. A. (1936). 자기파괴적 경향의 표현으로서의 의도적 사고. *International Journal of Psycho-Analysis*, 17, 6-16.

Morgan, H. G. (1989). 자살과 그 예방. *Journal of the Royal Society of Medicine*, 82, 637.

Motto, J. A., & Bostrom, A. (1990). 단기 자살 위험의 경험적 지표들. Crisis, 11, (2001). 위기 후 자살예방에 대한 무작위적 통제 실험. *Psychiatric services*, 52, 828-833.

Mullen, P. E., Martin, J. L., Anderson, J. C., Romans, S. E., & Herbison, G. P.어린 시절의 성적 학대와 성인이 된 후의 정신건강. British Journal of Psychiatry, 163, 721-732.

Murray, H. (1938). 《인성 탐구》. New York: Oxford University Press.

Murray, S. L., Rose, P., Bellavia, G. M., Holmes, J. G., & Kusche, A. G. (2002). 거절이 쓰라릴 때: 자존감의 관계증강 과정 제약 억제. Journal of Personality & Social Psychology, 83, 556-573.

National Center for Injury Prevention and Control (1995). Suicide in the United States, 1980-1992, vol. 1. Atlanta: U.S. Department of Health and Services.

Neuringer, C. (1967). 자살경향성 환자들의 융통성 없는 사고. *Journal of Consulting Psychology*, 28, 54-58. (1974). 자살경향성 환자들의 자신에 대한 태도. Life-Threatening Behavior, 4, 96-106.

Newport, D. J., Heim, C., Bonsall, R., Miller, A. H., & Nemeroff, C. B. (2004). 어린

시절 학대를 이겨낸 성인들에 있어서 표준량 또는 소량의 덱사메타손 억제 실험에 대한 뇌하수체 부신의 반응. *Biological Psychiatry*, 55, 10-20.

Nisbett, P. A., Duberstein, P. R., Conwell, Y., & Seidlitz, L. (2000). 50세 이상 성인들의 자살과 자연사에 대한 종교활동 참여의 영향. *Journal of Nervous & Mental Disease*, 188, 543-546.

Nock, M., & Marzuk, P. (1999). 살해 후 자살: 현상학과 임상적 의미. In D. G. Jacobs (Ed.), *The Harvard Medical School guide to suicide assessment and intervention*, pp. 188-209. San Francisco, Calif.: Jossey-Bass.

Nock, M., Prinstien, M., Gordon, K., & Joiner, T. (2005). *Self-Mutilation, Suicide Attempts, and the Experience of Physical Pain among Adolescents*. Manuscript under editorial review.

Nolan, K. A., Volavka, J., Czobor, P., Cseh, A., Lachman, H., et al. (2000). 정신분열증 환자들의 자살행동은 COMT 다형성과 관련이 있다. *Psychiatric Genetics*, 10, 117-124.

Nordstroem P., Asberg, M., Aberg-Wistedt, A., & Nordin, C. (1995). 자살기도는 기분장애 환자의 자살 위험 예측요소이다. *Acta Psychiatrica Scandinavica*, 92, 345-350.

O'Carroll, P. W., Berman, A., Maris, R. W., & Moscicki, E. K. (1996). 바벨탑 너머: 자살학의 명명법. *Suicide & Life-Threatening Behavior*, 26, 237- 252.

O'Connor, R. C., Sheehy, N. P., & O'Connor, D. B. (2000). 종합병원 자살극 50개 사례. *British Journal of Health Psychology*, 5, 83-95.

O'Connor, R. J. (1978). 한배 새끼 수 감소: 형제살해, 영아살해, 아니면 자살? *Animal Behaviour*, 26, 79-96.

Oquendo, M. A., Placidi, G. P. A., Malone, K. M., Campbell, C., Keilp, J., Brodsky B., Kegeles, L. S., Cooper, T. B., Parsey, R. V., Van Heertum, R. L., & Mann, J. J. (2003). 세로토닌 투여에 대한 뇌 영역별 대사산물 반응의 양전자 방사 단층촬영과 주요 우울증 환자 자살기도의 치사성. *Archives of General Psychiatry*, 60, 14-22.

Orbach, I., Gilboa-Schechtman, E., Sheffer, A., Meged, S., Har-Even, D., & Stein, D. (2002). 자살경향성 '신체적 자아'. *Manuscript under editorial review*.

Orbach, I., Gross, Y., & Glaubman, H. (1981). 잠복연령 자살경향성 아동의 공통

적 특징들: 사례연구 분석에 기초한 잠정적 모델. *Suicide & Life-Threatening Threatening Behavior,* 11, 180-190.

Orbach, I., Mikulincer, M., King, R., Cohen, D., & Stein, D. (1997). 자살경향성 및 비자살경향성 사춘기 청소년들의 육체적 고통에 대한 통증 역치. *Journal of Consulting & Clinical Psychology,* 65, 646-652.

Orbach, I., Palgi, Y., Stein, D., & Har-Even, D. (1996a). 자살경향성 환자들의 육체적 고통 내성. *Death Studies,* 20, 327-341.

Orbach, I., Stein, D., Palgi, Y., Asherov, J., Har-Even, D., & Elizur, A. (1996b). 사고 및 자살기도 환자들의 육체적 고통 지각: 자기보존 대 자기파괴. *Journal of Psychiatric Research,* 30, 307-320.

O'Reilly, R. L., Truant, G. S., & Donaldson, L. (1990). 정신과 의사들의 환자 자살의 경험. *Psychiatric Journal of the University of Ottawa,* 15, 173-176.

Overholser, J., Hemstreet, A. H., Spirito, A., & Vyse, S. (1989). 학교의 자살인식 프로그램들: 성별 및 개인 경험의 영향. *Journal of the American Academy of Child and Adolescent Psychiatry,* 28, 925-930.

Pearson, V. (1995). 누가 지는가: 중국 여성들과 정신건강. *Social Science & Medicine,* 41, 1159-1173.

Pennebaker, J. W., Francis, M. E., & Booth, R. J. (2001). *Linguistic inquiry and word count,* 2nd ed. Mahwah, N.J.: Erlbaum.

Perez, M., Pettit, J. W., David, C. F., Kistner, J. A., & Joiner, T. (2001). 젊은 입원환자 표본에서 향상된 자존감이 대인관계에 미치는 영향. *Journal of Consulting & Clinical Psychology,* 69, 712-716.

Perlson, J., & Karpman, B. (1943). 개들의 정신병리학적 정신착란적 반응. *Journal of Criminal Psychopathology,* 4, 504-521.

Phillips, K. A., McElroy, S. L., Keck, P. E., & Pope, H. G. (1993). 신체 기형 장애: 자신이 추하다는 상상 30가지 사례. *American Journal of Psychiatry,* 150, 302-308.

Pierce, D. W. (1981). 자살 의도 척도의 예측적 실증: 5년간의 추적연구. *British Journal of Psychiatry,* 139, 391-396.

Pooley E. C., Houston, K., Hawton, K., & Harrison, P. J. (2003). 고의적 자해는 트립토판 수산화효소 유전자(TPH A779C)의 대립형질 변화와 연관이 있고, 여타

다섯 가지 세로토닌 유전자와는 무관하다. *Psychological Medicine*, 33, 775-783.

Popper, K. R. (1959). *The logic of scientific discovery*. New York: Basic Books.

Post, J. (2002). 신의 이름으로 살해하다. *By George*, September 6. http://www.gwu.edu/~bygeorge/sept6ByG!/drpost.html.

Potter, L. B., Kresnow, M., Powell, K. E., Simon, T. R., Mercy, A. J., Lee, R. K., Frankowski, R. F., Swann, A. C., Bayer, T., & O'Carroll, P. W. (2001). 지리적 활동성이 치명적인 자살기도에 미치는 영향. *Suicide & Life-Threatening Behavior*, 32(Suppl), 42-48.

Poulin, R. (1992). 기생숙주가 된 말벌들의 행동 변화: 기생동물의 조종 또는 적응적 자살? *Animal Behaviour*, 44, 174-176.

Qin, P., & Mortensen, P. B. (2003). 자녀 유무가 완성된 자살 위험에 미치는 영향. *Archives of General Psychiatry*, 60, 797-802.

Rachman, S. J. (1989). *Fear and courage*. New York: W. W. Freeman.

Range, L. M., & Calhoun, L. G. (1990). 자살과 여타 사망에 대한 반응들: 유가족의 시각. *Omega*, 21, 311-320.

Raymond, N. C., Faris, P. L., Thuras, P. D., Eiken, B., Howard, L. A., Hofbauer, R. D., & Eckert, E. D. (1999). 신경성 식욕부진증 환자들의 고조된 통증 역치. *Biological Psychiatry*, 45, 1389-1392.

Reidel, J. (2003). *Vanished Act: The life and art of Weldon Kees*. Lincoln, Nebr.: University of Nebraska Press.

Reuter, C. (2004). *My life is a weapon*. Princeton, N.J.: Princeton University Press.

Roach, M. (2003). *Stiff*. New York: W. W. Norton.

Robinson, B. A. (2001). Heaven's gate. Ontario Consultants on Religious Tolerance Web site. http://www.religioustolerance.org/dc_highe.htm.

Rojcewicz, S. J. (1971). 전쟁과 자살. *Life-Threatening Behavior*, 1, 46-54.

Rosenbaum, M. (1990). 살해 후 자살 및 살해에 연루된 커플들에게서 발견된 우울증의 역할. *American Journal of Psychiatry*, 147, 1036-1039.

Rosenthal, P. A., & Rosenthal, S. (1984). 취학 전 아동들의 자살행동. *American Journal of Psychiatry*, 141, 520-525.

Rosenthal, R. J., Rinzler, C., Wallsh, R., & Klausner, E. (1972). 손목 긋기 증후군: 제

스쳐의 의미. *American Journal of Psychiatry*, 128, 1363-1368.

Roy, A. (1992). 자살에 유전적 요소가 있는가? *International Review of Psychiatry*, 4, 169-175. - (2003). 알코올의존증 환자의 자살행동의 말단적 위험요소: 응답 및 새로운 발견. *Journal of Affective Disorders*, 77, 267-271.

Rudd, M. D., Joiner, Jr., T. E., & Rajab, M. H. (1995). 자살에 있어서의 원조 부정. *Journal of Consulting & Clinical Psychology*, 63, 499-503. (1996). 젊은 성인 표본에서 본 자살 관념자, 기도자, 복수 기도자의 관계. *Journal of Abnormal Psychology*, 105, 541-550.

Rudd, M. D., Joiner, T., & Rajab, M. (2000). *Treating suicidal behavior*. New York: Guilford.

Rudd, M. D., Rajab, M. H., Orman, D. T., Stulman, D. A., Joiner, Jr., T. E., & Dixon, W. (1996). 자살경향성을 가진 젊은 성인들을 대상으로 한 외래환자 문제해결 중재의 효력: 초기 결과. *Journal of Consulting and Clinical Psychology*, 64, 179-190.

Rujescu, D., Giegling, I., Gietl, A., Hartmann, A. M., & Moeller, H.-J. (2003a). COMT 유전자 내의 단일 염기 다형성(V158M)은 공격적인 인성 특질과 관련이 있다. *Biological Psychiatry*, 54, 34-39.

Rujescu, D., Giegling, I., Sato, T., Hartmann, A. M., Moller, H.-J. (2003b). 자살행동에서 트립토판 수산화효소의 유전적 변이: 분석 및 메타분석. *Biological Psychiatry*, 54, 465-473.

Russ, M. J., Campbell, S. S., Kakuma, T., Harrison, K., & Zanine, E. (1999). 자해벽이 있는 경계성 인격장애 환자들에게서 발견된 뇌파 세타 활동과 통증 비민감성. *Psychiatry Research*, 89, 201-214.

Russ, M. J., Lachman, H. M., Kashdan, T., Saito, T., & Bajmakovic-Kacila, S. (2000). 자살 위험에 처한 환자들의 카테콜-O-메틸기전이효소와 5-하이드록시트립타민 수송체 다형성. *Psychiatry Research*, 93, 73-78.

Ryabik, B., Schreiner, M., & Elam, S. M. (1995). 삼중 자살 협약. *Journal of the American Academy of Child & Adolescent Psychiatry*, 34, 1121-1122.

Sabbath, J. C. (1969). 자살경향성을 가진 사춘기 청소년: 소모품 아이. *Journal of the American Academy of Child Psychiatry*, 8, 272-285.

Sabo, E., Reynolds, C. F., Kupfer, D. J., Berman, S. R. (1990). 수면, 우울증, 그리고

자살. *Psychiatry Research*, 36, 265-277.

Scheeres, J. (2003). Suicide 101: 죽기 전의 교훈. *Wired News*, February 3. http://www.wired.com/news/print/0, 1294,57444,00.html.

Schmidt, N. B., Kotov, R., & Joiner, T. (2004). *Taxometrics*. Washington, DC: APA.

Schmidt, N. B., Woolaway-Bickel, K., & Bates, M. (2000). 자살과 공황장애: 문헌과 새 발견의 통합. In T. Joiner & M. D. Rudd (Eds.), *Suicide science: Expanding the boundaries*, pp. 117-136. Boston: Kluwer.

Segrin, C. (1992). 우울증과 관련된 사회적 기술 부족의 상술. Human Communication Research, 19, 89-123. (2003). *Interpersonal processes in psychological problems*. New York: Guilford.

Segrin, C. & Flora, J. (1998). 친구나 타인들과의 대화에서 나타난 우울증과 언어행동. *Journal of Language & Social Psychology*, 17, 492-503.

Seguin, J. R., Pihl, R. O., Boulerice, B., & Tremblay, R. E. (1996). 소년들의 공격성에서 확인된 고통 민감성과 안정성. *Journal of Child Psychology & Psychiatry & Allied Disciplines*, 37, 823-834.

Seligman, M. E. (1974). 순종적 죽음: 삶의 포기. *Psychology Today*, 7, 80-85.

Seligman, M. E., & Maier, S. F. (1967). 트라우마적 충격 벗어나기의 실패. *Journal of Experimental Psychology*, 74, 1-9.

Sher, L., Oquendo, M. A., Li, S., Ellis, S., Brodsky, B. S., et al. (2003). 단극 및 양극 우울증 환자들과 건강한 대조표준 집단의 펜플루라민 투여에 대한 프롤락틴 반응. *Psychoneuroendocrinology*, 28, 559-573.

Shneidman, E. S. (1985). *Definition of suicide*. New York: Wiley. (1996). The suicidal mind. New York: Oxford University Press. (1998). 자살학에 대한 시각: 자살과 심리통에 대한 추가적 고찰. *Suicide & Life-Threatening Behavior*, 28, 245-250.

Shneidman, E. S., & Faberow, N. L. (1961). 자살기도와 완성된 자살의 통계 비교. In N. L. Faberow & E. S. Shneidman (Eds.), *The cry for help*, pp. 19-47. New York: McGraw-Hill.

Singareddy, R. K., & Balon, R. (2001). 정신과 입원환자들의 수면과 자살. *Annals of Clinical Psychiatry*, 13, 93-101.

Singh, G. K., & Siahpush, M. (2002). 미국의 자살사망자 그래프 상의 시골-도시 기

울기. 1970-1997. *American Journal of Public Health*, 92, 11611167.

Sloan, P., Berman, M. E., & Mae, L. (2003). 자기 공격적 행동에 대한 집단 규범의 영향. Manuscript under editorial review.

Snow, L. (2002). 죄수들의 자해 및 자살기도 동기. *British Journal of Forensic Practice*, 4, 18-29.

Snowden, L. (2001). 미국 내 흑인과 백인의 사회적 배타성과 심리적 행복감. *American Journal of Community Psychology*, 29, 519-536.

Soloff, P. H., Lis, J. A., Kelly, T., & Cornelius, J. R. (1994). 경계성 인격장애 환자 자살행동의 위험요소들. *American Journal of Psychiatry*, 151, 1316-1323.

Soloff, P. H., Lynch, K. G., Kelly, T. M., Malone, K. M., & Mann, J. J. (2000). 주요 우울증 및 경계성 인격장애 환자 자살기도의 특징들. A comparative study. *American Journal of Psychiatry*, 157, 601-608.

Solomon, R. L. (1980). 습득된 동기화의 반대과정 이론: 쾌락의 대가와 고통의 이점. American Psychologist, 35, 691-712.

Spalletta, G., Troisi, A., Saracco, M., & Ciani, N. (1996). DSM-II-R 우울 질환을 가진 젊은 남성들의 증상 개요, 축2 공존장애, 그리고 자살행동. *Journal of Affective Disorders*, 39, 141-148.

Spreux-Varoquaux, O., Alvarez, J. C., Berlin, I., Batista, G., Despierre, P. G., et al. (2001). 폭력적인 자살기도자들의 혈장 5-HIAA와 혈소판 세로토닌 응축의 차별적 변칙: 충동성과 우울증의 관계. *Life Sciences*, 69, 647-657.

Statham, D. J., Heath, A. C., Madden, P. A. F., et al. (1998). 자살행동: 전염병학 및 유전적 연구. *Psychological Medicine*, 28, 839-855.

Steels, M. D. (1994). 고의적 독극물 중독 - 노팅엄 포리스트 풋볼 클럽과 F. A. 컵경기 패배. *Irish Journal of Psychological Medicine*, 11, 76-78.

Stein, D., Apter, A., Ratzoni, G., Har-Even, D., & Avidan, G. (1998). 사춘기 청소년들의 복수 자살기도와 부정적 영향의 연관. *Journal of the American Academy of Child and Adolescent Psychiatry*, 37, 488-494.

Stein, D., Kaye, W., Matsunaga, H., Myers, D., Orbach, I., Har-Even, D., Frank, G., & Rao, R. (2003). 회복한 신경성 식욕항진증 환자들의 통증 지각. *International Journal of Eating Disorders*, 34, 331-336.

Stepakoff, S. (1998). 성적 학대가 미국 여성들의 자살관념과 자살행동에 미치는 영향. *Suicide & Life-Threatening Behavior*, 28, 107-126.

Stirman, S. W., & Pennebaker, J. W. (2001). 자살경향성을 가진 시인들과 그렇지 않은 시인들의 어휘 사용. *Psychosomatic Medicine*, 63, 517-522.

Stone, L. J., & Hokanson, J. E. (1969). 자기징벌적 행동을 통한 성적흥분 감소. *Journal of Personality & Social Psychology*, 12, 72-79.

Stone, M., Hurt, S., & Stone, D. (1987). The PI 500: DSM-III 표준에 해당하는 경계성 인격장애 환자들의 장기 추적연구. I. 전면적 결과. *Journal of Personality Disorders*, 1, 291-298.

Sullivan, H. S. (1953). *Conceptions of Modern Psychiatry: Collected Works of Harry Stack Sullivan*, vol. 1. New York: Norton.

Talavera, J. A., Saz-Ruiz, J., Garcia-Toro, M. (1994). 음성 분석을 통한 우울증의 정량적 측정. *European Psychiatry*, 9, 185193.

Tanskanen, A., Tuomilehto, J., Viinamaki, H., Vartiainen, E., Lehtonen, J., & Puska, P. (2001). 자살 예측요소로서의 악몽. *Sleep*, 24, 844-847.

Taylor, R., Chatters, L., Jayakody, R., & Levin, J. (1996). 종교 참여에 있어서의 흑백 인종간 격차: 다표본 비교. *Journal for the Scientific Study of Religion*, 35, 403-410.

Thorlindsson, T., & Bjarnason, T. (1998). 미시적 차원에서 뒤르켐 모방하기: 젊은 이들의 자살경향성 연구. *American Sociological Review*, 63, 94110.

Tiefenbacher, S., Novak, M. A., Marinus, L. M., Chase, W. K., Miller, J. A., & Meyer, J. S. (2004). 자해 행동을 하는 붉은털원숭이들의 변조된 시상하부-뇌하수체-부신피질 기능. *Psychoneuroendocrinology*, 29, 501-515.

Tomassini, C., Juel, K., Holm, N. V., Skytthe, A., & Christensen, K. (2003). 쌍둥이들의 자살 위험: 51년간의 추적연구. *British Medical Journal*, 327, 373-374.

Troisi, A., & Moles, A. (1999). 우울증의 성별 격차: 인터뷰 도중 비언어 행동에 대한 비교행동학적 연구. *Journal of Psychiatric Research*, 33, 243-250.

Trovato, F. (1998). 스탠리컵 하키 경기가 퀘벡의 자살률에 미친 영향, 195 11992. *Social Forces*, 77, 105-126.

Turvey, C. L., Conwell, Y., Jones, M. P., Phillips, C., Simonsick, E., Pearson, J. L., & Wallace, R. (2002). 노년기 자살의 위험 요소들. *American Journal of Geriatric Psychiatry*, 10, 398-406.

Twomey, H. B., Kaslow, N. J., & Croft, S. (2000). 여성들의 유년기 학대, 대상관계, 그리고 자살행동. *Psychoanalytic Psychology*, 17, 313-335.

Ungemack, J. A., & Guarnaccia, P. J. (1998). 멕시코계 미국인들, 푸에르토리코인들, 쿠바계 미국인들의 자살관념과 자살기도. *Transcultural Psychiatry*, 35, 307-327.

Ursin, R. (2002). 세로토닌과 수면. *Sleep Medicine Reviews*, 6, 57-69.

Van Winkle, N. W., & May, P. (1993). 뉴멕시코주 아메리칸 인디언 자살에 대한 업데이트. 1980-1987. *Human Organization*, 52, 304-315.

Veale, D., Boocock, A., Gournay, K., & Dryden, W. (1996). 신체 이형성 장애: 50개 사례 연구. *British Journal of Psychiatry*, 169, 196-20 1.

Verona, E., Patrick, C., & Joiner, T. (2001). 정신질환, 반사회적 인격, 그리고 자살위험. *Journal of Abnormal Psychology*, 110, 462-470.

Vieta, E., Benabarre, A., Colom, F., & Gasto, C. (1997). 조울병 1형과 조울병 2형의 자살행동. *Journal of Nervous & Mental Disease*, 185, 407-408.

Vythilingam, M., Heim, C., Newport, J. M., Andrew, H., Anderson, E., Bronen, R., Brummer, M., Staib, L., Vermetten, E., Charney, D. S., Nemeroff, C. B., & Bremner, J. D. (2002). 주요 우울증 여성 환자의 경우 어린 시절의 트라우마와 작은 해마회 사이의 연관. *American Journal of Psychiatry*, 159, 2072-2080.

Wagner, K. D., Berenson, A., Harding, 0., & Joiner, Jr., T. E. (1998). 임신한 10대의 귀인 양식과 우울증. *American Journal of Psychiatry*, 155, 1227-1233.

Walker, R. L. (2002). 미 흑인 남녀 대 앵글로계 미국인 남녀의 자살관념 위험요소로서의 문화변용 스트레스와 인종적 동일시 조사. Ph.D. diss., Florida State University.

Wall, A-M., Wekerle, C., & Bissonnette, M. (2000). 유년기 학대, 부모의 알코올의존증, 그리고 알코올에 대한 신념: 알코올의존증 성인 환자들의 하부집단별 변이. *Alcoholism Treatment Quarterly*, 18, 49-60.

Waller, N. G., & Meehl, P. E. (1998). *Multivariate taxometric procedures*. Thousand Oaks, Calif.: Sage.

Weissman, M., Fox, K., Klerman, G. L. (1973). 자살기도와 관련된 적의 및 우울증. *American Journal of Psychiatry*, 130, 450-455.

Weissman, M. M., Klerman, G. L., Markowitz, J. S., & Ouellette, R. (1989). 공황장애

와 발작 환자들의 자살관념과 자살기도. *New England Journal of Medicine*, 321, 1209-1214.

Westen, D., Muderrisoglu, S., Fowler, C., Shedler, J., & Koren, D. (1997). 정서조절과 정서적 경험: 개인 격차, 집단 격차, 그리고 Q-분류 절차를 활용한 측정. *Journal of Consulting & Clinical Psychology*, 65, 429-439.

Whitlock, F. A., & Broadhurst, A. D. (1969). 자살기도와 폭력의 경험. *Journal of Biosocial Science*, 1, 353-368.

Williams, F., & Joiner, T. (2004). 자살이 임박하면서 언어 패턴에 변화가 올까?《음향과 분노》의 인물 퀜틴과 제이슨의 언어 패턴 심리학적 분석. *Proteus: A Journal of Ideas*, 22, 812.

Williams, F., Pennebaker, J. W., & Joiner, T. (2005). 자살사망자들과 자살을 기도했으나 살아남은 자들의 유서에 대한 LIWC 비교. Manuscript in preparation.

Williams, K. D., Cheung, C. K. T., & Choi, W. (2000). 사이버 따돌림: 인터넷상의 무시 경험의 영향. *Journal of Personality & Social Psychology*, 79, 748-762.

Woodrow, K. M., Friedman, G. D., Sigelaub, A. B., & Collen, M. F. (1972). 고통 내성: 나이, 성별, 인종별 격차. *Psychosomatic Medicine*, 34, 548-556.

Woznica, J. G., & Shapiro, J. R. (1990). 사춘기 청소년 자살기도의 분석: 소모품 아이. *Journal of Pediatric Psychology*, 15-789-796.

Yampey, N. (1967). 부에노스아이레스의 자살에 대한 전염병적 고찰. *Acta Psiquiatrica y Psicologica de America Latina*, 13, 39-44.

Yates, G. L., MacKenzie, R. G., Pennbridge, J., & Swofford, A. (1991). 매춘에 연루된 노숙 청소년과 그렇지 않은 노숙 청소년들의 위험도 비교. *Journal of Adolescent Health*, 12, 545-548.

Yen. S., & Siegler, I. C. (2003). 자기책망, 사회적 내향성, 그리고 남성의 자살: 장기간 연구를 통한 추적 데이터. *Archives of Suicide Research*, 7, 17-27.

Zanarini, M. C., Frankenburg, F. R., Hennen, J., & Silk, K. R. (2003). 경계성 정신병리의 장기 경로: 경계성 인격장애 환자들에 대한 5년의 추적연구. *American Journal of Psychiatry*, 160, 274-283.

Zhang, J. (2000). 운동능력의 성별 격차와 그것이 자살의 성비에 미치는 영향: 미국과 중국 비교. *Omega: Journal of Death & Dying*, 41, 117-123.

| 찾아보기 |

《과학 발견의 논리Logic of Scientific Discovery》 98
《나이로비 트리오 그만두기Quitting the Nairobi Trio》 79
《내 목숨이 무기다My Life Is a Weapon》 120, 188
〈뉴요커〉 46, 53, 81, 121,122, 161, 216, 219
〈시카고 트리뷴〉 83, 120, 176
《신곡》 47
《심리학의 원리The Principles of Psychology》 157
〈애틀랜틱 먼슬리〉 74
《여자들이 원하는 것What Women Want》 193
《우울의 해부Anatomy of Melancholy》 60, 222
《윤리형이상학The Metaphysics of Ethics》 160
《음주: 어느 사랑 이야기Drinking: A Love Story》 193
《자살론Le Suicide》 55
《자살 심리The Suicidal Mind》 60, 151
《자신을 배반하는 인간Man Against Himself》 55, 189, 223, 239
《자연이 만든 대로: 여자아이로 길러진 소년 As Nature Made Him: The Boy Who Was Raised as a Girl》 100
〈전염병원으로 가는 길가에서By the Road to the Contagious Hospital〉 77
《정신질환 진단 및 통계 편람Diagnostic and Statistical Manual of Mental Disorders(DSM)》 246, 256, 260, 261
《현대 정신의학의 개념들Conceptions of Modern Psychiatry》 151, 163, 338
5-히드록시인돌초산 231
9·11 테러 36, 169,
A218C 다형성 229
A779C 다형성 229
HIV 양성 104
J. R. 세긴 98
Linguistic Inquiry and Word Count
R. E. 니스벳 136
TPH 유전자 230

ㄱ

가미카제 특공대 188, 189
감정조절장애 65, 66
결정된 계획과 준비
경계성 인격장애 39, 40, 65, 93, 97, 107, 107, 117, 154, 168, 197, 242, 249, 250, 251, 253
경미한 자살관념 184, 185
경제적 스트레스 202
경조병 25, 245, 254
고통 감수성 108, 109
고통 내성 109, 182, 205, 209, 211, 253, 331
공황장애 247, 248
광장 공포증 248
구겐하임 기념재단 297
구소련 187

찾아보기 339

그랜드 캐니언 123, 124
근위축성측색경화증 192
금문교 투신자살 83, 122, 161, 219

ㄴ
나그네쥐 139
나바호 165, 166
너바나 108
노르에피네프린 229, 231, 234
단테 47

ㄷ
대리 친숙화 115
데이브 마코트 66
데이비드 라이머 100, 113, 161
데이비드 커비 68
데카탄자로 143, 151
덱사메타손 235, 236
도파민 229, 231, 234
독극물 중독 51, 53, 171, 198, 203, 216, 217, 223
동성애자 85, 194
둔감형 37, 38, 40

ㄹ
라트비아 201
러시아 201
레드 제플린 120
로버트 로웰 76, 192
로버트 버튼 60, 222
로이 바우마이스터 63, 64, 66, 297
리다 워커 206, 296
리처드 A. 헤클러 79, 120, 175
리처드 세이던 122
리투아니아 201

ㅁ
마릴린 먼로 49
마샤 리네한 64

마조히즘 125, 126
마틴 셀리그먼 137,
만성 폐쇄성 폐질환 138
메트로폴리탄생명보험회사 156, 170
명예문화 137, 200, 201, 203
문화적응 스트레스 192
미국 자살학협회 219, 264, 286, 297
미국 정신의학협회 246
미항공우주국 74
민감형 37, 38, 40

ㅂ
반감기 278
반대과정 이론 88, 335
반복적인 자해 87, 127, 197, 238, 250, 290
배측전전두피질 291
버드 드와이어 113
범불안장애 247
베이 브리지 122
벨라루스 201, 202
변증법적 행동치료 65
복수 자살기도자 89, 90, 110, 265
볼테르 79, 209, 292
부적응적 스키마 263
부정적 강화 117
분별적 관계형성 214, 215, 216, 218, 323
불안장애 145, 247, 325
붉은등거미 153, 324
붉은털원숭이 153, 236, 336
브레인 스캔 158, 245
비자살 서약 271, 320
비자살경향성 환자 107, 326
비전형 우울증 254, 255

ㅅ
사이버볼 158
사이클론 철책 46
사회공포증 248
살해 후 자살 195, 196, 327, 330, 342

생리학적 반응 107
생명보험 155, 156
서파수면 단계 232
섭식장애 253, 281, 322
성급한 자살 238
세계무역센터 36, 78, 186
세네카 159
세로토닌 222, 223
세로토닌 수송체 222, 223, 213, 216
세로토닌 수송체 유전자 223, 224
세로토닌 수용체 223,
세로토닌 재흡수 억제제 227
세로토닌시스템 223, 227, 231
소모품 어린이 149, 210
소속욕구 133, 158, 157, 175, 176, 179, 189, 206, 215, 216, 247
수동적 자살기도 194, 195
수면장애 233, 315
순간적 결정 238, 239
순교 49, 187, 188
스키티아 138
스탠리 J. 래크먼 80
스테이튼 아일랜드 연락선 86
스토아학파 159
스폴딩 그레이 86, 124, 127
시모어 케티 246
시카고 컵스 174
식욕항진증 251, 252, 253, 318
신경생물학 48, 72, 183, 220, 221, 231, 236, 244, 257, 258, 290, 327
신경생물학적 지표 48, 183
신경성 식욕부진증 102, 249, 253, 332
신경성 식욕항진증 237, 253, 318, 335
신경전달물질 시스템 229, 231, 234
신경화학물질 229
신체이형장애 99, 331
실비아 플라스 87, 119, 160, 175
심리적 검시 291
심리치료의 인지행동 분석시스템 262

심리통 59, 60, 61, 83, 132, 334

ㅇ
아노미 56
아르민 마이베스 125
아르투어 쇼펜하우어 75
아메리칸 인디언 165, 208, 212, 337
아미시 공동체 226
아파치 165, 208
알랭 드 보통 112
알코올의존증 93, 165, 193, 315
애드빌 79
애플화이트 54, 190
앨버트 엘리스 262
앨프레드 앨버레즈 47, 77
약물 과다복용 51, 53, 78, 145, 161, 184, 197, 203, 217, 218
약물사용장애 145, 247
에드윈 슈나이드먼 19, 20, 59, 60, 61, 64, 66, 75, 80, 81, 87, 113, 117, 127, 132, 140, 142, 151, 160, 161, 163, 241, 252
에밀 뒤르켐 55, 55, 57, 59, 139, 153, 159, 166, 187
에스트로겐 시술 100
열 동통 역치 106, 107
외상후 스트레스장애 247
우크라이나 201
울병 26, 245, 254
웰던 키스 48, 83
위기카드 작성 268, 280
윌리엄 랑게비쉬 74
윌리엄 제임스 157, 177, 271, 273
윌리엄 칼로스 윌리엄스 77
윌리엄 포크너 163, 164
유년기의 육체적·성적 학대 95, 96
유이트 에스키모 150
유전학 220, 222, 257, 327
의사조력자살 192
의생태학적 사실 211

의식 자살 138
이란성 쌍둥이 225, 226
이스라엘 오르바크 106
인격장애 39, 65, 92, 93, 95, 97, 102, 105, 107, 117, 145, 146, 154, 239, 242, 247, 249, 250, 251, 255, 317, 327, 335
인성적 특질 95, 103
인종 다양성 201
일란성 쌍둥이 225, 226, 227
임마누엘 칸트 160

ㅈ

자가성애 58
자기공명영상 290
자기보존 본능 72, 75, 81, 252
자기희생 모델 151
자살 가족력 228
자살 예방용 방벽 46, 47, 122
자살 폭파범 189, 325
자살경향성 38, 61~63, 80, 90~98, 101~114, 116, 126, 132, 133, 141~150, 154, 156, 162~169, 174, 180, 184, 191, 204~208, 211, 214, 226, 230~235, 324, 326, 329, 331, 333, 336
자살사망률 102, 170, 171, 203, 233, 250, 253, 256
자살옹호 집단 217
자살욕망과 자살관념 109, 110, 111
자살을 위한 예행연습 86
자살행동 전력 87, 96
자크 데리다 68
자크 라캉 68
적응적 자살 152~165
전국 공존장애 보고서 95, 243, 316
전국 정신건강연구소 219
전대상피질 158
전면적 불면증 233
전면적 불편증 233
전전두피질 232, 236, 291, 328

점증 모델 203, 204
정신병리학 91, 115, 260, 263, 315, 331
제3의 변수 92
제럴드 클러만 260
제롬 모토 161
제롬 모토 161
제리 메탤스키 18
젠 포셋 247
조병 25, 25, 236
조울병 2형 25, 245, 254
존 블랙웰더 76
존 콜라핀토 100
존 힐케비치 83, 120, 176
존스타운 사건 191
졸로프트 227
주방 싱크대 92, 96, 105, 144, 323
죽음에의 욕망 45, 95, 129~180
준자살 195
중국 34, 51, 198, 204 ,205, 219
중단된 자살기도 114, 115, 215, 265, 315
진화론 144, 151, 153
질병통제예방센터 219, 297
짐 크니펠 79
짐이 된다는 느낌 8, 56, 57, 61~65, 95, 104, 133~150, 154~156, 163~167, 178~183, 192, 193, 197, 200, 208~244, 249, 253~282, 285, 289, 290, 291, 323
집단자살 36, 51, 54, 123, 154, 190~192, 219

ㅊ

찰스 두히그 66, 67
챌린저호 169
천국의 문 190, 191
청산가리 54, 192
총기 사망률 115
충동성 인성요소 105
치명적인 자해 15, 42~44, 60, 65, 70~127, 156, 180, 182, 185, 190, 194~198, 202, 204, 240, 248, 251, 253, 254, 264, 268,

277, 280, 282, 287, 288, 291
친숙화 및 반대과정 94, 185, 192
친숙화와 연습효과 116

ㅋ
카테콜-O-메틸 전이효소 229
카테콜-O-메틸 전이효소 229
카토 75, 292
칼 메닝거 20, 20, 58, 59, 76, 82, 83, 99, 103, 189, 223, 237, 239, 241
칼 포퍼 98
캐롤라인 냅 193
커트 코베인 48, 78, 106, 113, 115, 221, 140, 238
컬럼비아호 74
컬트교단 51, 53, 54, 190~196
코르티솔 235, 245
퀸투스 쿠르티우스 138
크리스토프 로이터 188
클레클리의 정신병자 239

ㅌ
태드 프렌드 46, 53, 81, 121, 161, 216, 219
택소메트릭스 통계기법 185
탯줄올가미 121, 126
트라우마 65
트립토판 수산화효소 229, 331
특성 모델 203
특성 모델 203

ㅍ
팩실 227, 278
페노바르비탈 54, 190
펜플루라민 231, 232, 236, 239, 240
폴 H. 솔로프 97
폴 밀 87
푸에블로 165, 208
프로작 277, 278
플로리다 주립대학교 145, 210, 233, 296, 297
피터 캐슬스 194

ㅎ
하트 크레인 48
항우울제 27, 41, 48, 277, 278
해리 스택 설리번 58, 82, 151
해마 245
허비 클레클리 255
헤로인 과다복용 102
헨리 머레이 60, 132
헬렌 케네디 217
헬온어스 218
형제살해 153
호스피스 193
확대가족 207
효능감 43, 45, 73, 127, 134, 138, 150, 166, 173, 177, 179, 204, 212, 249, 279, 288, 290, 292
흑담즙 60, 222
히포크라테스 60

옮긴이 **김재성**

1990년 서울대학교 영어영문학과를 졸업하고, 현재 미국 캘리포니아주에 거주하며 출판 기획 및 번역을 하고 있다. 옮긴 책으로 이 책 외에 《남자 외롭다》《고독한 이방인의 산책》《밤에 우리의 영혼은》《메이 머스크》《가을》《푸른 밤》 등 다수가 있다.

왜 아버지는 자살하셨을까?

초 판 1쇄 펴낸날 2012년 10월 15일
개정판 1쇄 펴낸날 2025년 5월 20일

지은이 | 토머스 조이너
옮긴이 | 김재성
펴낸이 | 지평님
본문 조판 | 성인기획 (010)2569-9616
종이 공급 | 화인페이퍼 (02)338-2074
인쇄 | 중앙P&L (031)904-3600
제본 | 다인바인텍 (031)955-3735

펴낸곳 | 황소자리 출판사
출판등록 | 2003년 7월 4일 제2003-123호
대표전화 | (02)720-7542 팩시밀리 | (02)723-5467
E-mail | candide1968@hanmail.net

ⓒ 황소자리, 2025

ISBN 979-11-91290-43-1 03180

* 잘못된 책은 구입처에서 바꾸어드립니다.